# 企业并购重组税务处理规则解析与实务应用

杨春根 著

中国财经出版传媒集团
中国财政经济出版社

**图书在版编目（CIP）数据**

企业并购重组税务处理规则解析与实务应用 / 杨春根著. -- 北京：中国财政经济出版社，2023.4
ISBN 978-7-5223-2029-8

Ⅰ.①企… Ⅱ.①杨… Ⅲ.①企业合并—税收管理—研究—中国 Ⅳ.① F812.423

中国国家版本馆 CIP 数据核字（2023）第 034622 号

责任编辑：尉 敏　　责任校对：徐艳丽
封面设计：MXK DESIGN STUDIO Q:1765628429　　责任印制：史大鹏

企业并购重组税务处理规则解析与实务应用
QIYE BINGGOU CHONGZU SHUIWU CHULI GUIZE JIEXI YU SHIWU YINGYONG

中国财政经济出版社 出版

URL：http：//www.cfeph.cn
E-mail：cfeph @cfemg.cn

社址：北京市海淀区阜成路甲28号　邮政编码：100142
营销中心电话：010-88191522
天猫网店：中国财政经济出版社旗舰店
网址：https：//zgczjjcbs.tmall.com
北京时捷印刷有限公司印刷　各地新华书店经销
成品尺寸：170mm × 240mm　16开　22.5印张　314 000字
2023年4月第1版　2023年4月北京第1次印刷
定价：98.00元
ISBN 978-7-5223-2029-8
（图书出现印装问题，本社负责调换，电话：010-88190548）
本社质量投诉电话：010-88190744
**打击盗版举报热线：010-88191661　QQ：2242791300**

# 自序

我长期从事企业所得税的政策和管理，自以为懂点业务，终究是管不住自己的嘴，就会做一些税收业务的讲座，“并购重组的税务处理”是我经常开讲的一个主题。讲得多了，就又管不住自己的手，有一种冲动时刻在心头：把讲的内容写下来，让更多的人分享自己的学习成果。

写此书前，曾给自己定下过几个小目标。

目标一，要写一本讲点理的书。

市面上关于并购重组税务处理的图书不少，但既讲政策又分析税理的图书不多。并购重组的税收政策之所以让人感觉难懂，其主要原因是背后的税理不够清晰。税理不清晰的后果，是同一条政策有不同的理解，同一个事项有不同的处理结果。

希望透过文件看清税理，透过规定看清规则，是本书最大的出发点和初心。

目标二，要写一本有温度的书。

有温度的书，既要讲法，也要讲理。

有温度的书，既要讲税收政策，也要讲税收实务。

有温度的书，要允许有不同的观点之争。

目标三，要写一本能读完的书。

写书的目的为了让人看，不是为了藏。书的尽头是能让人读完，能让人读完的书，是对一本书最高的评价。

能看完的书，要有自己的观点和看法。观点不一定准确，但确是所思所想。

能看完的书，语言要通俗，让人容易理解和接受。

能看完的书，要带点风趣加幽默。看业务书本是个累活，一本正经地向你表白政策，本也不是我的强项。

讲课容易成书难。本书初稿完成于2021年8月，因为自己感觉到不太满意，尤其是写书的初心没能在写作中得到很好体现，一直没有修改完善。到了2022年，下决心重拾初心，经修改后终成此书。虽不是自己最满意的结果，但也只能将就着拿出来让大家指点。

此书最终的结构安排，基本参照平时讲课的内容，按以下顺序展开讨论：

第一篇主要介绍股权架构中的税务问题。股权架构是企业的地基，是企业发展的原动力。个人作为企业的股东和投资者，有三种持股的方式。站在税收角度，这三种方式各有利弊。

第二篇介绍并购重组涉及的主要税种，以及每个税种在并购重组上的基本规定，并对其中税理进行分析探究。

第三篇介绍投资三环节的税收。出资环节，主要讲解企业或个人用非货币性资产出资的税务问题；股权持有环节，主要是利润分配的企业所得税和个人所得税处理的规则；退出环节，针对撤资减资、股权转让以及企业清算等三种退出途径，分析其中的税务处理问题。

第四篇主要介绍企业所得税的一般性税务处理和特殊性税务处理的规则，以及跨境重组的税务处理问题。

从第五篇到第八篇，按照重组的类型，分别介绍股权收购、资产收购、企业合并与分立、股权或资产的划转、债务重组等重组类型的一般性税务处理和特殊性税务处理，以及其他各税种的处理。

这是我本人独立编著的第一本书，在写作和出版过程中有许多感悟，最大感悟就是感恩和感谢：

感谢“税味相投”的各位税友。因为“税缘”我们相识相投，一路上我们交流探讨，相互营养、彼此提高。在此特别要感谢姜新录、何广涛、巴特、胡晓明、徐战成、王真等老师和朋友，感谢你们对我在写作过程中的指点和帮助。

感谢中国财政经济出版社商业出版中心尉敏主任，他亲自编辑、审阅此书，对本书的出版提出了许多宝贵建议。

感谢我的夫人雷惠芬女士。她勤劳善良，基本上包揽了家务活，让我有了更多时间来思考学习写作。感谢我的儿子杨宇田，他独立自强，我们虽是父子却如同朋友，在绝不躺平路上，相互鼓励。

感谢正在看此书的您。感谢您的选择，感谢您的信任。希望此书不会让您大失所望，也希望您宽恕书中的不足甚至错误，多提宝贵的意见（我的邮箱：1251881708@ qq.com）。

**杨春根**

2023年1月

# 目录

## 第三篇　投资三环节的税务问题 / 057



## 第四篇　一般性税务处理和特殊性税务处理 / 133

## 第七篇 企业合并、企业分立的税务处理 / 259



## 第八篇 资产（股权）划转与债务重组的税务 / 303

# 第一篇

# 股权架构中的税务问题

## 第1讲

# 税收角度：个人直接持股的利与弊

“我们公司是几个自然人股东投资成立的，业务做得很不错，发展前景也不错。现在有另外一家公司想收购我们，老板也想把公司卖掉。但粗粗一算账，几位个人股东要缴上千万元的个人所得税，这笔税真的只能马上缴吗？”这是日常咨询工作中经常遇到的问题，咨询频率之高（一个月内总有一两起）、时间跨度之长（跨越短信时代、QQ时代、微信时代），在所有并购重组业务咨询问题中应该能排第一位。

这是个人直接持股带来的“烦恼”。一般来说，个人要想投资一家企业，有三种常用的投资方式：一是个人直接持有被投资企业的股权，个人直接当股东；二是个人通过中间平台公司持有被投资企业的股权，个人当平台公司的股东；三是通过中间合伙企业来投资，个人当合伙企业的合伙人。

### ▶ 个人直接持股模式在税收上的弊（1）：一分红就缴税

投资是为了赚钱。从被投资企业赚钱，通常有两种途径，一是分红；二是把投资的企业养大了再卖股权。前者称为“养鸡生蛋型”，后者称为“养小猪卖大猪型”。

（1）分红的税收。按照现行《个人所得税法》，个人从被投资企业分得的股息红利，要缴20%的个人所得税，且不能扣除任何费用。

（2）股权转让的税收。自然人转让股权，属于《个人所得税法》里的“财产转让所得”。自然人一旦转让股权，就要按规定缴纳20%的个人所得税。

个人转让股权或股票，不存在增值税的问题。

从上述分析中得知，在先不比较税负高低的前提下，自然人直接持股模式的最大缺点是中间没有隔离带，也没有缓冲带，会产生“瞬时缴税”的效果，没有太多的操作空间。一分红就要缴税，或许你会说，我不分红就不会产生20%的个人所得税；但有时候分不分红并不是个人股东说了算。如果个人股东能够决定是否分红，为了节税决定不分红，那么其可以变通下，采取其他方法把企业的利润回流到个人股东层面。常用的方法不外乎以下这几种：

**通常做法一：**采用股东借款的形式，但税法早就看透了你的小心思，个人所得税的法规中早有规定，个人股东向企业借款，12个月内不归还且不用于生产经营的，视为股息红利的分配，缴纳20%的个人所得税。我们来看下《财政部 国家税务总局关于规范个人投资者个人所得税征收管理的通知》（财税〔2003〕158号）文件是怎么规定的：

> 二、关于个人投资者从其投资的企业（个人独资企业、合伙企业除外）借款长期不还的处理问题
>
> 纳税年度内个人投资者从其投资的企业（个人独资企业、合伙企业除外）借款，在该纳税年度终了后既不归还，又未用于企业生产经营的，其未归还的借款可视为企业对个人投资者的红利分配，依照“利息、股息、红利所得”项目计征个人所得税。

股东向投资企业借款且长期不归还，在个人所得税上推断为股息红利的分配，要缴纳个人所得税。有些企业在账上长期挂着这么一笔账：

借：其他应收款——××股东

　　贷：现金（银行存款）

这里其实隐藏着较大的税收风险。这几年，个人股东长期占用企业资金被追补个人所得税的案例，出现频次有增多迹象。最典型的是黄山市某有限公司股东借款案，主管税务机关要求几名个人股东补缴上百万元的个人所得税，个人股东不服，从最初的税务行政复议，历经一审、二审，最后官司一

直打到省高院，法院均维持税务机关的补税决定。

在此还得提醒下，有些财务人员好心替老板“背黑锅”。老板是投资者，记到老板名下要缴个人所得税，那干脆记到财务人员名下得了，于是便有了这么一笔账：

借：其他应收款——× × 会计

　　贷：库存现金（银行存款）

这种傻事千万不要做，万一哪天老板翻脸只认账，向你要“其他应收款”，那可不是税那点儿事了。

**通常做法二：**既然利润回流不了，我就把个人股东及家庭的费用支出往企业里塞，大到买个车、小到吃个饭，既少缴了企业所得税，又达到了股东用钱的目的。这其中的税务风险可得掂量清楚，那可是标准的偷税，既有企业所得税风险，又有个人所得税风险。这个问题上，企业所得税和个人所得税的有关法规里都有相应规定。企业所得税里的税前扣除，要求严格区分企业的支出和股东的支出，股东的支出视为“与取得生产经营收入无关的支出”，不能在被投资企业所得税前扣除。同样，在财税〔2003〕158号文件里，个人所得税对此也作出了限制：

> 一、关于个人投资者以企业（包括个人独资企业、合伙企业和其他企业）资金为本人家庭成员及其相关人员支付消费性支出及购买家庭财产的处理问题
>
> 个人独资企业、合伙企业的个人投资者以企业资金为本人、家庭成员及其相关人员支付与企业生产经营无关的消费性支出及购买汽车、住房等财产性支出，视为企业对个人投资者的利润分配，并入投资者个人的生产经营所得，依照“个体工商户的生产经营所得”项目计征个人所得税。
>
> 除个人独资企业、合伙企业以外的其他企业的个人投资者，以企业资金为本人、家庭成员及其相关人员支付与企业生产经营无关的消

费性支出及购买汽车、住房等财产性支出，视为企业对个人投资者的红利分配，依照“利息、股息、红利所得”项目计征个人所得税。

你看，股东的个人支出放在被投资企业里列支，企业所得税和个人所得税来了个“双保险、双限制”。一不小心，可能既要补25%的企业所得税，又要补20%的个人所得税，这可比分红缴个人所得税的成本高多了。

想分红不缴个人所得税，真没有办法吗？有一条光明之路——有本事把企业搞上市。按照现行税收规定，个人从上市公司分得的股息红利，采取差别化的税收待遇，持股12个月以上免征个人所得税，持股时间1个月到12个月，减半征收个人所得税，持股1个月以下按规定缴纳个人所得税。

实在上不了市，也只能走新三板挂牌这条路，按照《财政部 税务总局 证监会关于继续实施全国中小企业股份转让系统挂牌公司股息红利差别化个人所得税政策的公告》（财政部公告2019年第78号），个人投资者取得新三板挂牌企业的分红，也能比照上市公司的政策，适用差别化的税收待遇。

知易而行难。讲个真实的小故事。有两个亲兄弟，成立了一家有限责任公司，经过几年的经营，公司发展得很好。想继续扩大生产，但融不到资金。这时当地有一家很大的A公司愿意来投资，经洽谈A公司最终投资进来，占34%的股份。几年后，企业账面上积累了上千万元的利润，这时A公司提出要分红。分就分吧，毕竟股东投资要追求回报的。分红的结果是，两兄弟缴了好几百万元的个人所得税。这时两兄弟有些傻了，我要这钱干嘛用，拿了这钱还不是要再投到公司里去的嘛，这不是白白缴了一道个人所得税嘛。

### ▶ 个人直接持股模式在税收上的弊（2）：转让股权时的税收

聊完了“养鸡生蛋型”的股息红利分配，再来聊一下“养小猪卖大猪型”的股权转让。个人所得税里有个税目叫“财产转让所得”，个人卖股权就属于财产转让所得。个人直接转让股权，一卖股权就会产生20%的个人所得税。而且2018年修订的新《个人所得税法》对个人转让股权作出了前置性管理规定。《个人所得税法》第15条是这么写的：“个人转让股权办理变更登记的，市场主体登记机关应当查验与该股权交易相关的个人所得税的完税凭证。”

你可能会说，转让股权不是有特殊性税务处理、可以申请递延纳税吗？那是你想多了，特殊性税务处理仅仅适用于企业法人股东，个人股东是没有特殊性税务处理政策的，详见后面章节介绍。

市面上出现了各种各样的税收筹划，帮你筹划少缴点转让股权的个人所得税，但所有的税收筹划都是有风险的，所有的税收筹划也不都是十全十美的。

### ▶ 个人直接持股模式税收上的利

分析完了个人直接持股在税收上的弊，再分析下其中的利。个人直接持有股权，会产生“瞬时缴税”的痛，但也有税负最轻的甜。与个人通过平台公司及合伙企业等间接持股模式相比较，如果考虑到最终的投资利润或所得要回流到个人股东层面，有时个人直接持股的税负是最轻的。何以见得？等看完了几种个人持股的模式，再做个比较，你就会发现，个人直接持股，有时税负在几种模式中是最低的。

## 第2讲 税收角度：平台公司间接持股的利与弊

个人投资的第二种方式，个人通过平台公司间接持有被投资企业的股权，也就是中间多了一层有限公司的股权架构，如图1所示：

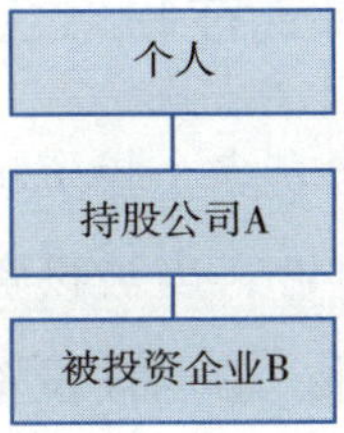


图1　个人通过平台公司间接持股的股权架构

下面，我们从税收的角度来分析下这种持股模式下的利和弊。

## ▶ 平台公司间接持股模式在税收上的利：利润贮存器

个人投资经营实体时，通过公司制持股平台间接投资，除了基于法律上“以有限挡无限”外，税收上最主要的好处是：平台公司承担利润贮存器的功能。

被投资企业B产生利润，缴纳企业所得税后，把一部分税后利润分配给持股平台A公司。这时持股平台A公司分得的利润，属于居民企业来源于居民企业的股息红利，可以享受免征企业所得税的待遇。

持股公司A如果向自然人股东分配利润，这时自然人股东会产生20%的个人所得税。如果利润不回流到自然人股东层面，就永远不会产生所得税。

公司制持股平台，可以担当起“利润贮存器”作用，只要利润不回流到个人层面，就永远不会产生所得税。图1中，个人可以把从项目公司分回的利润，贮存在有限公司A层面。等有新的投资项目时，以A公司作为投资主体，从而不会产生所得税。这是个人直接投资和个人通过合伙企业投资所无法比拟的优势，也是我们经常提倡的每个老板都要有自己的一个“钱袋子”的原因。老板通过这个“钱袋子”投资出去，再把利润回收到“钱袋子”，有好的投资项目时再通过“钱袋子”投资出去。循环往复，老板个人既隔离了风险，又不会产生企业所得税和个人所得税。

## ▶ 平台公司间接持股模式在税收上的其他好处

持股平台采用公司模式，当有多个投资项目时，项目之间的盈亏可以相互抵减。平台公司A投资多个企业，当被投资企业发生亏损，他们的经营亏损只能在自身层面进行结转弥补。但当被投资企业注销或转让被投资企业的股权时，发生的投资亏损可在平台公司A的层面，进行盈亏的相互抵减，从而一定程度上降低了投资的风险和企业的税负。

平台公司的亏损可以跨年结转弥补。按照现行《企业所得税法》的相关规定，法人公司制企业发生的亏损，可以用以后年度的所得来弥补，一般企业的弥补期限为5年，部分企业弥补期限为8年，有些企业的弥补期限为10年（高新技术企业和科技型中小企业）。

为下一步资本运作打下了基础。公司制企业，在企业所得税上有很多特殊性税务处理政策及优惠，这是个人直接持股下的个人所得税制以及合伙持股下的合伙税制所无法比拟的。在平台公司转让被投资企业股权过程中，目前企业所得税有较多的特殊政策和优惠政策。我们细细数一下：

1. 分5年分期确认所得缴税的政策；
2. 特殊性税务处理递延纳税的政策；
3. 资产及股权划转的政策；
4. 国有企业改制的相关政策。

上述几款特殊的政策，款款深情且实用。只要符合条件，必有一款适合你。

## ▶ 平台公司间接持股模式税收上的弊：重复征税

当持股平台A公司要转让被投资企业B的股权时，产生的股权转让所得，平台A公司要按适用税率缴一道企业所得税。这部分股权转让所得，如果要分配到个人手中，个人又要按“股息红利”缴一道20%的个人所得税。不是说好的中间商无差价？怎么多架了一层公司，多出了一道企业所得税出来？是的，这是所谓的古典税制下产生的重复征税，会产生高达40%的税负，即：

25%企业所得税+（1-25%）×20%的个人所得税

个人投资经营实体时，通过公司制持股平台间接投资，除了会产生转让股票的增值税的弊端外，税收上的最大弊端是重复缴纳企业所得税和个人所得税。究其原因，是我国采用的古典税制产生的经济性重复征税导致的。

## ▶ 果真能够兴利除弊？

现实中有很多案例，本不想搭中间公司的股权结构，但最后还是“无奈地”采用了这种结构。如一些公司在上市前，高管或员工通过公司制持股平台持有股份；又如有些公司的股权激励中，采用了公司制持股平台。等股票上市解禁后，高管或员工想减持股票，就会面临高达40%的所得税负，令上市公司和员工痛不欲生，各显神招来规避这高额的税负。

接下来的讨论，我们不从实务操作来探讨规避二道所得税的问题，因为实务操作中，多是由于地方政府出台的一些“地方粮票”，才导致有操作的空间。在这里，我们只从税收原理上来探讨，在已经搭建了公司制持股模式下，其重复缴税解决的可能性问题：

方法1：直接拆除公司层架构

直接拆除公司架构，在税收上视为公司的注销清算。按照《财政部 国家税务总局关于企业清算业务企业所得税处理若干问题的通知》（财税〔2009〕60号）文件规定，法人制公司的注销，要作两个层面的税收清算，一是公司本身层面的清算，二是股东层面的清算。公司层面清算，视为公司的资产按公允价值出售，公司会产生清算的企业所得税。股东层面的清算，相当于公司把清算后的财产分给股东，个人股东在税收上视为投资收回，有投资所得也要缴纳一道个人所得税。

方法2：将公司直接变更为合伙企业

合伙企业本身不缴纳企业所得税和个人所得税，而由合伙企业的合伙人来缴纳所得税，这岂不是一个很好的解决途径？要知道合伙企业不是法人，法人制的公司要变更为合伙企业，先不说能不能直接变更的问题。如果可以直接变更，《财政部 国家税务总局关于企业重组业务企业所得税处理若干问题的通知》（财税〔2009〕59号）文件写得很清楚，在税法上，企业由法人变更为非法人，视同公司的注销和清算，要缴纳公司清算的所得税和股东层面的所得税。

**方法3：将公司的投资资产转让给个人**

公司将其持有的投资资产，转让给投资者个人，同样是二道所得税：公司转让了资产要缴纳企业所得税，公司把利润分给个人股东，又是一道个人所得税，无非是个人取得了这部分投资资产，持有的计税成本抬高了，但起不到规避所得税的效果。

但实务中的确有人是这么操作的。有一个公开的案例报道，个人甲是某上市公司的发起人之一，其通过中间持股平台公司持有上市公司的股票。股票解禁后，中间持股平台公司以很低的价格，把持有的股票转让给个人甲，既少缴了增值税、又少缴了企业所得税。这种操作，其实是在收入上做点文章，当然最后还是被主管税务机关发现并作了纳税调整。

还得提醒下，公司把持有的投资资产转让给个人，公司是不能按特殊性税务处理的，以后会讲到这个问题。所以这种方法也达不到推迟缴税的目的。

**方法4：通过司法途径，将公司持有的股权股票判决到个人名下**

在解决代持股归位的情形下，有可能会采取此类方法。本书第17讲“股权代持的税务处理”中专门讲到这个问题。通过司法判决进行确权，解决的也只能是真正意义上的代持行为。

从以上分析可以看出，个人的财产，通过中间平台公司投资出去，要想拆掉公司的架构，在税收上视为清算和分配，拆和不拆、怎么拆，税负其实都是一样的。当个人的财产投入到公司、披上公司的面纱后，个人的财产就转换成公司的财产。资产如果在公司层面增值，再要想把公司的财产转换成个人的财产，会面临高额的税负。“投进去容易、分回来有税”，这是现行税制决定的。

## ▶ 税法悄悄打开了一扇窗

果真没有除重复缴税之弊的途径？别急，为了照顾一些特殊行业的重复征税之痛，税法为你悄悄打开了一扇窗。我们来看一下《财政部 税务总局 发展改革委 证监会关于中关村国家自主创新示范区公司型创业投资企业有关企业所得税试点政策的通知》（财税〔2020〕63号），有什么解决重复征税的锦囊妙计：

> 为进一步推动创业投资发展，根据国务院有关批复精神，在北京市中关村国家自主创新示范区（以下简称示范区）试行公司型创业投资企业的企业所得税优惠政策。现将有关政策通知如下：
>
> 一、对示范区内公司型创业投资企业，转让持有3年以上股权的所得占年度股权转让所得总额的比例超过50%的，按照年末个人股东持股比例减半征收当年企业所得税；转让持有5年以上股权的所得占年度股权转让所得总额的比例超过50%的，按照年末个人股东持股比例免征当年企业所得税。
>
> 上述两种情形下，应分别适用以下公式计算当年企业所得税免征额：
>
> （一）转让持有3年以上股份的所得占年度股权转让所得总额的比例超过50%的：
>
> 企业所得税免征额=年末个人股东持股比例×本年度企业所得税应纳税额÷2
>
> （二）转让持有5年以上股权的所得占年度股权转让所得总额的比例超过50%的：
>
> 企业所得税免征额=年末个人股东持股比例×本年度企业所得税应纳税额
>
> 二、本通知所称公司型创业投资企业，应同时符合以下条件：
>
> （一）在示范区内注册成立，实行查账征收的居民企业。
>
> （二）符合《创业投资企业管理暂行办法》（发展改革委等

10部门令第39号）或者《私募投资基金监督管理暂行办法》（证监会令第105号）要求，并按照规定完成备案且规范运作。

三、个人股东从公司型创业投资企业取得的股息红利，按照规定缴纳个人所得税。

类似的政策，还有《财政部 税务总局 发展改革委 证监会关于上海市浦东新区特定区域公司型创业投资企业有关企业所得税试点政策的通知》（财税〔2021〕53号）文件。

这两个文件，规定了特定区域（中关村国家自主创新示范区和上海市浦东新区特定区域）特定类型公司（公司型创业投资企业）特定条件下（持有股权时间三年或五年以上、转让股权所得占比50%以上）采取特定解决方法（按个人股东持股比例免征企业所得税），称得上是我国所得税史上的里程碑式文件。

## 第3讲 税收角度：个人通过合伙企业持股的利与弊

个人投资的第三种模式，个人通过有限合伙企业为平台，持有被投资企业的股权。以有限合伙企业为中间体，作为员工的持股平台或其他投资平台，也是目前较为普遍的投资模式。在分析合伙企业的税事前，有必要先对合伙企业和合伙人有个大致的了解。

电影《中国合伙人》，除了留下“千万不要跟丈母娘打麻将、千万不要和好朋友合伙开公司”等一些经典台词外，让笔者对合伙企业这种模式的认识越来越模糊，甚至一度分不清公司制和合伙制的区别。“电影只有颜如玉，法里才有常识在”，直至学习了《合伙企业法》，才对合伙企业有了比较清晰的认识。

合伙企业的组织模式，通常包括普通合伙企业和有限合伙企业两大类，这里重点介绍下有限合伙企业。2006年《合伙企业法》修订时，增加了有限合伙企业这种模式。由于采取了“有限+无限”的组合方式，有限合伙企业被广泛运用到投资、员工持股、股权激励等领域。

有限合伙企业由普通合伙人和有限合伙人组成。普通合伙人，执行合伙企业的事务，说得通俗点，普通合伙人就是合伙企业里管事的人，他对合伙企业债务承担无限连带责任。有限合伙人以其认缴的出资额为限对合伙企业债务承担责任，通俗理解，有限合伙人就是负责出钱的人，他既不承担合伙企业的日常管理，又只对合伙企业债务负有限责任。普通合伙人简称GP（即General Partner），有限合伙人简称LP（即Limitied Partner）。

对合伙企业有了大致的了解后，让我们来分析一下个人通过合伙企业投资的税务问题。如图2所示，个人是有限合伙企业A的合伙人，通过有限合伙企业A投资到被投资企业B。

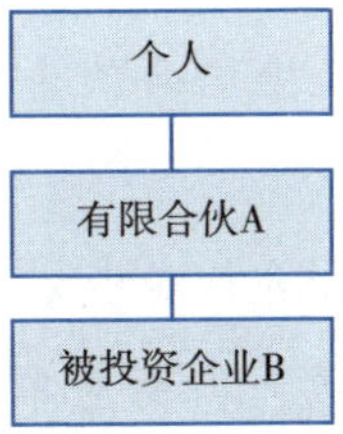


图2　个人通过合伙企业投资的股权架构

合伙企业在增值税上是纳税实体，是增值税的纳税义务人，这不用争论。当然，合伙企业发生了房产税、土地使用税、印花税等应税行为，也应该独立缴纳这些税种。平时有争论的也只是合伙企业的资金是否缴纳印花税问题，这里不作讨论。

合伙企业的税收难点，难在所得税的处理上。合伙企业在所得税上是纳税虚体，类似于透明体和导管，这是税收上的一个难点。合伙企业本身不是所得税的纳税义务人，本身不负有所得税的纳税义务。合伙企业的所得税由各合伙人缴纳，合伙人是个人的，由个人缴纳个人所得税；合伙人是法人单位的，由法人单位缴纳企业所得税；合伙人是合伙企业的，往上一直穿透到个人或企业法人层面。

理论上说，合伙企业虽然不是所得税的纳税人，但它应该是所得额的归集和计算人。合伙企业的收入，必须在合伙企业层面进行归集，按规定进行成本费用扣除和弥补亏损后，按照各合伙人的分配比例分给各合伙人。但不同的收入类型，在税收上有着不一样的处理方式。

## ▶ 合伙企业的利息股息红利收入

利息股息红利（简称“利股红”）收入，在合伙企业上采取直接穿透方式。利息股息红利不需要在合伙企业层面进行归集，直接按比例划分至各合伙人层面。我们来看《国家税务总局关于〈关于个人独资企业和合伙企业投资者征收个人所得税的规定〉执行口径的通知》（国税函〔2001〕84号）的规定：

> 关于个人独资企业和合伙企业对外投资分回利息、股息、红利的征税问题
>
> 个人独资企业和合伙企业对外投资分回的利息或者股息、红利，不并入企业的收入，而应单独作为投资者个人取得的利息、股息、红利所得，按“利息、股息、红利所得”应税项目计算缴纳个人所得税。以合伙企业名义对外投资分回利息或者股息、红利的，应按《通知》所附规定的第五条精神确定各个投资者的利息、股息、红利所得，分别按“利息、股息、红利所得”应税项目计算缴纳个人所得税。

如图2所示中，如果被投资企业B当年宣布分红，其中有限合伙企业A

分得100万元。这100万元，在个人所得税上直接视为各合伙人的所得。假设各自然人合伙人分得80万元，直接视为个人取得的“利股红”收入，由合伙企业A按20%税率代为申报个人所得税。

个人合伙人取得的股息红利适用20%个税税率。但法人合伙人分得的股息红利，能否参照居民企业从居民企业分回的股息红利，享受免税政策，这是实务中很多企业的痛点。实际工作中，绝大部分税务机关都认为，这不属于直接的投资，从而不能免征企业所得税。同样的股息红利，在个人所得税上直接穿透按20%征税，而在企业所得税免税待遇上，却不能采取穿透方式，这就是合伙企业政策上“有时透、有时不透”的特殊之处。

## ▶ 合伙企业的股权转让收入

图2中，有限合伙企业A转让被投资企业B的股权，其取得的收入，先在合伙企业A层面进行归集，再分给各合伙人。法人单位分得的所得，按照自身适用的税率计算缴纳企业所得税。麻烦的是个人合伙人，按什么税目税率缴纳个人所得税？其实在国家层面的政策上是明确的，个人从合伙企业取得的生产经营所得，2019年前按照“个体工商户的生产经营所得”计算缴纳，2019年新《个人所得税法》实施后，按照“经营所得”计算缴纳。我们来看下新《个人所得税法实施条例》对经营所得的规定：

> 经营所得，是指：
>
> 1. 个体工商户从事生产、经营活动取得的所得，个人独资企业投资人、合伙企业的个人合伙人来源于境内注册的个人独资企业、合伙企业生产、经营的所得。

无论是2019年前还是2019年后，经营所得适用的最高税率都是35%，比股息红利20%的税率高了一大截。有些地方政府为了招商引资，纷纷出台政策，你把合伙企业设在我这里，不管是什么性质的所得，我都按20%税率征收个人所得税。这些“地方粮票”的出台，掩盖了个人合伙人取得经营所得应该按5%至35%税率征税的全国统一政策。

《财政部 税务总局 发展改革委 证监会关于创业投资企业个人合伙人所得税政策的通知》（财税〔2019〕8号），明确对符合条件的合伙制创投基金，可以选择按单一投资基金核算或者按创投企业年度所得整体核算两种方式，如选择按单一投资基金核算，个人合伙人从该基金应分得的股权转让所得和股息红利所得，按照20%税率计算缴纳个人所得税。如选择按年度所得整体核算的，其个人合伙人应从创投企业取得的所得，按照“经营所得”项目适用5%—35%的超额累进税率计算缴纳个人所得税。

## ▶ 个人通过合伙企业持股税收上的好处

个人投资经营实体时，通过有限合伙持股平台间接投资，除了从运营成本、决策效益、对公司的控制权等角度，有独特的优势外，税收上的好处主要有：

和个人通过中间持股公司投资比较，个人通过合伙企业投资，少了一道企业所得税。这也是很多财税圈人士宣称的合伙企业不会产生重复纳税的由来。但这种“不会产生重复纳税”是有特定含义的。一是只是和个人通过中间持股公司相比较；二是投资分回的股息红利，无论直接投资还是通过合伙企业投资或者通过公司制持股平台投资，税负基本一致。

通过合伙企业投资，税收上还有一个好处是改变了个人所得税的纳税地点。上海的某自然人投资了广州的B公司，该自然人要转让B公司的股权，其纳税地点在广州，不管是自然人自己申报还是由股权的受让方代扣代缴。换一种投资方式，该自然人在江西设立了一家合伙企业，通过设在江西的合伙企业投资广州的B公司。这时候，再转让B公司的股权，其纳税地点就变成江西了。在日常工作中，经常会见到有一些合伙企业的聚集地和“大本营”，其中的奥妙，你仔细体会体会。

### ▶ 个人通过合伙企业持股税收上的弊

通过合伙企业持股，税收上也有不少弊端。

弊端一，税收政策的不明确。到目前为止，关于合伙企业的税收规范性文件，只有区区几份，应该说我们国家还没有真正建立起合伙企业的税收体系，导致在税务机关执法和纳税人履行纳税义务时，许多关于合伙企业的税收政策，只能靠自己理解和猜测。这个问题将在后面几讲中专门介绍。

弊端二，和个人直接持股相比，通过合伙企业持股的模式，税负不一定是最低的，特别是“利股红”以外的其他收入，如果金额大，就会面临适用35%高税率的情况。

## 第4讲
## 合伙企业税收认识的一个重大误区：不分红不缴税

个人通过公司制平台投资，利润只要贮存在中间平台公司，不回流到个人股东层面，就不会产生所得税。同样是中间平台，合伙企业能否起到这个“利润贮存器”的作用？答案是否定的。

### ▶ 先讲道理

合伙企业本身不是所得税的纳税人，不承担所得税纳税义务。合伙企业实现的所得，直接穿透到各合伙人层面去纳税。因此，“先分后税”的“分”，不是实际分配，而是按分配比例“划分”的意思。也就是说，合伙企业的经营所得，如果不实际分配，他的合伙人也必须按约定的比例，把自己的“那一块”领回家，各领各的孩，各缴各的税。

合伙企业层面实现了利润，哪怕当年不分红，各合伙人也负有纳税的义务，这是合伙企业的所得税属性决定的。当然，当合伙企业真正分配利润时，合伙人不再缴纳所得税。

## ▶ 再看文件

我们来看一下《财政部 国家税务总局关于合伙企业合伙人所得税问题的通知》（财税〔2008〕159号）对此是如何表述的：

> 三、合伙企业生产经营所得和其他所得采取“先分后税”的原则。
>
> 具体应纳税所得额的计算按照《关于个人独资企业和合伙企业投资者征收个人所得税的规定》（财税〔2000〕91号）及《财政部 国家税务总局关于调整个体工商户个人独资企业和合伙企业个人所得税税前扣除标准有关问题的通知》（财税〔2008〕65号）的有关规定执行。
>
> 前款所称生产经营所得和其他所得，包括合伙企业分配给所有合伙人的所得和企业当年留存的所得（利润）。

这一条款其实明确了各合伙人应计缴的所得，包括合伙企业实际分配的所得和虽没实际分配、但合伙企业已经实现的所得。

## ▶ 再看企业所得税年度纳税申报表的有关表述

国家税务总局在2017年修订企业所得税年度纳税申报表时，在A105000“纳税调整项目明细表”中专门增加了一个纳税调整栏次：合伙企业法人合伙人应分得的应纳税所得额，如表1所示。

表1　　纳税调整项目明细表（部分）

| 行次 | 项　　目 | 账载金额 | 税收金额 |
|---|---|---|---|
| | | 1 | 2 |
| 36 | 四、特殊事项调整项目（37+38+…+43） | * | * |
| 37 | （一）企业重组及递延纳税事项（填写A105100） | | |
| 38 | （二）政策性搬迁（填写A105110） | * | * |
| 39 | （三）特殊行业准备金（填写A105120） | | |
| 40 | （四）房地产开发企业特定业务计算的纳税调整额（填写A105010） | * | |
| 41 | （五）合伙企业法人合伙人应分得的应纳税所得额 | | |

增加的这个调整项中，有三个非常值得关注的看点：

第一个看点是增加的该栏次，放在“纳税调整项目明细表”的“特殊事项调整项目”下。说明这是一个有税会差异的事项，需要进行纳税调整；放在“特殊事项调整项目”中，表明这是一个特殊的调整事项，和其他一般的税会差异相比较，这是一个较特殊的、税务机关和纳税人应该引起重点关注的调整事项。

第二个看点是调整项的名称叫“应分得”而不是“实分得”，这明确无误地告诉我们，合伙企业的所谓“先分后税”，是应该分配的意思。

第三个看点是关于这一行次的填表说明。在“填表说明”写道：41.第41行“（五）合伙企业法人合伙人应分得的应纳税所得额”：第1列“账载金额”填报合伙企业法人合伙人本年会计核算上确认的对合伙企业的投资所得。第2列“税收金额”填报纳税人按照“先分后税”原则和《财政部 国家税务总局关于合伙企业合伙人所得税问题的通知》（财税〔2008〕159号）文件第四条规定计算的从合伙企业分得的法人合伙人应纳税所得额。这里说清楚了税收上的概念，“税收金额”指的是“计算的所得”，而不是实际分回的所得。

国家税务总局在企业所得税年度纳税申报表的纳税调整项目明细表上增加了这个项目的纳税调整事项，并单独作为一行进行纳税调整，很清楚地传达出一个信号：以前这事没管起来，以后大伙儿都要重视这个调整事项。

## ▶ 再看个人所得税纳税申报表的表述

个人合伙人申报从合伙企业分得的所得，适用“个人所得税经营所得纳税申报表”，按预缴、汇算清缴以及合并申报等不同申报类型，分别适用A表、B表和C表。由于表式的设计原因，在个人所得税的这三张申报表中，没能体现个人合伙人应该就应分得的所得申报纳税的意思。此处留的白，必有地方补。

我们来看一下《单一投资基金核算的合伙制创业投资企业个人所得税扣缴申报表》对此是如何表述的：

> （5）第17列“分配比例（%）”：分配比例按照合伙协议约定的比例填写；合伙协议未约定或不明确的，按合伙人协商决定的比例填写；协商不成的，按合伙人实缴出资比例填写；无法确定出资比例的，按合伙人平均分配。
>
> （6）第18列“创投企业股权转让所得额”：填写创投企业纳税年度内取得的股权转让所得总额，即本表“创投企业投资项目所得情况”中“纳税年度内股权转让所得额合计”的金额。
>
> （7）第19列“分配所得额”：填写个人合伙人按比例分得的股权转让所得额。第19列＝第18列 × 第17列。

相比企业所得税年度纳税申报表里“应分得的所得”“计算的所得”等表述，个人所得税纳税申报表的表述，没有如此直白，但“分配所得额”“按比例分得所得额”等，也足以代表个人所得税的“心”了。

## ▶ 案例介绍

政策层面是明确的，无论是法人合伙人还是个人合伙人，应该就应分得的所得计算缴纳所得税。《中国税务报》曾经介绍过一个案例：国家税务总局宁波市税务局在开展投资类合伙企业涉税风险专项评估时，获取了上市公司限售股投资分红数据，并与辖区内合伙企业申报信息实施交叉比对。在此过程中，发现宁波L投资管理公司（合伙企业）因涉税申报信息出现疑点。后查实，L合伙企业收到所投资上市公司分红3800万元，但企业认为没有将分红分给各投资人，也就没有就相关收入申报纳税。税务机关进行了政策辅导：不论合伙企业是否作出利润分配决定，只要有留存利润，该部分留存利润就应按规定的分配比例分配，并由合伙人计入自身的应纳税所得额依法申报纳税，这与合伙企业是否做出利润分配的决定无关。最后，L合伙企业在限期内依法为股东代扣代缴了股息、红利个人所得税700多万元。

## ▶ 实际操作中的难题

合伙企业实现所得，各合伙人就有纳税的义务，政策是非常明确的。不过也会带来一些问题。一是个人合伙人缴了税后，在合伙企业层面没有真正分配以前，个人把合伙企业的份额给卖了。这时就会出现个人怎么计算合伙份额的财产原值问题。如果不调增其财产原值，相当于个人合伙人就这一笔收入缴了两次个人所得税。这个问题，对企业所得税来说，不是难题，应分得年度做纳税调增，实际分得年度做纳税调减，年度纳税申报表里也专门腾了个地方让你填。但对个人持有合伙企业的份额，如何确认和调整其税收上的成本，税法对此是一片空白。作为合伙企业的个人合伙人，一定要注意其中的问题。

## ▶ 总结

通过上面分析，我们得出一个结论：通过合伙企业投资，不能达到延缓缴税的目的。让我们梳理一下，各种投资模式下的纳税时点问题：

个人直接投资，一分红就缴税，一卖股权就缴税。

个人通过公司型平台投资，分红不回流到个人股东层面，不会产生所得税。转让股权会产生企业所得税，如所得不再回流到个人层面，则没有个人所得税。

个人通过合伙企业投资，一分红就产生个人所得税；一股权转让就产生个人所得税。

最后还得交个底，为什么就这个问题要专门作为一讲来讨论？有两方面原因，一是对合伙人应该什么时候缴税，大多数人有认识上的偏差。在线下进行培训讲座时，每每讲到合伙企业不分红也要缴税时，台下总是一片哗然，哗然到怀疑自己的专业水平。第二个原因是，什么时候缴税，有时候比缴多少税更重要。许多人的观念中，合伙企业也能承担“利润贮存器”的作用，等真要缴税的时候，这才发现“利润贮存器”变成了“利润直通车”。

# 第5讲 合伙企业的税收风险

法人企业也好，个人也好，通过有限合伙企业的架构去投资，在税收上存在着较多的风险。这些风险是由多方面原因造成的。

一方面，是由于合伙企业本身的税制特点造成的。有的时候合伙企业是税收上的实体，有的时候又是税收上的虚体，这导致了对合伙企业税收认识上会产生偏差，从而由于认识和理解的差异，造成多缴税少缴税、迟缴税早缴税的风险。

另一方面，合伙企业的税收风险产生于合伙税收政策的不确定性。合伙企业的税收，存在着“政策复杂、文件不多”的尴尬局面。由于合伙企业的穿透原理，合伙人的所得税不仅需要区分合伙人类型，还需要区分不同的所得项目，其复杂程度可想而之。目前仅有的区区几份文件，怎能解决得了合伙企业的所有涉税政策呢？实务中，合伙企业的税收属性、税收政策、征收管理等，很多都是空白，这给实务操作增加了不确定性和风险。再加上有些基层税务机关在执法时，为避免自身的执法风险，没有明文规定的，我就从紧从严执行。这更加增加了合伙企业的税务风险。

还有一个原因，地方口径的不稳定性。有些地方出于当地财政利益的考虑，利用“地方税收政策”进行招商引资，对合伙企业制定宽松的税收政策，是好多地方招商引资的“金字招牌”。如对经营所得，按20%税率征收个人所得税，甚至有的地方采取一刀切核定征收方式。这几年，随着中央监管力度的加强，地方出台的一些合伙企业税收“优惠”，处于“朝不保夕”状态。因此，在通过合伙企业投资时，要充分考虑现有的税收政策和税收征管因素。

这里把平时经常会碰到的几个风险点作简单的介绍。

## ▶ 法人合伙人的股息红利能否免征企业所得税

有这么一个自身经历的案例，能很好地体现“以数治税”背景下智慧税务的威力和合伙企业税务的风险点。自从企业所得税税收优惠，从备案制改为纳税人留存资料备查后，税务机关把企业所得税汇算清缴的后续管理和审核，作为一个重要的税收优惠管理手段。某地税务局在所得税后续管理中，经数据比对，发现辖区内一企业，没有对外股权投资的相关信息，但该企业在税收优惠的有关表格中，有大额的免税股息红利收入。在与企业沟通后，发现是企业通过合伙企业投资取得股息收入，企业作了免税的申报。

法人企业通过合伙企业投资，分回来的股息红利，免不免企业所得税？答案基本是否定的，大部分税务机关执行的口径也是要征税。

一般的解释是，根据企业所得税法第二十六条规定，居民企业间能享受免税的股息红利，是指居民企业间的直接投资；如果通过合伙企业去投资，就不属于直接投资了。纳税人心里可能有一万个想不通：我直接去投资，分回来的股息能免企业所得税，怎么一通过合伙去投资就要缴税了呢？

合伙企业在税收上的确是矛盾的集合体。合伙企业从被投资企业分回的股息红利，在合伙企业层面是视为“穿透”的，他不需要在合伙企业层面进行归集。如果合伙人是个人的，在税收属性上也视为个人直接取得的股息红利，按“利股红”税目申报缴纳个人所得税。但同是股息红利，怎么到法人企业层面，这“穿透”就失灵了呢？没办法，这就是税制和税收政策的不明确造成的。

这里谈下自己的看法，法人企业通过合伙企业投资，取得的股息红利，能不能免征企业所得税，争论的焦点在于是不是直接投资。个人意见，“直接不直接、关键看实质”。从形式上看，的确中间多了层合伙企业架构。但从实质上看，合伙企业本身不是所得税的纳税主体，在股息红利的判断上，完全可以把合伙企业视为透明体。

还有一个理由，税法给予居民企业和居民企业间股息红利免税的政策，其本意是为了消除居民企业间的重复征税。不能因为中间架了一层合伙企业，就要多缴一道税，这是违背税法本意的。如果按照不能免税的思路去理解，“居民企业——合伙企业——居民企业——合伙企业——居民企业”这种投资的模式，就永远不会有了；当居民企业想通过合伙企业投资时，还得想一想，他的股东会不会是合伙企业，他股东的股东，会不会是合伙企业。这显然是违背商业常理的，也不利于整个社会的正常投资活动。

### ▶ 多层合伙架构下的“利股红”

前面介绍过，合伙企业取得的收入中，“股息、红利、利息”收入是比较特殊的一种收入类型，在个人所得税上，不视为个人取得的经营所得，而视为个人直接取得的“利股红”收入，按20%缴纳个人所得税。在单层的合伙企业架构中，其性质是十分清晰的，但在多层合伙架构（见图3）中，情况又是怎样的？

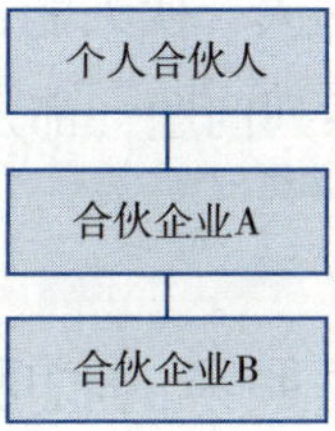


图3　多层合伙架构

某自然人是合伙企业A的合伙人，合伙企业A又是合伙企业B的合伙人。当合伙企业B取得“利股红”收入，对于个人合伙人来说，是属于“利股红”所得，还是属于经营所得，这在目前税法中也是找不到答案的。

有人认为，只要是“利股红”所得，按照最底层取得收入的属性来判断，可以一直往上穿透到自然人身上。也有人认为，对合伙企业A来说，从合伙企业B取得的“利股红”，应判断为经营所得。这就造成了个人合伙人层面，是按20%税率来缴税，还是按5%—35%税率来缴税的争论。

这里还有个非常严肃的话题。自然人通过多层合伙企业投资，最底层的“利股红”收入，经过多层合伙架构后，如果税法上判断为经营所得，那自然人就负有年度汇算清缴主动申报的义务，不如实进行申报，性质上就可以定性为偷税了。

## ▶ 法人合伙人能否采取特殊性税务处理

X公司通过Y合伙企业持有乙企业的股权，甲企业想收购乙企业的股权，假如其他条件都满足，问X公司能适用特殊性税务处理吗？这似乎又是一个没有答案的问题。

实务中，合伙企业作为重组业务的当事方，是普遍存在的，包括股权收购、企业合并和分立中，交易一方中存在着大量的合伙企业。此时，会产生很多问题，如有合伙企业的存在，会不会影响整个交易的特殊性税务处理？会不会“一个合伙企业坏了一项重组”？如果合伙企业的存在不影响整个交易的特殊性税务处理，那其中法人合伙人能否适用特殊性税务处理，个人合伙人能否适用分5年缴税等一系列问题，都是没有标准答案的，也只有靠个人理解和个案沟通了。

### ▶ 合伙人持有上市公司股票的税收政策问题

按照现行税收政策，法人企业直接持有上市公司的股票，分得的股息红利，可以享受差别化税收政策。法人企业通过合伙企业持有上市公司的股票，如果满12个月，能不能享受免征企业所得税的待遇？如果可以享受，又会有新的困惑，12个月怎么计算？是以合伙企业持有股票的时间来判断，还是以合伙人持有合伙企业的份额时间来判断。

类似的问题还有，个人持有上市公司股票，分得的股息红利，可以享受差别化税收政策。那么个人通过合伙企业持有的股票，其取得的股息红利，能否享受差别化税收政策。

综上所述，我们国家的个人所得税制、法人所得税制，已基本建立和完善。但合伙企业税制的建立，还处于朦胧状态。在朦胧状态下，要识别合伙企业这种组织形式的税收优势和风险，用其长、避其短，是纳税人最好的选择。

# 第二篇

# 并购重组涉及的税种简介

# 第6讲
# 并购重组业务涉及税种：增值税

在并购重组业务所涉及的税种中，就重要性和复杂性而言，增值税肯定不是排第一位的。尤其全面实施“营改增”后，打通了各行业的增值税链条，只要交易各方是一般纳税人，就会产生“上有销项、下有进项”的良好互动场景。但考虑到增值税的体量及其在所有税种中的地位，我们还是从增值税开始说起。

2016年我国实施全面“营改增”以来，所有货物、不动产、无形资产、劳务及服务的销售，均纳入增值税的征税范围。

并购重组过程中，会涉及资产的转移及股权的转移。在增值税处理上，需要解决的问题有：交易是否属于增值税征税范围、发票如何开具、进项或留抵税额能否结转等几个问题。

## ▶ 是否属于增值税的征税范围

理清思路是解决问题最好的方法。我们按股权转让、股票转让、限售股转让、其他实物资产转让等逻辑来认识增值税的征税范围。

股权转让不属于增值税的征税范围。非上市公司股权，不属于现行增值税的征税范畴，单位和个人转让股权，都不缴纳增值税。

转让上市公司的股票，属于现行增值税的“金融商品转让”范畴。企业转让上市公司股票，按照《财政部 国家税务总局关于全面推开营业税改征增值税试点的通知》（财税〔2016〕36号）规定，按卖出价和买入价差额计算缴纳增值税。财税〔2016〕36号文件同时规定，对个人转让金融商品免征增值税。

还有一类特殊的股权或股票，企业投资的时候是股权，过了一段时间，摇身一变，鸡成凤、鱼化龙，公司上市了，股权变成上市公司的股票。这类特殊的股权（票）叫限售股。在营业税时代，金融企业以外的企业转让限售股，是否要缴纳营业税，政策很明确，争论却很大。营改增后，所有单位转让限售股，均属于增值税的征税范围，按规定要缴纳增值税。我们来看一下《国家税务总局关于营改增试点若干征管问题的公告》（国家税务总局2016年第53号公告，以下简称53号公告）的规定：

> 单位将其持有的限售股在解禁流通后对外转让的，按照以下规定确定买入价：
>
> （一）上市公司实施股权分置改革时，在股票复牌之前形成的原非流通股股份，以及股票复牌首日至解禁日期间由上述股份孳生的送、转股，以该上市公司完成股权分置改革后股票复牌首日的开盘价为买入价。
>
> （二）公司首次公开发行股票并上市形成的限售股，以及上市首日至解禁日期间由上述股份孳生的送、转股，以该上市公司股票首次公开发行（IPO）的发行价为买入价。
>
> （三）因上市公司实施重大资产重组形成的限售股，以及股票复牌首日至解禁日期间由上述股份孳生的送、转股，以该上市公司因重大资产重组股票停牌前一交易日的收盘价为买入价。

53号公告对限售股的规定，其实说清楚了两点：一是单位转让限售股，属于增值税的征税范围，按"金融商品转让"来征增值税，从而结束了不必要的争议。二是按"金融商品转让"征收增值税，必须要有一个确定的买入价。但考虑到限售股的特殊性，其买入时，还不是真正意义上"金融商品"，为此，必须对不同渠道取得的限售股，分别规定一个买入价。53号公告对股改限售股、IPO限售股、重大资产重组形成的限售股等三类限售股，分别规定了不同的买入价。国家税务总局在此后的几个文件中，又对其他途径取得的限售股，分别规定了不同的买入价。

并购重组中，涉及货物、不动产、无形资产的转让，一般意义上是增值税的应税事项，应该按规定征收增值税。

## ▶ 重组中的增值税不征税规则

参照成熟国家的增值税制，我国也制定了较为规范的业务转让不征税规则，具体体现在《国家税务总局关于纳税人资产重组有关增值税问题的公告》（国税总局2011年13号公告，以下简称13号公告）和财税〔2016〕36号文件。13号公告规定，对纳税人在资产重组过程中，通过合并、分立、出售、置换等方式，将全部或者部分实物资产以及与其相关联的债权、负债和劳动力一并转让给其他单位和个人，不属于增值税的征税范围，其中涉及的货物转让，不征收增值税。财税〔2016〕36号文件的附件中，对资产重组中涉及的不动产、土地使用权，也规定了不属于增值税的征税范围。

同样，资产重组的增值税文件不是很多，且每个文件都惜墨如金，让人感觉既抽象又难理解。凭个人经验，对重组中的资产转移不征收增值税，可从以下几个角度去理解：

增值税的资产重组政策，规定的是不征收增值税，即符合条件的资产转让，不属于增值税的征收范围。为什么规定不属于增值税的征税范围？可能主要基于以下几个方面考虑：

一是增值税是链条税，单纯地给予某个环节免征增值税，会造成增值税链条的中断，没有多少实质的意义。

二是借鉴国外的做法，对不是单纯意义上资产的转让，如果征收增值税，会阻碍企业进行正常的资产重组和并购活动。

三是对带资产转移的资产重组，更多可理解为业务的转让。不征收增值税的资产转让是指什么？这种资产转让，虽然不像企业所得税特殊性税务处理那样，有转让资产比例的要求，但增值税的要求是，实物资产以及与其相关联的债权、负债和劳动力一并转让。即：实物资产+关联的债权+关联的负债+相关劳动力=业务。

因此，增值税的资产转让不征税的含义，不是指单纯的资产转让，更多可理解为一项业务的转让。企业转让的是一项可以独立运行的业务，其交易的本质是属于产权层面的交易。就如股权交易一样，完全可以给予不征收增值税的政策。

增值税上讲到的合并、分立、出售、置换等方式，对于合并和分立很容易理解。但对于出售和置换就比较难理解了，这也是容易引起争论的地方。日常业务中，如企业用资产换资产、集团内部不同公司之间的资产划转，属不属于增值税的不征税范围，由于文件没有详细的规定，在实务中会引来争论。

还有，资产重组中包含的无形资产，能不能不征增值税？财税〔2016〕36号文件中，没有把无形资产列在不征税范围内，是有意的没有放进去，还是真的遗漏了？不得而知。

## ▶ 增值税发票开具

上文中介绍了股权转让不征增值税；单位转让股票和限售股，要缴纳增值税。资产转让中，符合条件的“业务转让”中有关资产转移，不属于增值税征税范围；不符合条件的要缴纳增值税。能否开具增值税发票的前提，看交易是否征收增值税，属于增值税征收范围，可以开具发票，但财税〔2016〕36号文件规定金融商品转让不得开具专用发票。

不属于增值税征收范围，当然不能开具增值税发票。考虑到资产重组中，不动产和土地使用权的转移，下家在办理过户手续时无相关凭据的实际问题，国家税务总局在增值税发票管理系统的“商品和服务税收分类编码”不征税发票项目下，专门增加了607、608项目，即“607：资产重组涉及的房屋等不动产”；“608：资产重组涉及的土地使用权”。

2022年，国家税务总局又在系统中增加了资产重组涉及的货物的不征税项目，即“616：资产重组涉及的货物”。

至此，资产重组中，涉及的房屋不动产、土地使用权以及货物的转移，虽然不属于增值税的征税范围，转移方均可以开具不征税发票。但让人遗憾的是，资产重组中涉及的无形资产的转移，是否可以不征收增值税及如何开具发票，至今没有答案。

### ▶ 进项税额传递和留抵税额的结转

在资产的转让过程中，会涉及进项税额的传递。按照增值税的通用规则，上游申报缴纳了增值税，开具了可以抵扣的扣税凭证，下游才可以作进项税额抵扣。在资产重组过程中，如果是单纯的资产转让，上游缴纳了增值税，下游凭增值税专用发票等凭证可以作为进项税抵扣。如果符合不征收增值税的条件，上游不征收增值税，下游也不得抵扣对应资产的进项税额。

在企业合并、分立过程中，往往有参与重组的当事企业要办理税务登记注销手续。如企业合并中，被合并企业要注销；如果是新设合并，合并企业和被合并企业都要注销。在企业分立中，被分立的企业，有可能注销，也有可能继续保留。在企业合并、分立中，注销企业的留抵税额是否能够随资产的转移，结转到下一家去？

我们来看《国家税务总局关于纳税人资产重组增值税留抵税额处理有关问题的公告》（国家税务总局2012年第55号公告，以下简称55号公告）是如何规定的：

> 现将纳税人资产重组中增值税留抵税额处理有关问题公告如下：
>
> 一、增值税一般纳税人（以下称“原纳税人”）在资产重组过程中，将全部资产、负债和劳动力一并转让给其他增值税一般纳税人（以下称“新纳税人”），并按程序办理注销税务登记的，其在办理注销登记前尚未抵扣的进项税额可结转至新纳税人处继

续抵扣。

二、原纳税人主管税务机关应认真核查纳税人资产重组相关资料，核实原纳税人在办理注销税务登记前尚未抵扣的进项税额，填写《增值税一般纳税人资产重组进项留抵税额转移单》。

《增值税一般纳税人资产重组进项留抵税额转移单》一式三份，原纳税人主管税务机关留存一份，交纳税人一份，传递新纳税人主管税务机关一份。

新纳税人主管税务机关应将原纳税人主管税务机关传递来的《增值税一般纳税人资产重组进项留抵税额转移单》与纳税人报送资料进行认真核对，对原纳税人尚未抵扣的进项税额，在确认无误后，允许新纳税人继续申报抵扣。

55号公告对企业重组中涉及留抵税额的转移，还是有限制条件的：

条件一：上下游都必须是一般纳税人。这一条不用多解释，只有一般纳税人才有留抵税额，也只有一般纳税人才有抵扣进项和留抵税额的权利。

条件二：资产全部转移且办理税务登记注销手续。在企业重组中，要符合资产全部转移且办理税务登记注销手续，一般只会发生在企业合并和企业分立中。企业合并中，被合并企业需要办理注销手续；企业分立中，被分立企业可能注销，也有可能不办理注销手续。

条件三：履行相关的手续。留抵税额的结转，结转的都是可以抵扣的税额，直白的表述就是结转的全是税款。55号公告设置了严格的结转程序：转出方税务机关核查核实，并通过《增值税一般纳税人资产重组进项留抵税额转移单》传递给转入方税务机关；同时，转入方税务机关也要作相应的核实。

从上面的分析可以看到，在资产重组中，“税随货走”的美好愿望，只实现了一半。对于转让大部分资产、转让方留抵税额又很大的重组业务，必须要提前考虑好重组的方式和路径，否则会造成“想抵的没得抵、不想抵的抵不完”的双输困境。

# 第7讲
# 并购重组业务涉及税种：企业所得税

企业所得税是对企业的各项生产经营所得和其他所得征收的一种税。我国的企业所得税不区分经营所得和资本利得，实行完完全全的综合税制。企业所得税按年计算，一年计算出一个所得，所得为正要缴税，所得为负即亏损，可往后5年、8年或10年弥补亏损。

并购重组过程中，会发生资产或股权的转移、原有企业需要注销等情形，这些事件都会触发企业所得税的应税处理。主要有：

（1）转移方发生资产或股权的转移，如何确认所得缴纳企业所得税？

（2）在并购重组中，取得的支付对价是对方的股权，如何确认新股权的计税基础？

（3）下一家取得转移的股权或资产，如何确认计税基础？

（4）有些重组活动中，原有企业需要注销，是否需要进行所得税的清算？

（5）原有企业的税收优惠、未弥补的亏损等所得税事项，如何结转承继。

在我国现行所有税种中，企业所得税是最复杂的税种，没有之一。因此，企业所得税涉及并购重组的业务，在涉税处理上也最为复杂。

从2008年新《企业所得税法》实施以来，财政部和国家税务总局在借鉴国外并购重组税收成熟做法的基础上，制定了符合我国国情和税制特点的企业所得税重组规则，先后出台了企业重组的特殊性税务处理规则、企业非货币性资产出资所得税规则、技术入股所得税处理规则、企业资产（股权）划转所得税规则等，形成了较为完善的企业所得税重组体系。虽然在这些已颁布的文件中，我们很难找到这些规则的具体表述，但通过对这些文件的理解，我们可以把企业所得税处理的规则提炼后，呈现给大家：

### ▶ 转移方：股权或资产的转移如何确认所得

**一般性所得确认规则**。我国的企业所得税，名为企业所得税，骨子里为法人所得税制，只要资产从法人内部转移到外部，就要确认所得，这是企业所得税的一般性所得确认规则。企业无论是转让资产还是转让股权，都是同样的道理，有所得要缴税，发生亏损并入企业的所得结转弥补。

除了一般性规则外，针对一些特殊的交易模式，企业所得税专门制定了一些特殊处理规则：

（1）**所得分期计入规则**。对非货币性资产投资等行为，考虑到投资方取得的对价是股权，没有足够现金流支撑缴税，税法给了先确认所得、但确认的所得可在一定年限内分期计入纳税的规则。

（2）**暂不确认所得规则**。企业所得税中的特殊性税务处理，属于暂不确认所得规则。转移方对转移出去的资产或股权，在转移环节暂不确认所得，等下次转让股权时再确认所得。

（3）**永不确认所得规则**。资产或股权虽然从一个法人转移到另一个法人，但在特定的转移范围内，可视为“没有对价的转移”，不需要确认所得。

### ▶ 转移方：转移方取得股权对价的计税基础

并购重组中，支付对价的形式有现金，有股权。转让方取得现金，当然其计税基础没有太多问题。如果转让方拿到的是对方支付的股权，其取得的股权应该如何确认计税基础？

在一般性所得确认规则下，转移方已经当期确认了所得，取得股权的计税基础就按公允价值确认。

在所得分期计入规则下，转移方已经当期确认了所得，取得股权的计税基础也应按公允价值确认。《财政部 国家税务总局关于非货币性资产投资企业所得税政策问题的通知》（财税〔2014〕116号）文件，给出了另外一种计税基础确认规则：分年调整计税基础。

在暂不确认所得规则下，为实行所得的递延，转移方采取计税成本替代方法，用原资产或股权的计税基础替代新股权的计税基础。通过这种技术处理，既实行了转让当期不纳税，又实现了下一次转让股权时，把前一道没缴的税补回来的目的。

在永不确认所得规则下，一般视为“不需要支付对价”的内部交易，也就不存在新股权计税基础确认问题。

### ▶ 受让方：取得资产或股权的计税基础

在一般性所得确认及所得分期计入规则下，转移方已经当期确认了所得，受让方取得股权或资产的计税基础就按公允价值确认。

在暂不确认所得规则下，转移方暂不对股权或资产的转移确认所得。受让方拿到股权或资产的计税基础，也只能按交易标的的原计税基础确认。相当于上游没有确认所得、下游就不能改变资产的计税基础。在有些交易中，转让方对转让资产，部分确认了所得，受让方可以相应调整资产的计税基础。

在永不确认所得规则下，转让方没有确认转移资产的所得，所以下一家拿到股权或资产后，资产的计税基础维持不变。

总结一下，并购重组中，企业所得税处理的核心问题之一，是当事各方计税基础如何确定。如果转让方拿到的对价是新的股权，可用下面几句话来概括：

转让方确认了资产转让所隐含的所得，才能按公允价值确认取得新股权的计税基础。转让方确认了资产转让所隐含的所得，受让方才能按公允价值确认资产的计税基础。

### ▶ 其他所得税事项

并购重组中，有时会涉及投资企业从被投资企业的撤资、减资业务。撤资减资也是处置股权的一种方式，国家税务总局《关于企业所得税若干问题的公告》（国家税务总局公告2011年第34号）文件中，对撤资减资的企业所得税处理作了详细的规定。

并购重组中，有时也会涉及重组方要办理税务登记注销手续，这时需要办理所得税的清算程序。企业所得税还有特别的规定，对部分并购重组中的企业注销，可以实行“不清算的注销”，即在企业层面和股东层面，无需办理清算这一税务事项。这些内容，我们会在企业清算的有关讲解中予以详细地阐述。

在并购重组中，还会涉及原有企业的所得税优惠事项、尚未确认的收入等未完毕事项，如何结转和承继等问题，这些问题也将在有关章节中予以解释。

最后还得说一下，现行所得税的文件，都是只讲政策，不提及规则的。上面所述的规则，是基于个人对所得税文件的理解而提炼出来，目的是为了帮助读者理解并购重组所得税政策中蕴含的税收原理。在我国所有现行税种中，企业所得税是最讲“理”的税种，但税法没有对这些“理”进行专门的阐述。本书中，作者希望透过文件看清原理，透过规定看清规则。不一定是最精准的表述，但是应该做个有益的尝试。“宁失一生之名，也要讲清原理”，是本书的追求。

# 第 8 讲
# 并购重组业务涉及税种：个人所得税

个人所得税是对个人的所得征收的一种税。2019 年新《个人所得税法》实施，标志着我国个人所得税跨出了从分类税制向综合与分类相结合税制转变的历史性一步。新《个人所得税法》列举了九种所得，为现行个人所得税的征税所得：

（1）工资、薪金所得；

（2）劳务报酬所得；

（3）稿酬所得；

（4）特许权使用费所得；

（5）经营所得；

（6）利息、股息、红利所得；

（7）财产租赁所得；

（8）财产转让所得；

（9）偶然所得。

上述（1）—（4）项为综合所得。

并购重组业务中，交易当事方会涉及大量的自然人。个人发生股权转让、用股权或非货币资产出资、从被投资企业收回投资等行为，这些都会触发个人所得税的应税处理。

这些应税事件中，转让股权等非货币性资产行为，对照九项所得，按照“财产转让所得”征收个人所得税。重组中，企业清算、个人的投资收回等业务，有可能会涉及个人的股息红利确认等税收问题，对照九项所得，应按“利息、股息、红利所得”进行处理。

我们来看下重组业务中这两类所得在个税上的共同点：第一个共同点是这两类所得都不属于综合所得的范畴，都是分类所得且实行按次征收政策；第二个共同点是税率相同，都是适用20%的个人所得税率；第三个共同点是个人所得税上利息、股息、红利所得，没有像企业所得税一样，有普遍性的免税政策，因此，个人股权转让所得和利息、股息、红利所得的税收待遇基本是一致的。

为什么要谈论这个问题呢？正是因为财产转让所得和股息、红利所得在税收处理上的一致性，因此个人所得税处理上，在清算环节或个人收回投资环节，没有必要区分其中包含了多少股息红利所得、多少是财产转让所得。

这是重组业务中，个人所得税这个税种的一个特点。

下面我们来看下重组业务中，可能会涉及个人所得税的基本规定。

## ▶ 股权（股票）转让的个人所得税

个人转让股权，属于《个人所得税法》中的“财产转让所得”，应该按规定计算缴纳个人所得税。《国家税务总局关于发布〈股权转让所得个人所得税管理办法（试行）〉的公告》（国家税务总局2014年第67号公告），对个人转让股权的税务处理作出了详尽的规定。

个人转让上市公司的股票，一直延续着不征税的优惠政策。还有一类特殊的股权或股票，个人投资的时候是股权，过了一段时间，等卖的时候公司上市了，摇身一变成为上市公司的股票。这类特殊的股权（票），个人所得税中也叫限售股。从2010年起，对个人转让限售股也要缴纳个人所得税。不过对限售股的征税，有一些特别的规定。

**特别规定一：**只对规定品种的限售股征收个人所得税。综合《财政部 国家税务总局 证监会关于个人转让上市公司限售股所得征收个人所得税有关问题的通知》（财税〔2009〕167号）和《财政部 国家税务总局 证监会关于个人转让上市公司限售股所得征收个人所得税有关问题的补充通知》（财税〔2010〕70号）等文件，目前征收个人所得税的限售股主要包括：

（1）上市公司股权分置改革完成后股票复牌日之前股东所持原非流通股股份，以及股票复牌日至解禁日期间由上述股份孳生的送、转股（统称股改限售股）；

（2）2006年股权分置改革新老划断后，首次公开发行股票并上市的公司形成的限售股，以及上市首日至解禁日期间由上述股份孳生的送、转股（统称新股限售股）；

（3）个人从机构或其他个人受让的未解禁限售股；

（4）个人因依法继承或家庭财产依法分割取得的限售股；

（5）个人持有的从代办股份转让系统转到主板市场（或中小板、创业板市场）的限售股；

（6）上市公司吸收合并中，个人持有的原被合并方公司限售股所转换的合并方公司股份；

（7）上市公司分立中，个人持有的被分立公司限售股所转换的分立后公司股份。

目前对限售股征税，采取正例举的方式，在例举范围内的征收个人所得税，例举范围外的不征收个人所得税。如新股限售股，俗称IPO限售股，包括上市首日形成的限售股以及上市首日至解禁日期间由上述股份孳生的送、转股，但不包括解禁日后形成的送转股。所以，为了降低个人所得税的税负，对于限售股，往往采用解禁后高送转方式，摊薄每一股的股价，从而达到少缴个人所得税目的。

不在例举范围之内的限售股不征个人所得税，比较常见的还有：公司上市后定向增发形成的限售股；上市公司股权激励形成的限售股。

**特别规定二：**有特别的申报缴纳方式。限售股的个人所得税，一般情况下由所在的证券机构代扣代缴税款；纳税人发生特殊情形下的限售股转让，由纳税人向主管税务机关自行申报纳税。

**特别规定三：**有特定的主管税务机关。为方便源泉扣缴和税收管理，财税〔2009〕167号文件规定，对纳税人转让限售股，主管税务机关为个人股东开户的证券机构所在地主管税务机关。

### ▶ 非货币性资产出资的个人所得税

个人用非货币性资产出资，在个人所得税处理上，视为两步走。第一步：转让非货币性资产；第二步：投资业务。因此，应该按照“财产转让所得”计算缴纳个人所得税。考虑到个人用非货币资产出资，取得的对价是股权，个人没有现金的流入，《财政部 国家税务总局关于个人非货币性资产投资有关个人所得税政策的通知》（财税〔2015〕41号）作出了人性化规定，纳税人一次性缴税有困难的，可合理确定分期缴纳计划并报主管税务机关备案后，在不超过5个年度内分期缴纳个人所得税。

个人用技术成果出资入股，除了可以适用上面讲到的分5年分期纳税政策以外，还可以采取投资时暂不缴税、等下次股权转让时再缴税的递延纳税政策。

### ▶ 少得可怜的并购重组个人所得税政策

重组中的个人所得税政策，相对于企业所得税来说，既少得可怜，又非常简单明了。个人所得税的重组政策，主要有两个：第一个是个人用技术成果投资入股，可以适用递延纳税政策，但这项政策，其适用范围实在太小了；第二个是个人用非货币性资产出资，可以适用分5年纳税的政策。这一政策，在现行重组的个人所得税政策中，属于最重量级的政策。但这一政策，有两个不足之处，一是政策的适用范围问题，如有些重组业务中，能不能适用这一条政策，是有不同观点的；二是政策规定只是一种分期纳税优惠，最多也只是解决了暂时没有纳税资金的问题。

由于没有相当力度的个人所得税政策，实务中导致了个人在参与重组活动中，要承担现时、大额的纳税义务，一定程度上不利于整个社会的并购重组交易活动。针对重组的个人所得税政策，有很多专家希望，能够学学企业所得税，有更多、更大的税收支持力度。

## 第9讲
## 并购重组业务涉及税种：土地增值税

土地增值税是以纳税人转让国有土地使用权、地上的建筑物及其附着物所取得的增值额为征税对象，依照法定税率征收的一种税。土地增值税是非常“奇特”的一个税种：奇一为税率高，土地增值税采用超率累进税率，最高一档的适用税率为60%，为目前所有税种中最高的税率；奇二为文件规定少，如此重要和复杂的一个税种，财政部、国家税务总局出台的文件，不超过数十个，很多重要的政策，由于执行中没有相关明确的规定，导致纳税遵从的风险很大；奇三为“十里不同音”，由于政策规定的不明确，导致基层税务机关的执行口径非常不一致。相信在土地增值税立法后，这种状况会得到明显的改善。

在企业改制重组中，涉及土地使用权及房屋建筑物的转移，会产生是否缴纳土地增值税的问题。考虑到企业改制重组的特殊性，税法对企业改制重组中的土地增值税作了一些特殊的规定，从1995年的财税〔1995〕48号文件一直到2021年的财税〔2021〕21号文件。目前有效的是《财政部 税务总局关于继续实施企业改制重组有关土地增值税政策的公告》(财税〔2021〕21号)。财税〔2021〕21号文件对企业整体改制、合并、分立以及投资入股等几种重组的模式，规定了暂不征土地增值税的政策。

### ▶ 企业整体改制的土地增值税政策

企业整体改制，包括非公司制企业改制为有限责任公司或股份有限公司，有限责任公司变更为股份有限公司，股份有限公司变更为有限责任公司，对改制前的企业将国有土地使用权、房地产转移、变更到改制后的企业，暂不征土地增值税。

实务中碰到最多的是有限责任公司为了上市的需要，整体变更为股份有限公司，也就是通常所称的企业股份制改造。企业整体改制前和改制后，企业主体没有发生变化，土地使用权或房地产的权属也没有发生改变。这种整体的变更，实质上公司还是那个公司。只要原来的股东还继续保留着，就可以不征收土地增值税。当然，在这种整体改制中，有可能有部分老股东退出、不在变更后的股东名录中，这种情形就不符合财税〔2021〕21号文件暂不征土地增值税的政策了。

## ▶ 企业合并的土地增值税政策

企业合并，无论是新设合并还是吸收合并，肯定有一个或一个以上的企业注销，注销的企业把土地使用权或房屋建筑物转移到另一个企业，这种情形下可以暂时不征收土地增值税。但不征收土地增值税的前提，必须是原企业投资主体存续在合并后的企业中，也就是原来的股东不能拿钱跑了。

老股东不能拿钱跑了，能不能拿了大部分的钱，只保留一小部分的股权呢？这一点土地增值税也没有企业所得税那么严格要求，只要求原投资主体必须存在于改制重组后的企业，出资人的出资比例可以发生变动，当然持股的比例大小没有规定。

与企业所得税特殊性税务处理政策的差别。企业所得税对主要股东有12个月内“不能跑”的要求；而土地增值税和下几讲要介绍的契税都没有12个月的时间限制，也就是所有股东只要在合并结束后还是股东即可。

## ▶ 企业分立的土地增值税政策

企业分立有两种方式：存续分立和新设分立。用公式形象表示如下：

存续分立：A=A+B （公式1）

新设分立：A=B+C （公式2）

公式1中，A把全部的土地使用权和房屋建筑物，继续保留在A企业里，这时当然不涉及土地增值税的问题，土地增值税只是转让才产生纳税义务。如果A把全部或部分的土地使用权和房屋建筑物，分立到B企业里，这时如果A的股东或者出资人，还是分立后A和B企业的股东，可以暂时不征收土地增值税。

公式2中，A把全部或部分的土地使用权和房屋建筑物，分立给B或者C，只要A的股东或者出资人，还是B和C企业的股东，可以暂时不征收土地增值税。

与上面企业合并中讲到的一样，A的股东，必须存在于新分立出来的企业中，至于当多少时间的股东，土地增值税对此没有要求。

## ▶ 投资入股的土地增值税政策

先看一下21号文件的原文：

> 单位、个人在改制重组时以房地产作价入股进行投资，对其将房地产转移、变更到被投资的企业，暂不征土地增值税。

这一条实务中争论很大。对企业改制重组时，用房地产对外投资的活动，当然符合财税〔2021〕21号文件的规定。但一般意义上的用房地产对外投资，能不能适用不征收土地增值税的政策呢？在有些人看来，单纯的投资行为不属于重组活动，因此不能适用暂不征收土地增值税的政策。也有人认为，企业用房地产投资入股，投资行为也会导致企业原有的资本结构发生变化，应属于重组事项。但在认同投资是重组行为下，也不一定适用暂时不征收土地增值税政策。部分税务机关的观点是，土地增值税的文件标题写清楚了是改制重组，以及文件的具体内容中都讲到改制重组时才能适用这一政策。所以只有改制重组时的房地产对外投资，才能适用不征收土地增值税政策。

## ▶ 土地增值税的改制重组政策应用中的应注意问题

土地增值税的政策是暂不征收，而不是暂免征收。财税〔1995〕48号文件，对以房地产入股方式进行投资、联营，以及企业兼并中被兼并企业把房地产转移给兼并企业，用了“暂免征收土地增值税”的表述。直到财税〔2015〕5号公告，把改制重组的土地增值税改为“暂不征收”。

从“暂免征收”到“暂不征收”，虽一字之差，含义却天差地别。“暂免征收”表示，企业改制重组时，有土地增值税的纳税义务，国家因为要鼓励改制重组的行为，给予了企业免征的税收优惠。“暂不征收”的含义，随企业改制重组发生的房地产的转移行为，暂时不属于土地增值税的征税范围，因此可以不征收土地增值税。

改制重组的土地增值税政策不适用任意一方为房地产企业。只要有一方是房地产企业，就不适用改制重组的暂不征收土地增值税政策。为什么对房地产企业作出如此严苛的限制？我们可以从财税〔2015〕5号文件的解读稿中看出政策的本义：

> 为减少税收政策漏洞，避免部分房地产开发企业以“改制”之名，行“转让房地产”之实，规避土地增值税，财政部、国家税务总局印发了《关于土地增值税若干问题的通知》（财税〔2006〕21号），规定房地产开发企业不得享受改制重组土地增值税优惠政策。考虑到在实际征管中，上述现象仍然存在，此次出台企业改制重组土地增值税优惠政策延续了这一规定。

当然，实务操作中，对什么是房地产开发企业，又是一个让人纠结的话题。取得房地产开发资质的叫房地产开发企业？实际从事房地产开发业务的叫房地产开发企业？还是公司经营范围中有房地产开发业务的叫房地产开发企业？政策对此没有明确。实务中笔者还碰到过一个让人哭笑不得的解释，说只要是房地产开发集团下面的任何公司，不管从事什么业务，都是房地产开发企业从而不能适用暂不征收的政策。

暂不征收土地增值税，要履行相关手续。财税〔2021〕21号文件笼统讲了一句：纳税人享受上述税收政策，应按税务机关规定办理。

母公司合并子公司能否享受暂不征收政策的问题。实务中，有一种观点认为，母公司合并全资子公司，不能适用暂不征收土地增值税的政策。如当年××地方税务局网上答复的观点：

> 被合并公司（子公司）的出资人为母公司，与母公司的出资人是不同主体，因此，母公司吸收合并其全资子公司后，母公司存续，但子公司投资主体并未存续。根据《财政部 国家税务总

> 局关于继续实施企业改制重组有关土地增值税政策的通知》(财税〔2018〕57号)第二、第八条规定，母公司吸收合并其子公司，不能适用“暂不征收土地增值税”优惠政策。

按照文件字面理解，母公司吸收合并子公司后，子公司的原投资主体——母公司，当然不是合并企业母公司的股东了。但仔细理解下，所有的资产还都是在母公司的名下，无非不是以股东名义持有，而是母公司直接持有。这个问题上，各地的口径也会有所不同。

## 第10讲 股权转让征不征土地增值税?

资产转让中涉及国有土地使用权、房屋建筑物的转让，要缴纳土地增值税。企业整体改制、合并、分立等情形下，符合条件的可以暂时不征土地增值税。股权转让到底应不应该征收土地增值税？这个问题，在讲并购重组税务时，是个敏感且回避不了的问题。

犟有为犟，笑有为笑。问题的起因来自于《国家税务总局关于以转让股权名义转让房地产行为征收土地增值税问题的批复》(国税函〔2000〕687号)文件：

> 广西壮族自治区地方税务局：
>
> 你局《关于以转让股权名义转让房地产行为征收土地增值税问题的请示》(桂地税报〔2000〕32号)收悉。

鉴于深圳市能源集团有限公司和深圳能源投资股份有限公司一次性共同转让深圳能源（钦州）实业有限公司100%的股权，且这些以股权形式表现的资产主要是土地使用权、地上建筑物及附着物，经研究，对此应按土地增值税的规定征税。

国税函〔2000〕687号文件一出来，引起了大家热烈的讨论，许多专家学者撰文评论，观点不一。一些基层税务机关据此文件，对特定情形下的股权转让开始征收土地增值税，引起了很多的税企争议。这里从四个角度进行思考和讨论。

## ▶ 股权转让等不等同于土地使用权的转让?

股权与土地使用权是两种完全不同的权利。股权是股东享有的，并由《公司法》或公司章程所确定的多项具体权利的综合体。土地使用权，是权利人依法对国家所有的土地享有占有、使用和收益的权利，以及利用该土地建造建筑物、构筑物及其附属设施的权利。

股权转让与土地使用权转让是两种完全不同的法律形式，股权转让与土地使用权转让的法律依据也不同，两者是完全不同的概念。

## ▶ 有没有足够的法律依据?

对股权转让征收土地增值税，属不属于《土地增值税暂行条例》和《土地增值税暂行条例实施细则》规定的征税范围？现行《土地增值税暂行条例》强调，转让国有土地使用权、地上的建筑物及其附着物，并取得收入的单位和个人，为土地增值税的纳税义务人。《土地增值税暂行条例实施细则》强调，暂行条例所称的转让国有土地使用权、地上的建筑物及其附着物并取得收入，是指以出售或者其他方式有偿转让房地产的行为，不包括以继承、赠与方式无偿转让房地产的行为。可见，必须有偿转让国有土地使用权、地上的建筑物及其附着物，并取得收入才产生土地增值税纳税义务。对股权转让征收土地增值税，对照现行土地增值税规定的征税范围，是缺乏一定依据的。

### ▶ 如果要征税，对谁征税？

对股权转让行为，如果征收土地增值税，应该由谁来缴纳？甲企业转让乙企业100%的股权，乙企业对应的资产主要是土地使用权。如果要求缴纳土地增值税，这时有两种选择：甲企业缴税或由乙企业缴税。

如果由甲企业来缴纳，但往往甲企业不在乙企业所在的主管税务机关管辖范围，乙企业的税务机关有权要求甲企业缴纳吗？如果真的由甲企业缴纳了，以后乙企业开发房地产转让或者再次转让土地使用权时，土地的成本应该如何扣除。

如果由乙企业缴纳，地还是那块地，地还在乙企业名下，乙企业既没转让任何资产，没取得任何经济利益，让乙企业缴税，似乎于法于理都说不过去。再说了如果让乙企业缴了税，下次再转让时，乙企业能抬高土地计税的成本吗？

### ▶ 股权转让环节不征税，会导致税款流失吗？

说了这么多，实际上对股权转让行为征收土地增值税，其出发点是为了防止税款的流失。那股权转让不征土地增值税，会不会导致税款流失？继续沿用上面的例子。如果股权转让环节，不征收土地增值税，其土地增值税的可扣除成本不变；股权转让环节，对甲征了土地增值税，如果允许乙企业抬高土地的扣除成本，考虑到加计扣除、累进税率的税率只会降低的情况下，以后乙企业的土地增值税应该只会减少、不会增加。对乙征收土地增值税并同时抬高土地的扣除成本，也是同样的结果。

只有一种情形下可能导致税款的流失，那就是新股东买了股权后，永远不转让土地或开发的房屋，但这种税款流失，流失的只是对股权转让征税情形下的税款。

以卖股权之名，行卖土地之实，的确是现实中比较常见的一个问题。这问题不仅关系到税收，在司法上，转让股权是否构成转让土地使用权之实，也是个非常有争论的话题。

为了更好地规避股权转让被征收土地增值税的风险，各路专家也各献神招。有的说，国税函〔2000〕687号文件说的是一次性转让100%股权，那么可以通过先转让90%、再转让10%股权的形式，来规避国税函〔2000〕687号文件；也有人提出通过先增资、再转让股权的方式来规避转让100%股权。还有人提出，对股权转让征收土地增值税，实际上是税务机关穿透了股权外衣、直接视为资产的转让，那就想办法不让穿透。比如在被转让的股权上面再架一层股权，通过转让更上层的股权，税务机关怎么也穿透不了，等等。

其实，所有的核心在于，对股权转让应不应该征收土地增值税，应该有一个更明确的说法。

看到这里，你其实比笔者更清楚，在土地增值税这个税种上，似乎只有政策，没有税理。当然了，没有税理的结果是，土地增值税成为了“土地争执税”。

# 第11讲
# 并购重组业务涉及税种：契税

契税是一个非常古老而又年轻的税种。说它古老，因为契税有非常悠远的历史。据记载：中国契税起源于东晋时期的“估税”，至今已有1600多年的历史。当时规定，凡买卖田宅、奴婢、牛马，立有契据者，每一万钱交易额官府征收四百钱即税率为4%，其中卖方缴纳3%，买方缴纳1%。

说它年轻，到了2020年才有了《契税法》。2020年，全国人大通过了《中华人民共和国契税法》，并自2021年9月1日开始施行。从此，契税这个古老的税种又焕发出新的活力。

《契税法》规定，在转移土地、房屋权属过程中，承受的单位和个人为契税的纳税人，应当依照本法规定缴纳契税。企业改制重组过程中，会涉及土地使用权、房屋等不动产的转移。一般情况下，在办理产证前，都要按规定缴纳一道契税。

为支持和鼓励企业并购重组，财政部、国家税务总局每隔几年就会下发关于改制重组的契税优惠文件，目前的有效文件是《财政部 税务总局关于继续执行企业、事业单位改制重组有关契税政策的公告》（财政部 税务总局公告2021年第17号，以下简称17号公告）。17号公告对改制重组中的九种模式作出了契税的优惠，下面把平常容易碰到几种模式介绍一下：

## ▶ 企业整体改制免征契税

对企业整体改制，包括：非公司制企业改制为有限责任公司或股份有限公司，有限责任公司变更为股份有限公司，股份有限公司变更为有限责任公司，对改制（变更）后公司承受原企业土地、房屋权属，免征契税。

企业改制免征契税，还必须具备两个条件：一是改制（变更）后公司承继原企业权利、义务；二是原企业投资主体存续并在改制（变更）后的公司中所持股权（股份）比例超过75%。

## ▶ 公司合并免征契税

两个或两个以上的公司，合并为一个公司，且原投资主体存续的，对合并后公司承受原合并各方土地、房屋权属，免征契税。

和改制重组的土地增值税政策相同，契税政策没有企业所得税那么严格要求，只要求原投资主体必须存在于改制重组后的企业，出资人的出资比例可以发生变动，当然持股的比例大小没有规定。也没有像企业所得税特殊性税务处理政策有12个月的要求。企业所得税对主要股东有12个月内不能“跑”的要求，但契税没有12个月的时间限制，也就是所有股东只要在合并结束后都是股东即可。

### ▶ 公司分立免征契税

无论是新设分立还是存续分立，对分立后公司承受原公司土地、房屋权属，免征契税。条件是分立前后出资人不能发生改变，但各出资人的持股比例可以发生变化。

### ▶ 企业破产中的契税优惠

有别于其他税种，契税的改制重组文件中，专门有针对企业破产契税的优惠条款，对下列情形可以免征或减征契税：

（1）企业依法实施破产的，债权人（包括破产企业职工）承受破产企业抵偿债务的土地、房屋权属，免征契税。

（2）对非债权人承受破产企业土地、房屋权属，凡按照《中华人民共和国劳动法》等国家有关法律法规政策妥善安置原企业全部职工规定，与原企业全部职工签订服务年限不少于三年的劳动用工合同的，对其承受所购企业土地、房屋权属，免征契税；与原企业超过30%的职工签订服务年限不少于三年的劳动用工合同的，减半征收契税。

### ▶ 符合条件的资产划转免征契税

资产划转，是比较特别的一种资产转移方式。常见于政府与国有企业之间、同一国资委下属的国有企业之间、以及同一投资主体或同一集团内部的企业之间。17号公告规定对下列几种情形的划转，免征契税：

（1）对承受县级以上人民政府或国有资产管理部门按规定进行行政性调整、划转国有土地、房屋权属的单位，免征契税。

（2）同一投资主体内部所属企业之间土地、房屋权属的划转，包括母公司与其全资子公司之间，同一公司所属全资子公司之间。

（3）同一自然人与其设立的个人独资企业、一人有限公司之间土地、房屋权属的划转，免征契税。

（4）母公司以土地、房屋权属向其全资子公司增资，视同划转，免征契税。

对划转的契税优惠中，需要注意以下几点：一是免征契税，只限于文件列举的几种情形，列举之外的不能享受免征的待遇；二是母公司向全资子公司增资，视为划转。实务中有争论的是，母公司用土地、房屋设立全资子公司，能否免征契税的问题。按理说，增资可以免征，投资新设也可以免征。但有些人对此有不同的理解，也有税务部门不认可投资新设免征契税的观点。

### ▶ 股权转让不征收契税

在股权（股份）转让中，单位、个人承受公司股权（股份），公司土地、房屋权属不发生转移，不征收契税。契税的政策中，表述得非常清楚，股权的转让不涉及土地、房屋权属的转移，因此不征收契税。

有政策必然有可以利用的空间。有些企业为了达到不缴契税目的，在转让不动产、土地使用权前，先通过设立全资子公司、再进行划转的方式，把不动产和土地使用权装到子公司名下，再把子公司的股权转让，达到不缴契税的目的。

## 第12讲
## 并购重组业务涉及税种：印花税

来个脑筋急转弯，并购重组中缴的最多的税是什么？答案是印花税。你可能真不信，笔者没问缴税的税额最多，问的是缴税的次数最多。一个上市公司采取定向增发方式，收购了一家未上市公司的股权。结果是缴了三道印花税。第一道，转让方缴了一道产权转移的印花税；第二道，上市公司缴了一道产权转移的印花税；第三道，上市公司又缴了一道股本和资本公积的印花税。这下你信了吧，印花税率虽然低，但如果交易总额大，对一些重量级的并购重组交易，印花税额加起来也不是一个小数。

全国人大于2021年颁布了《中华人民共和国印花税法》，并自2022年7月1日起施行。《印花税法》第十二条规定："根据国民经济和社会发展的需要，国务院对居民住房需求保障、企业改制重组、破产、支持小型微型企业发展等情形可以规定减征或者免征印花税，报全国人民代表大会常务委员会备案。"到目前为止，国务院和财政部、国家税务总局尚未出台相关改制重组的印花税优惠政策，目前仍在执行的是《财政部 国家税务总局关于企业改制过程中有关印花税政策的通知》（财税〔2003〕183号）规定的优惠政策。财税〔2003〕183号文件主要对以下几类凭证给予了税收优惠：

> 一、关于资金账簿的印花税
>
> （一）实行公司制改造的企业在改制过程中成立的新企业（重新办理法人登记的），其新启用的资金账簿记载的资金或因企业建立资本纽带关系而增加的资金，凡原已贴花的部分可不再贴花，未贴花的部分和以后新增加的资金按规定贴花。
>
> 公司制改造包括国有企业依《公司法》整体改造成国有独资有限责任公司；企业通过增资扩股或者转让部分产权，实现他人对企业的参股，将企业改造成有限责任公司或股份有限公司；企业以其部分财产和相应债务与他人组建新公司；企业将债务留在原企业，而以其优质财产与他人组建的新公司。
>
> （二）以合并或分立方式成立的新企业，其新启用的资金账簿记载的资金，凡原已贴花的部分可不再贴花，未贴花的部分和以后新增加的资金按规定贴花。
>
> 合并包括吸收合并和新设合并。分立包括存续分立和新设分立。

二、关于各类应税合同的印花税

企业改制前签订但尚未履行完的各类应税合同，改制后需要变更执行主体的，对仅改变执行主体、其余条款未作变动且改制前已贴花的，不再贴花。

三、关于产权转移书据的印花税

企业因改制签订的产权转移书据免予贴花。

实务中争论最大的是财税〔2003〕183号文件的适用范围。该文件一开头就讲到经县级以上人民政府及企业主管部门批准改制的企业，才能适用该文件中的印花税优惠。国家税务总局在2004年就中国电信集团改制印花税问题给有关省的批复中也讲到，中国电信集团公司是国务院批准改制的企业，对其在重组过程中涉及的印花税问题，可按财税〔2003〕183号文件执行。所以一般的企业改制重组时，能否享受相关政策或比照享受相关的政策，只能靠各地的解释和掌握口径了。

有一点需要提醒，企业并购重组中，最容易漏缴的税是印花税。特别对股权转让行为，因为平时碰到不多，对股权转让书据要不要缴印花税理解不足，有好多企业财务人员忽视了这一点，被税务稽查后补税的案例很是常见。

## 第13讲 如何做好并购重组中的各税种协调

一般意义上的并购重组，指的是资产或股权的交易。资产或股权的交易，可能会涉及不同税种：增值税、企业所得税、个人所得税、土地增值税、契税和印花税等。前面几讲就并购重组中的几个主要税种进行了逐一介绍。通过前面的介绍，我们对企业重组中每个税种的政策有了大致的了解。你会发现，其实税种和税种之间的政策是相互割裂、不成一体的。

首先，各个税种之间的“语言”是互不相通的，对并购重组这种交易的称呼，大家都有不同的叫法。增值税叫资产重组，企业所得税叫企业重组，土地增值税和契税叫改制重组，个人所得税干脆来个重组改制。

其次，对同一事项，不同的税种有不同的处理方法，如对非货币性资产出资，企业所得税规定了分5年确认所得的规则；个人所得税规定了分5年缴税的规则。又如同是资产的划转，企业所得税和契税有较清晰的政策规定，而增值税和土地增值税从来没有对此作出过规定。各个税种之间政策没有相通性，就要求我们除了要了解每个税种的并购重组政策，还要统筹处理好各个税种的关系，从而有效降低并购重组中的税收成本。

## ▶ 对各税种的并购重组规则和政策，要有清晰把握

经常有人会咨询这样的问题：“我公司把大部分资产转让给另外一家公司，另外一家公司支付的是现金。我公司能不能不缴企业所得税和增值税？”碰到这种问题，只能讲增值税和企业所得税有不同的重组税收规则，用大白话表述是：重组的增值税和企业所得税政策，是两套不同的规则。企业所得税规则：不缴所得税的前提是用资产换股权，只有股权支付达到了一定的条件，才可以适用特殊性税务处理规则。增值税规则：不管换得是股权还是现金，只要符合增值税的相关条件，且不开增值税发票（不征税发票除外），是可以不缴增值税的。

对改制重组中的土地使用权、不动产的转移，也有人经常会问，土地增值税的暂不征收和契税的免于征收，对承受资产的下一家在下次转让时有没有影响。土地增值税的上一环节的暂不征收，对下一家来说就抬高不了可以扣除的成本，如果下一家下次要转让相关资产，当然会增加他的土地增值

税的税负。而对于契税来说，它是对承受环节征收的一种税，上一环节的免征，丝毫不影响下一环节的计税金额。

### ▶ 不同税种有“矛盾”时，如何平衡是关键

带债务的资产划转，能否符合企业所得税的划转暂不征税政策，实务中是有争论的。但是在增值税处理中，必须资产、债权、债务、劳动力四样同时转移。所以，两个税种之间是有“矛盾”的，如何处理好这种“冲突”，要么有取有舍、抓大放小；要么通过沟通加以解决。

再如企业分立中，企业所得税特殊性税务处理，要求分立不分家且有12个月时间限制；土地增值税和契税也有分立不分家的限制，但没有12个月的时间限制。企业分立中，既想分立又想分家，就必须统筹平衡好三个税种的处理，合理安排好重组的步骤。

### ▶ 各税统筹要学会适当“转换”

资产的划转有四种模式，其中一种是母公司对全资子公司有偿的划转。划转双方提供的有偿划转协议，能解决暂不缴纳企业所得税的问题。但拿这份有偿划转协议，要求暂不缴纳土地增值税，税务机关会不会认为有偿的划转等同于增资，不能享受土地增值税政策？恰好当地税务机关在土地增值税处理上，认可无偿的划转。这时就要作一些“转换”，反正是母公司和全资子公司之间的交易，“肉还在那锅里”，在不考虑下一次交易的情形下，先做个无偿的划转又何妨？

各税种之间的协调，其实是说说容易做起来难。不过在并购重组中，必须要提前、全方位地考虑税的问题。税是并购重组中一项重要的交易成本。并购重组的税务处理，还有一个非常鲜明特点：不能走回头路。不像其他交易一样，做完了说我要反悔。股权或资产一旦登记确权，再反悔回去，又是一次交易一道税。

# 第三篇

# 投资三环节的税务问题

## 第14讲
# 非货币性资产出资的企业所得税处理

先讲一个真实的小故事。一个伸手不见五指的深夜，我的电话响了，原来是一个在会计事务所工作的朋友打来的，他是某上市公司的独立董事。何事这么急？原来上市公司的一群高管，深更半夜还在开会讨论并购一家标的公司资产的事。当讨论到标的公司应该如何缴税问题时，财务总监和我那位朋友有了不同意见。财务总监坚持认为，标的公司是用公司的资产投资到上市公司并取得了上市公司增发的股票，这是一种典型的非货币性资产出资，对标的公司来说，只能选择分5年递延缴税的政策，随之而来的是上市公司应该怎么做账、怎么在税前摊销的问题，这可能会直接影响到上市公司的财务报表。我那朋友坚持认为，这其实是一种资产的转让和收购业务，这个交易中只要符合企业所得税的特殊性税务处理，完全可以按照特殊性税务处理规则来做。双方各执一词，只能让我这个第三者来做裁判。

故事先搁在这儿，看完了本讲，自然会有答案。我们从以下几个维度来探讨企业用非货币性资产出资的企业所得税问题。

### ▶ 企业用非货币性资产出资在税收上的实质

企业可以用货币资产出资，也可以用非货币性资产出资，这在《公司法》里写得清清楚楚。企业用非货币性资产出资，在企业所得税上，属于应税行为，《企业所得税法》和国税函〔2008〕828号文件也表达得相当清楚。税法的意思，用非货币资产出资，视为把非货币资产转让和再投资两项业务同时发生。

但是，企业用非货币资产出资，拿到的是股权，没有现金的流入，缴不起税怎么办？新《企业所得税法》实施后，财政部和国家税务总局先在上海自贸区搞了个试点，允许上海自贸区内的企业，用非货币资产出资时，可以采用分5年确认所得的方法。而后于2014年，财政部、国家税务总局下发了《关于非货币性资产投资企业所得税政策问题的通知》（财税〔2014〕116号，以下简称116号文件），把分5年确认所得的政策推广到全国。

## ▶ 分5年确认所得政策的适用范围

116号文件适用于居民企业投资到另外一家居民企业。如果居民企业投资到非居民企业，可以参考财税〔2009〕59号文件的跨境重组政策。适用分5年确认所得政策的居民企业，必须是企业所得税查账征收的企业。

什么样的投资才可以适用分5年政策？

情形1：在非货币资产出资中，出资的一方可能用非货币资产设立一家新的企业，出资方理所当然持有了新成立企业的股权，这种情形适用分5年确认所得的政策。

情形2：接受投资的企业本身就存在，居民企业用非货币资产对这家已经存在的企业进行投资，并取得了已存在企业增发的股权。这种情形也适用分5年确认所得的政策。我们站在不同的角度来看一下，这到底是何种交易行为。

站在投资方的角度，投出去的如果是资产，可以叫非货币性资产投资，也可以叫作资产转让，还可以叫作用非货币性资产向其他企业增资的行为。如果投出去的是持有的股权，可以叫用股权投资，也可以叫作股权转让，还可以叫用股权向其他企业增资的行为。

站在接受投资方的角度，接受投资的如果是资产，可以叫接受非货币性资产投资，也可以叫作资产收购，还可以叫作增资扩股，上市公司可以叫作定向增发。如果接受投资的是股权，可以叫接受非货币性资产投资，也可以叫作股权收购，还可以叫作增资扩股，上市公司可以叫作定向增发。

情形3：在非货币资产出资中，出资一方A企业可能用非货币性资产投资到B企业，B企业没有用自身的股权作为支付的对价，而是把B企业本身持有的子公司股权给了A企业。这种情形严格来说，属于用股权换股权，不属于非货币性资产的出资行为。116号文件也讲得很清楚："本通知所称非货币性资产投资，限于以非货币性资产出资设立新的居民企业，或将非货币性资产注入现存的居民企业"，同时文件强调取得的是被投资企业的股权。

再回到这一讲开头讲的小故事上来。小故事讲的案例中，双方争执的焦点在于所述业务适用于116号文件的分5年确认所得政策，还是适用于财税〔2009〕59号文件的特殊性税务处理政策。我们把上面3种情形进行一一对号入座：

情形1：属于用非货币资产出资设立一家新的企业。这种情形适用116号文件，不适用财税〔2009〕59号文件的特殊性税务处理。

情形2：属于用非货币性资产投资到现有的一家企业，现有的企业支付的是自身的股权，这种情况适用116号文件，同时也适用财税〔2009〕59号文件的特殊性税务处理。

情形3：企业用非货币资产投资到B企业里去，B企业支付的是其子公司的股权，这种情形不适用116号文件。能否适用财税〔2009〕59号文件的特殊性税务处理？这里先卖个关子。

### ▶ 非货币资产投资的"对称美"与"不对称美"

前面讲到，企业所得税是讲究对称的。转让方确认了资产转让所隐含的所得，才能按公允价值确认取得新股权的计税基础。转让方确认了资产转让所隐含的所得，受让方才能按公允价确认资产的计税基础。举例来说，A企业有一项资产，计税基础600万元，公允价值1000万元，现在把这项资产投资到B企业，换取了B企业增发的1000万元股权。如果A企业当期确认了400万元的所得，那么A企业持有B企业股权的计税基础是1000万元，B企业持有转移过来的资产的计税基础也是1000万元。如果A企业当期不确认400万元的所得，那么A企业持有B企业股权的计税基础是600万元，B企业持有转移过来的资产的计税基础也是600万元。

再来看一下财税〔2014〕116号文件对计税基础是如何规定的：

> 企业以非货币性资产对外投资，应对非货币性资产进行评估并按评估后的公允价值扣除计税基础后的余额，计算确认非货币性资产转让所得。
>
> 企业以非货币性资产对外投资而取得被投资企业的股权，应以非货币性资产的原计税成本为计税基础，加上每年确认的非货币性资产转让所得，逐年进行调整。
>
> 被投资企业取得非货币性资产的计税基础，应按非货币性资产的公允价值确定。

用上述例子来表达财税〔2014〕116号文件的处理规则。如果采用分5年确认所得的方法：

A企业当年确认400万元的所得，但这400万元所得不在当年一次性纳税，而是分5年、每年确认所得80万元；A企业持有B企业股权的计税基础是逐年进行调整的，按各年度680万元、760万元、840万元、920万元、1000万元进行确认。B企业持有转移过来的资产的计税基础是1000万元。

在非货币性资产出资分5年确认所得的政策中，因为投资方采用了分期确认所得、接受投资方按公允价值确认的规则，因此在企业所得税的所得确认和计税基础确认上是“不对称”的，这种“不对称”会导致什么后果呢？我们把上面例子改编一下：

A企业有一项资产，计税基础600万元，公允价值1000万元，现在把这项资产卖了，但是一次性缴税实在不甘心，于是想了个办法。A企业有一个关联企业B企业，A企业先把资产投资到B企业，可以分5年确认所得。B企业再把这项资产以1000万元公允价转让给早已谈好的C企业。由于B企业持有这项资产的计税基础是1000万元，所以B企业不会产生企业所得税。

这就是“不对称”产生的结果，由于上游没有完整的确认所得，下游按公允价值确认了计税基础，这种“不对称”导致了一定的筹划空间。

## ▶ 非货币资产出资的其他所得税问题

企业用非货币性资产对外投资，可以在不超过5年期限内，分期均匀计入应纳税所得额。这里的5年应该怎么算呢？与别的税种有所不同，企业所得税是一个按年计算、按年纳税的税种。因此，这里的5年应该指5个纳税年度。比方说2020年10月份发生的非货币性资产投资，当月就完成了股权登记手续，那么2020年10月发生了纳税义务，2020年就算一个完整的纳税年度，企业可以在2020年至2024年的5年内确认所得。至于是选择5年内分期确认，还是4年或3年内分期确认，那是企业有选择的权利。

企业用非货币性资产对外投资，既取得股权支付又取得非股权支付的，是不是要对非股权支付部分一次性确认所得。财税〔2014〕116号文件没有讲清楚这一点。

财税〔2014〕116号文件，实际上给的是一种定期递延纳税政策。定期递延纳税政策，最大问题是中途情况发生了改变，应该怎么处理。财税〔2014〕116号文件明确了三种情形下，必须停止递延纳税政策：第一种情形是5年内转让股权，第二种情形是5年内投资收回的，第三种情形是企业5年内注销的。发生这三种情形，纳税人停止递延纳税政策，并就没有确认的所得，一次性确认缴纳企业所得税。

分5年确认所得要履行的手续。分5年确认所得，是一种定期递延纳税，与特殊性税务处理的不定期递延政策相比，相对来说更容易管理，所以，手续也相对简单点。纳税人如采用非货币性资产出资分5年确认所得政策，应做好三项工作：

第一项工作是应在非货币性资产转让所得递延确认期间每年企业所得税汇算清缴时，在企业所得税年度纳税申报表的“基础信息表”填报非货币性资产对外投资的有关情况，并填报企业所得税年度纳税申报表中“A105100企业重组纳税调整明细表”的“其中：以非货币性资产对外投资”的相关栏目。

第二项工作是在进行年度企业所得税纳税申报时，向主管税务机关报送“非货币性资产投资递延纳税调整明细表”。(表式详见《国家税务总局关于非货币性资产投资企业所得税有关征管问题的公告》所附)。

第三项工作是企业应将股权投资合同或协议、对外投资的非货币性资产（明细）公允价值评估确认报告、非货币性资产（明细）计税基础的情况说明、被投资企业设立或变更的工商部门证明材料等资料留存备查，并单独准确核算税法与会计差异情况。

有兴趣的朋友，可以对照一下特殊性税务处理所需要履行的手续，看看非货币资产出资的递延纳税要办的手续是不是比特殊性税务简单多了，从而印证了一句话：要多得必须多劳。

# 第15讲 用技术成果出资的企业所得税处理

前一讲讲了企业用非货币性资产出资的所得税处理。非货币性资产中，有一类特殊的资产：技术成果。现行《公司法》允许企业或个人用技术成果进行出资或投资。这一讲我们就来探讨一下用技术成果出资的企业所得税问题。

## ▶ 技术转让的企业所得税减免政策

技术这种特殊的商品，束之高阁既不能转化为生产力，也不会为社会创造价值，只有充分利用起来，才能发挥其应有的作用。鼓励技术成果的转让和应用，一直是税收优惠政策的导向之一。2008年《企业所得税法》中，明确提到了企业转让技术的优惠政策。《企业所得税法》及其实施条例与后续的相关文件中明确，对技术转让所得，企业在一个纳税年度内，可以享受不超过500万元部分的所得，免征企业所得税；500万元以上部分减半征收的政策。技术转让包括：居民企业转让专利技术、计算机软件著作权、集成电路布图设计权、植物新品种、生物医药新品种，以及财政部和国家税务总局确定的其他技术。转让的必须是技术的所有权或5年以上非独占许可使用权。

这里，我们讨论一个问题。前面的文章中，我们讲到了企业所得税其实也是一个“链条税”。对企业所得税而言，上游的收入，就是下游可以税前扣除的成本；如果上游对收入或所得进行了免税处理，下游照样能在所得税前扣除。企业所得税，如果在单个环节上作出减免税的照顾政策，其实是有损害于企业所得税链条的完整性。所以到目前为止，企业所得税中很少有对单个环节做出税收优惠的。单个环节的减免税政策，容易导致恶意筹划的空间。因此，为防止关联企业间有意的利用技术转让的优惠政策，国家税务总局多次在文件中强调，对关联企业之间适用技术转让的优惠，一是要从政策上加以限制，二是要从征管上严格管理。

## ▶ 技术入股的企业所得税递延政策

为支持国家大众创业、万众创新战略的实施，促进经济结构转型升级，财政部、国家税务总局于2016年出台了《关于完善股权激励和技术入股有关所得税政策的通知》（财税〔2016〕101号），对企业和个人用技术成果投资入股，出台了更优惠的税收政策。

适用财税〔2016〕101号文件的技术的范围：技术成果是指专利技术（含国防专利）、计算机软件著作权、集成电路布图设计专有权、植物新品种权、生物医药新品种，以及科技部、财政部、国家税务总局确定的其他技术成果。特别要注意的是，财税〔2016〕101号文件的技术成果投资，是指将所有权让渡给被投资企业、取得该企业股票（权）的行为。

财税〔2016〕101号文件的递延规则：投资入股时不缴税，采取计税基础替代的规则，下次股权转让时，把上次转让的税再补回来。

举个小例子：A企业有一项专利技术，计税基础100万元，评估后公允价值700万元，A公司把这项专利技术的所有权投资到B企业，取得了B公司700万元的股权。A公司采用财税〔2016〕101号文件的递延纳税处理，当期可以不确认所得、不缴纳企业所得税，等下次转让B公司股权的时候再缴税。

假如下次A公司把持有的B公司股权卖了800万元，A公司在股权转让环节应该确认所得700万元。这700万元所得是由两部分组成的，一部分是800万元减去700万元等于100万元，即技术入股后产生的增值所得；第二部分是700万元减去100万元等于600万元，这600万元实际上是当初技术入股时，没有确认的所得，通过计税基础的替代，从而递延到了股权转让环节再来确认。

再来看一下接受投资的B企业是如何进行企业所得税处理的？财税〔2016〕101号文件规定："允许被投资企业按技术成果投资入股时的评估值入账并在企业所得税前摊销扣除。"也就是上述案例中的B企业，可以按公允价值700万元在企业所得税前扣除。

这其实在税收上是非常大胆的一个设计，上游没有确认所得，下游按公允价值确认了计税基础，体现了财政部、国家税务总局为支持科教兴国的良苦用心。当然，其中的税收漏洞不能视而不见。在随后下发的征管公告中，国家税务总局明确表示，对技术成果投资入股，如果技术成果评估价值明显不合理的，主管税务机关有权进行调整。

### ▶ 技术入股能不能适用减免的政策

这也是经常有人会咨询的一个问题，公司拿一个符合条件的技术进行投资，能不能既享受500万元以下免税政策，又享受财税〔2014〕116号文件分5年递延纳税政策或者财税〔2016〕101号的不定期递延政策。这里面其实有这么几个问题组成：

（1）技术投资入股，能不能享受企业所得税的减免政策。

用技术投资，拿到的是对方的股权，这种情形能不能享受500万元以下免税、500万元以上减半的优惠？这又是一个有争论的问题。问题的核心在于投资入股属于不属于技术转让？不支持按技术转让派，主要基于两个角度考虑，一是技术入股行为明显没有取得价款，因此不能按此来执行；二是减税还是免税，必须要有科技部门出具的技术合同登记证明。

（2）能不能同时适用不定期递延纳税政策。

我们大胆假设一下，假如税务机关允许技术成果投资可以享受免征所得额或减半征收的优惠。这时，减免政策能否和暂不确认的政策一起适用？

财税〔2016〕101号文件采取的是不定期递延纳税，也就是转让或投资当期不确认所得，通过计税基础的替代，在下次股权转让时再把上一环节没确认的所得追补回来。如果要同时享受免征或减半征收政策，前提是先确认转让所得，从这个角度看，两个文件适用的规则是不同的，二者不能同时适用。

（3）能不能同时适用定期递延纳税政策。

财税〔2014〕116号文件采取的是先确认所得、分期计入5个年度的定期递延纳税政策，递延纳税政策不属于税收的优惠。免征或减半征收政策，能不能和财税〔2014〕116号文件的定期递延政策同时适用呢？二者有一个不同点，一个属于税收优惠，一个不属于税收优惠。二者有一个共同点，转让或投资当期先确认所得。从法理上来看，似乎行的通，这种重叠享受政策，不属于对同一事项的税收优惠政策重叠享受。该免的免税，减半的减半，剩余的就作递延纳税处理。当然，这里探讨的只是可能性，也是为了帮助大家对所得税的一些处理规则有更深刻的了解。

## ▶ 技术入股递延纳税的所得税管理

企业用技术成果投资入股的所得税递延政策，和财税〔2009〕59号文件中规定的特殊性税务处理比较类似，不同的是接受投资方对资产的计税基础，采取了不一样的确认规则。由于这种政策采取的也是一种不定期递延纳税政策，对纳税人和税务机关来说，要履行的手续和管理的要求更加严格。对纳税人来说，要做好以下几项工作：

办理递延纳税的备案手续。企业适用递延纳税政策的，应在投资完成后首次预缴申报时，将相关内容填入“技术成果投资入股企业所得税递延纳税备案表”，向主管税务机关办理备案手续。没有办理备案手续的，不能享受相关政策。

在次年办理年度所得税汇算清缴时，在“基础信息表”中就技术成果投资入股的事项进行填报，并就税会差异在纳税调整表中进行调整。

在递延纳税期内的每一个纳税年度，进行所得税年度申报时，都应在“基础信息表”中就技术成果投资入股的事项进行填报。

# 第16讲 非货币性资产出资的个人所得税

考虑到个人用非货币性资产出资，取得的对价是股权，《财政部 国家税务总局关于个人非货币性资产投资有关个人所得税政策的通知》（财税〔2015〕41号）作出了“人性化”规定，对纳税人一次性缴税有困难的，可合理确定分期缴纳计划并报主管税务机关备案后，在不超过5个年度内分期缴纳个人所得税。

## ▶ “有温度”的文件被解读成“血淋淋”的文件

财税〔2015〕41号文件一出台，立即引起了资本市场及财税圈的一阵哗然。有人甚至用血流成河、哀鸿遍野等成语来形容该文件的出台，来看下当时网上的一篇文章：

**富人的颤抖**

2015年3月2日晚间，广东世荣兆业（002016）股份有限公司公告称，公司向董事长梁家荣发行股份购买其持有的珠海（楼盘）市斗门区世荣实业有限公司23.75%股权，交易价格10.29亿元。本次交易完成后，公司持有世荣实业100%的股权。

公告显示，本次发行股份购买资产的发行价格为6.31元/股，该价格不低于定价基准日前20个交易日的股票交易均价（6.309元/股）。发行股票购买资产部分的发行数量为1.63亿股，购买资产的金额为10.29亿元。

此交易原本暂不征个税，梁家荣在增发时可能也未想到此笔交易会产生至少1.8亿以上的个人所得税。即使分期五年缴纳，钱税得掏出去！

类似世荣实业的案例比比皆是，原来老板们、财务们、专家们、中介们都认为不应马上征税，都不会相信税局会采取措施征税。今后增资、增发、重组、非货币交易需要倍加小心。

个人用非货币性资产出资，真如上述文章所说，在财税〔2015〕41号文件出台前，原本就不用缴纳个人所得税吗？其实不然，我们可以快速浏览一下财税〔2015〕41号文出台前的几个规定：

《国家税务总局关于资产评估增值计征个人所得税问题的通知》（国税发〔2008〕115号）规定：个人以评估增值的非货币性资产对外投资取得股权的，对个人取得相应股权价值高于该资产原值的部分，属于个人所得，按照“财产转让所得”项目计征个人所得税。税款由被投资企业在个人取得股权时代扣代缴。

《国家税务总局关于个人以股权参与上市公司定向增发征收个人所得税问题的批复》(国税函（2011）89号）规定：根据《中华人民共和国个人所得税法》及其实施条例等规定，南京浦东建设发展有限公司自然人以其所持该公司股权评估增值后，参与苏宁环球股份有限公司定向增发股票，属于股权转让行为，其取得所得，应按照“财产转让所得”项目缴纳个人所得税。

《股权转让所得个人所得税管理办法》(国家税务总局公告2014年第67号）规定：本办法所称股权转让是指个人将股权转让给其他个人或法人的行为，包括以下情形：(五）以股权对外投资或进行其他非货币性交易。

其实，对个人用非货币性资产（包括股权）出资，在个人所得税上视为“财产转让所得”缴纳所得税，政策还是非常清晰的，不能说是财税〔2015〕41号文件才明确了这个应税事项。财税〔2015〕41号文件的出台，只是捅破了一层纸：原本在这件事上装糊涂的，再也装不了糊涂了。

对税收文件和规定的理解，就是如此的现实和势利，不同人站在不同立场解读出不同的结论。尤其在个人所得税的政策上更是如此，因为这直接关系到“你我他”的切身利益。

## ▶ 非货币资产出资分期缴税的适用范围

怕大家不理解，财税〔2015〕41号文件开宗明义：个人以非货币性资产投资，属于个人转让非货币性资产和投资同时发生。对个人转让非货币性资产的所得，应按照“财产转让所得”项目，依法计算缴纳个人所得税。

财税〔2015〕41号文件所称非货币性资产投资，包括以非货币性资产出资设立新的企业，以及以非货币性资产出资参与企业增资扩股、定向增发股票、股权置换、重组改制等投资行为。

很遗憾的是，财税〔2015〕41号文件及后续文件中，都没有阐明上述几种投资模式的内在含义，以致实务中屡屡引起争议：

(1）用非货币性资产出资设立新企业。这种投资模式很好理解，个人拿着非货币性资产出资，成立新的企业，个人拿到的是新成立企业的股权。当然，这里的股权属于增量股权，即在投资前不存在、因投资而产生的增量股权。

（2）用非货币性资产出资参与企业增资扩股、定向增发股票。增资扩股和定向增发股票，都是站在接受投资企业方的叫法，二者性质是一样的，都是接受新的投资，被投资方注册资本增大的一种增资行为。无非我们习惯于对非上市公司，叫作增资扩股；对上市公司，叫作定向增发股票。个人用非货币性资产出资，取得的也是增量的股权，这部分股权因投资而产生。上市公司经常通过股权收购或资产收购的方式，达到扩大经营规模、改变经营主业和提升资产质量目的，这是比较常见的一种方式。前面介绍的网文，以及国税函〔2011〕89号文件所指的事件，实际上都是上市公司采取定向增发股票的形式，收购大股东或其他自然人持有的非上市公司的股权。

（3）股权置换。股权置换相对来说比较难以理解，换出的资产是不是必须是股权？换入的资产是不是必须是股权？我们以狭义的“用股权换股权”来理解，和上面两种形式不同的是，这种形式换入的同样是股权，但由于是交换而来的，一般意义上，交换而来的股权，在交换前本身就已存在，也称之为存量股权。打个比方，你和我分别持有两家公司股权，双方协商，我拿自己公司20%的股权换你持有公司20%的股权。

当然，广义的理解股权置换，可以理解为用包括股权在内的所有非货币性资产换取对方增发的股权或者存量的股权。这种理解，和前面的第一、二种方式就有所重合了。

（4）重组改制。重组改制这种称谓，更加难以理解。是重组中的改制行为，还是重组加上改制。如果作广义理解，重组改制包括重组和改制，那基本上所有的重组方式，都囊括在内了。如果作狭义理解，仅仅指重组中的改制行为，也就是指非公司制企业改制为公司制企业，有限责任公司变更为股份有限公司等，其范围就相当狭窄了。

## ▶ 为什么说财税〔2015〕41号文件很重要

对于企业重组中的个人所得税而言，财税〔2015〕41号文件是最重要的一份文件。为什么这么说呢?

非货币性资产出资，指除现金、银行存款等货币性资产以外的所有资产，包括股权、不动产、技术发明成果以及其他形式的非货币性资产。对于财税〔2015〕41号文件的适用范围，前面已经进行了分析。如果按照广义的理解，财税〔2015〕41号文件可以适用于：个人取得的对价是股权的所有的改制和重组活动。

财税〔2015〕41号文件规定的分期纳税制度，是现行重组活动中，个人所得税里几乎唯一的政策。抛开下面介绍的个人用技术成果出资的递延纳税政策（这项政策的适用面太狭窄）外，财税〔2015〕41号文件的分期纳税制度，几乎是个人所得税中唯一的重组政策。对于个人所得税，至今没有建立起特殊性税务处理的规则，唯有分5年的分期纳税制度。

## ▶ 财税〔2015〕41号文件其他事项

个人用非货币性资产出资，一次性缴税有困难的，可按财税〔2015〕41号文件的规定，采取在5年内分期缴纳的政策。和企业所得税在不超过5个年度内确认所得不同，个人所得税是分5个公历年度纳税，而且个人所得税不强调均匀缴税，只要在5个年度内缴清税款就行，前提是要取得主管税务机关的同意。

个人以非货币性资产投资交易过程中取得现金补价的，现金部分应优先用于缴税；只有现金不足以缴纳的部分，才可以办理分期缴纳税款。

个人在分期缴税期间，转让其持有的非货币性资产投资取得的股权，并取得现金收入的，现金收入应优先用于缴纳尚未缴清的税款。

分5年缴税，个人要履行备案手续。纳税人非货币性资产投资需要分期缴纳个人所得税的，应于取得被投资企业股权之日的次月15日内，自行制定缴税计划并向主管税务机关报送“非货币性资产投资分期缴纳个人所得税备案表”、纳税人身份证明、投资协议、非货币性资产评估价格证明材料、能够证明非货币性资产原值及合理税费的相关资料。

同时，由于个人采取了分期纳税的完税方法，其个人所得税不再采用传统的代扣代缴方式，而由自然人自行向主管税务机关申报并办理分期手续。在自行申报方式下，谁是主管税务机关很重要。《国家税务总局关于个人非货币性资产投资有关个人所得税征管问题的公告》（国家税务总局公告2015年第20号）对此作出了详细规定：

纳税人以不动产投资的，以不动产所在地税务机关为主管税务机关；纳税人以其持有的企业股权对外投资的，以该企业所在地税务机关为主管税务机关；纳税人以其他非货币资产投资的，以被投资企业所在地税务机关为主管税务机关。

在允许的分期内，个人按分期缴税计划向主管税务机关办理纳税申报时，应提供已在主管税务机关备案的“非货币性资产投资分期缴纳个人所得税备案表”和本期之前各期已缴纳个人所得税的完税凭证。

纳税人如果在分期缴税期间，把用非货币资产投资换来的股权，进行了转让的，应于转让股权之日的次月15日内向主管税务机关申报纳税。

## ▶ 个人技术入股权的递延政策

为支持国家大众创业、万众创新战略的实施，财税〔2016〕101号文件对个人用技术入股，采取了和法人企业相同的递延纳税政策。对个人用规定范围内的技术成果投资，投资入股当期可暂不纳税，允许递延至转让股权时，按股权转让收入减去技术成果原值和合理税费后的差额计算缴纳所得税。被投资企业允许按技术成果投资入股时的评估值入账并在企业所得税前摊销扣除。

个人技术入股的个人所得税递延方法，和企业所得税的递延方法是相同的，都是一种不定期的递延制度。因为递延主体的不同，针对个人的纳税递延，有一些不同处理方法：

个人用技术成果入股，如果同时适用财税〔2015〕41号文件的分5年缴税政策，也同时也适用财税〔2016〕101号文件的不定期递延纳税政策的，个人可以选择其中一种处理方式。

个人以技术成果投资入股，以取得技术成果的企业为个人所得税扣缴义务人。被投资单位于取得技术成果并支付股权的次月15日内，向税务机关提交"技术成果投资入股个人所得税递延纳税备案表"、技术成果相关证书或证明材料、技术成果投资入股协议、技术成果评估报告等资料，办理备案手续。递延纳税期间，扣缴义务人应于每个纳税年度终了后30日内，向主管税务机关报送"个人所得税递延纳税情况年度报告表"，以便于税务机关动态地掌握个人递延纳税情况。

# 第17讲
# 股权代持的税务处理

股权代持又称委托代持或隐名投资，是实务中比较常见的一种持股方式，其税收的处理也多有争议。实务中股权代持的原因和动机多种多样，有真正出资人不愿意公开自己的身份而让别人代持的；有因为相关法律规定个人不能作为股东而让企业代持的；有的因企业上市前搭建员工持股平台从而个人让平台公司代持股权的；甚至有的地方政府规定，本地从事特殊行业的企业只能有本地企业投资，从而产生代持股行为的；还有一些摆不上台面的代持股，等等。归纳起来，主要有如下几种形式：个人让个人代持的、个人让企业或其他组织代持的、企业让其他企业或个人代持股权或股份。

## ▶ 司法对股权代持的态度

股权代持，在工商登记中，形式上的股东不是真正的股权出资人，真正的出资人又没有在工商进行显名登记。股权代持行为，直接导致法律形式和实质上的背离。我们先来看一下法律上对代持行为是如何界定的：

> 最高人民法院关于适用《中华人民共和国公司法》若干问题的规定（三）
>
> 第二十四条　有限责任公司的实际出资人与名义出资人订立合同，约定由实际出资人出资并享有投资权益，以名义出资人为名义股东，实际出资人与名义股东对该合同效力发生争议的，如无合同法第五十二条规定的情形，人民法院应当认定该合同有效。
>
> 前款规定的实际出资人与名义股东因投资权益的归属发生争议，实际出资人以其实际履行了出资义务为由向名义股东主张权利的，人民法院应予支持。名义股东以公司股东名册记载、公司登记机关登记为由否认实际出资人权利的，人民法院不予支持。
>
> 实际出资人未经公司其他股东半数以上同意，请求公司变更股东、签发出资证明书、记载于股东名册、记载于公司章程并办理公司登记机关登记的，人民法院不予支持。
>
> 第二十六条　名义股东将登记于其名下的股权转让、质押或者以其他方式处分，实际出资人以其对于股权享有实际权利为由，请求认定处分股权行为无效的，人民法院可以参照物权法第一百零六条的规定处理。
>
> 名义股东处分股权造成实际出资人损失，实际出资人请求名义股东承担赔偿责任的，人民法院应予支持。

从最高人民法院的解释中可以发现，并不因为法律的形式而全部否定隐名股东的权利。对股权代持中的隐名股东有相关的法律保护，应该说司法层面上部分承认和保护代持行为中隐名股东的权利。

## ▶ 税收对股权代持的态度

对股权代持，税法又是如何规定的？税务局要征税，首先要明确的是对谁征税、谁是真正的纳税义务人问题。股权代持中，由于股权产生的收益，包括股权处置的收益和股权持有过程中的分红等收益，应该由显名股东来缴税还是由隐名股东来缴税？我们来看一下相关的税收文件：

第一个文件是《国家税务总局关于企业转让上市公司限售股有关所得税问题的公告》（国家税务总局公告2011年第39号，以下简称39号公告）：

> 二、企业转让代个人持有的限售股征税问题
>
> 因股权分置改革造成原由个人出资而由企业代持有的限售股，企业在转让时按以下规定处理：
>
> （一）企业转让上述限售股取得的收入，应作为企业应税收入计算纳税。
>
> 上述限售股转让收入扣除限售股原值和合理税费后的余额为该限售股转让所得。企业未能提供完整、真实的限售股原值凭证，不能准确计算该限售股原值的，主管税务机关一律按该限售股转让收入的15%，核定为该限售股原值和合理税费。
>
> 依照本条规定完成纳税义务后的限售股转让收入余额转付给实际所有人时不再纳税。
>
> （二）依法院判决、裁定等原因，通过证券登记结算公司，企业将其代持的个人限售股直接变更到实际所有人名下的，不视同转让限售股。
>
> 三、企业在限售股解禁前转让限售股征税问题
>
> 企业在限售股解禁前将其持有的限售股转让给其他企业或个人（以下简称受让方），其企业所得税问题按以下规定处理：
>
> （一）企业应按减持在证券登记结算机构登记的限售股取得

> 的全部收入，计入企业当年度应税收入计算纳税。
>
> （二）企业持有的限售股在解禁前已签订协议转让给受让方，但未变更股权登记、仍由企业持有的，企业实际减持该限售股取得的收入，依照本条第一项规定纳税后，其余额转付给受让方的，受让方不再纳税。

第二个文件是《国家税务总局稽查局关于2017年股权转让工作的指导意见》（税总稽便函〔2017〕165号，以下简称165号文件）：

> 五、关于代持股票的纳税主体确定问题
>
> 关于企业代个人持股的所得税征收，《国家税务总局关于企业转让上市公司限售股有关所得税问题的公告》（2011年第39号）第二条有明确规定："因股权分置改革造成原由个人出资而由企业代持有的限售股……企业转让上述限售股取得的收入，应作为企业应税收入计算纳税"。
>
> 对代持股票转让的营业税征收以及企业之间代持股票转让的企业所得税征收，应按其法定形式确认纳税主体，以代持方为纳税人征收营业税及所得税，如委托方已将收到的转让款缴纳了营业税及所得税，且两方所得税又无实际税负差别的，可以不再向代持方追征税款。

这是到目前为止，国家税务总局层面对股权代持如何征税仅有的两个规定。虽然39号公告针对的仅仅是上市公司股权分置改革中企业代个人持有限售股的情形，165号文件只是一个有关部门的便函，但两个文件基本表明了税务机关对股权代持的态度：

税法在对谁征税的问题上，坚持法律形式重于实质，谁是法律形式上的股东，谁就负有纳税的义务。同时，税务机关也倾向于，显名股东纳了税，只要有证据表明代持关系的存立，根据税不重征原则，税务机关不再对隐名股东进行征税。

税务机关的此种观点，可能基于以下的考虑：股权代持的原因复杂、形式多样，税法对征税主体，必须要有确定性。如果根据代持的实质，直接规定对隐名股东征税，代持双方的一纸代持协议，就能改变纳税主体，理论上所有的代持行为均可造假，这会给代持征税带来相当大的难度和不确定性。

在讨论股权代持行为的税收处理时，主要考虑的三个问题：隐名股东如果是法人，股权代持期间，其收到的股息红利，能不能享受免征企业所得税待遇？在最终股权未转让或处置前，“股权还原”会有哪些税收风险？最后转让股权时，对显名股东征税还是对隐名股东征税？我们接下来对这三个问题进行讨论。

## ▶ 股权代持期间的分红问题

有一个真实的案例：企业所得税年度汇算清缴结束后，税务机关通过对企业年度申报表的数据分析，发现A企业在办理所得税年度申报时，享受了大额的股息红利免税政策，于是税务机关下发核查通知，要求企业说明情况。企业向税务机关道明事情的真相：好多年前，A企业由于不方便出面，让一家关联公司B代自己向C企业出资，占有C企业10%的股份。A企业当时进行会计处理时，考虑到投资款是通过B公司打给C企业的，就没有把这项投资业务记到“长期股权投资”科目。刚好申报前的这一年，C企业有大量分红且通过B公司转给了A企业。A企业认为，分回的钱，属于股权投资产生的股息红利，应该享受免征企业所得税的待遇。最后，税务机关不认可企业的观点，补征了A企业几百万元的企业所得税。

接着上面例子来讨论，股权持有期间股息红利的税务处理，无非这几种思路：

A企业收到钱，不属于股息红利，不免征企业所得税；B企业是形式上的显名股东，其取得收入属于股息红利收入，可以免征企业所得税。

A企业属于股息红利收入，免征企业所得税；B企业不属于股息红利，不免征企业所得税。

A企业属于股息红利收入，免征企业所得税；B企业税务上认可是一种代持行为，股息红利收入纯属代收转付款项，不征企业所得税。

最好的结局当然是第三种情形。但第三种情形的处理，要建立在税务机关认可A企业是真正股权投资方、A企业和B企业之间只是一种委托代持关系的基础上，也就是说税务机关认可了其中代持的行为。这在实际操作中是比较难做到的。除了代持双方的会计处理要规范、企业要准备好“企业所得税优惠事项备案管理目录”所列的资料外，平时就要准备好代持协议、资金流水等证明材料等，积极和税务机关进行沟通。

当然，上述所讲的是企业法人让企业法人代持股权情形，如果是企业法人让个人代持，或者个人让法人企业代持，其股息红利的税务处理会变得更加复杂。

## ▶ 股权还原的税收问题

在股权代持中，由于情况发生变化及其他外部因素，隐名股东要求显名股东将代持的股权确权到隐名股东名下，实现代持股权的还原。税务处理上，一般认为这是一次独立的股权交易行为，存在企业所得税或个人所得税的纳税义务。

在一些上市公司的招股说明书及公开的资料中，往往会发现，上市公司在准备上市前，由于要解决代持股还原的问题，最后通过缴纳股权转让环节的所得税，才得以解决隐名股东显名登记问题。当然，也有一些公司在上市前，通过一些特殊的操作途径和方法，解决了代持股还原的问题，我们来看一家上市公司的招股说明书所描述的：

> 2012年5月15日，张建巍分别与费菊芬、范红岩签署《股权代持协议》，由费菊芬代张建巍持有有限公司60%出资份额，范红岩代张建巍持有有限公司40%出资份额。费菊芬为张建巍

配偶马晓叶之姨母，范红岩为张建巍弟弟张建桥之配偶，两人均认可上述代持原因。

冠石有限公司于2015年7月起筹划登陆资本市场事宜并聘请了相关中介机构。通过与中介机构的接触，张建巍意识到股权代持事项直接影响公司上市，故决定进行股权代持还原。2015年11月20日，有限公司召开股东会，全体股东一致同意公司原股东费菊芬将其持有的公司60万元出资额作价0万元转让给股东张建巍，范红岩将其持有的公司40万元出资额作价0万元转让给股东张建巍，上述股权转让系解除代持，股权还原，故股权转让定价均为0元。同日，张建巍分别与费菊芬、范红岩签署《股权转让协议》。根据费菊芬与张建巍签署的《股权转让协议》，“由于转让方持有的南京冠石60%的股权实为受让方所有，转让方同意将持有的南京冠石60%的股权无偿转让给受让方。”根据范红岩与张建巍签署的《股权转让协议》，“由于转让方持有的南京冠石40%的股权实为受让方所有，转让方同意将持有的南京冠石40%的股权无偿转让给受让方。”

由于张建巍与费菊芬、范红岩并非直系亲属，上述解除股权代持相关事项难以在税务上得到认可，因此经相关自然人协商，决定采取司法判决的方式对历史上曾经存在的股权代持关系进行确认。

根据南京市玄武区人民法院于2017年10月19日作出的（2017）苏0102民初6273号《民事判决书》，“本案中，原、被告于2012年5月15日签订的股权代持协议系当事人真实意思表示，内容没有违反法律、行政法规的强制性规定，协议合法有效。”

上面的讲述及案例，给出了两条代持股还原的解决思路。一条是按股权转让收入缴纳企业所得税或个人所得税。当然在一些特殊的情况下，向税务机关提供代持的协议及文书，通过按原投资成本，转让给实际股东，这也是一种解决问题的思路，其前提是真实的代持且取得税务机关的认可。第二个思路，就是通过司法判决的方式，实现代持股的还原。在实务中，大部分税务机关是认可通过司法判决实现代持股还原这种操作模式的。国家税务总局公告2011年第39号文件中，也认可通过法院判决、裁定等途径，解决限售股归位的税收问题。

在上述冠石有限公司的案例中，我们似乎还能找到解决代持税收问题的第三种方式。冠石有限公司案例中，其代持人之一为范红岩，范红岩为实际出资人张建巍弟弟张建桥之配偶。在个人所得税现行规定中，将股权转让给其能提供具有法律效力身份关系证明的配偶、父母、子女、祖父母、外祖父母、孙子女、外孙子女、兄弟姐妹等三代以内直系亲属，如转让价格偏低，视为有正当理由。

“这世界那么多人，多幸运总有最适合代持的人”。这个案例中，也可以采取范红岩平价把股权转让给张建桥（配偶之间转让），张建桥同步把股权平价转让给张建巍（兄弟之间转让），也同样能解决代持股还原的税收问题。当然，这种方式，只限于个人与个人之间的代持。

因此，个人的股权代持中，找谁代持、代持时签好哪几份协议，都要提前做好规划，免得事后费时费钱又费心。

### ▶ 最后股权转让时的代持股税收

先讲一个税务机关公开报道过的真实案例。××税务机关在进行网络爬虫搜集信息时，爬到了一条“大鱼”。当地一家已上市的证券公司发布的公告中，称其第四大股东转让了持有证券公司的限售股，而且该第四大股东恰好是本地的一家酒店公司。税务机关核查发现这家酒店公司没有申报缴税，立即进行了约谈。酒店公司如实相告：卖的股票不是我的，我是帮北京的一家投资公司代为持有证券公司的股票，并提供了相关的代持协议等资料。税务机关进行了深入细致的政策讲解：你说股票不是你的，是帮人家代持的，但税法有规定，你名下的股票，你卖了就应该由你来缴税。最后酒店公司补了3000多万元的企业所得税。

无论是国家税务总局公告2011年第39号，还是税总稽便函〔2017〕165号，体现的一个重要处理思路是：对代持股转让时，由名义持股人缴纳相关税收，但名义持有人纳税后，一般不再对实际出资人再追缴一道所得税，也就是税不重征的原则。在上述案例中，税务机关对酒店公司追缴企业所得税是有依据的。

酒店公司缴纳企业所得税后，实际出资人——北京的投资公司，不再缴纳企业所得税。问题是纳税义务人明确了，但实际税收负担人应该是谁？也就是谁最后来承担这笔税款。可见，在股权代持中，签订代持协议是多么重要，代持协议里的税款承担条款是多么重要。假设上面案例中，双方没有在代持协议里写清税款的承担事项，而酒店公司卖了股票后，把钱原封不动地转给了北京的投资公司，其后果会是什么？

本部分讲的只是股权代持税收上的有关问题。打诗一首，以作警示：

代持有风险，
税只是小事
就怕“有心”人
伤情又伤钱

# 第18讲 股息红利的分配：居民企业分给居民企业

前面几讲介绍了投资环节的税收问题，从这讲开始，我们讲一下持有股权环节的税收问题。持有期间，主要是股息红利分配上的一些税务问题。

股东的权益（所有者权益）包括四大部分：实收资本、资本公积、盈余公积和未分配利润。未分配利润可以分配给股东；盈余公积和未分配利润可以转增实收资本或股本；资本公积可以转资本。这些业务都会涉及一系列税收问题。让我们先从简单的利润分配说起。

### ▶ 股息红利的企业所得税免税政策

居民企业直接投资于另外一家居民企业，其分得的股息红利可以免征企业所得税。为什么企业所得税要制定此类免税政策？主要是为了消除企业之间的重复征税。试想一下，A企业投资到B企业，B企业再投资到C企业，C企业再投资到D企业，若D企业分红了，如果国家没有分红免税的规定，这笔钱最终分到第一个出钱投资的A企业，分红的钱全用来缴税了，怎么能起到鼓励投资和扩大再生产的作用呢？

2008年新《企业所得税法》实施时，经常有人会问这个问题，低税率的企业分给高税率企业的股息红利，是否要补征税率差的所得税。产生这个问题的根源，在于对居民企业间分红免税的规则没有足够的了解。居民企业间分红免税，是为了消除重复征税。也就是同一块所得，不能因为分配而产生二道税收，而不是一定要按照某个税率征到税。如果按这种思路，免税企业的分红，下一家就不能免税了；高税率的企业分给低税率企业的股息红利，难道还要退税不成。

聪明的你也许会接着问一个问题，企业和企业之间的分红，为了消除重复征税，国家有免税的优惠政策。为什么企业卖股权给企业，不能给一个免税的政策呢？机智的笔者早就准备好了答案：股息红利的征税规则和股权转让的征税规则是不一样的，股息红利从某种意义上来说是全额征税，不能单独地扣除成本和支出。股权转让在征税时，可以扣除股权的计税成本。随着股权的转让，下一环节的计税成本就抬高了。股权的转让，某种意义上已经消除了重复征税。

聪明的你也许又会问一个问题，那为什么不给个人取得的股息红利予以免征个人所得税的待遇呢？多才的笔者给出的答案是：第一，你见过个人投资给另一个个人从而持有另一个个人的股权吗？答案是没有。所以个人投资没有重复征税这一说。第二，个人作为最顶层的投资者，其分得的股息红利，没有给予普惠性的免税待遇，国家可能更多考虑的是股息红利所得属于消极所得，个人既有纳税能力，国家又要调节收入分配。

接着讲股息红利分配的企业所得税政策。不是所有的企业和企业之间的分红都是免企业所得税的。企业投资上市公司的股票，如果连续持有不足12个月，是不能免征企业所得税的。投资新三板的股票受不受12个月的限制？新三板只是挂牌交易，不是公开发行并上市流通。因此，从新三板分得的股息红得，没有不满12个月不能免税的说法。

## ▶ 特殊的分红：用未分配利润等留存收益转增实收资本或股本能否免税？

对于用未分配利润等留存收益转增实收资本或股本而取得的分配收益，企业所得税上也可作免税收入。用未分配利润等留存收益转增股本，税收上可视为分两步处理：第一步视同股息分配，符合条件的投资企业可确认为免税收入；第二步用分得的股息进行再投资，同时增加投资的计税基础。所以，对于企业分得的股票股利或实物股利，在确认免税的同时，也要确认相应的计税基础，这样的免税才是真正意义上的免税。

这里有两个问题。用未分配利润转增实收资本或股本，会计上一般不做账务处理，也就是会计上没有记录，企业所得税上却可以增加计税基础，这个增加的计税基础，怎么能完整、有效地体现呢？比较靠谱的做法，平时先记一笔，等下次转让股权或股票时，再通过企业所得税年度申报表进行纳税调整。

分得的股票股利按什么价格确认计税成本？这在企业所得税上又是一个没有答案的问题。一般处理时，比照个人所得税上的规定，按照股票面值确认相关的计税基础。

## ▶ 特殊的分红：房地产项目合作开发的分红

企业参与房地产项目的合作开发，项目未成立独立的法人公司，名义上企业不占有股权或股份，严格意义上不属于权益性投资。但《国家税务总局关于印发〈房地产开发经营业务企业所得税处理办法〉的通知》（国税发〔2009〕31号）对此作出了较为特殊的规定：

> 第三十六条　企业以本企业为主体联合其他企业、单位、个人合作或合资开发房地产项目，且该项目未成立独立法人公司的，按下列规定进行处理：
>
> （二）凡开发合同或协议中约定分配项目利润的，应按以下规定进行处理：
>
> 1. 企业应将该项目形成的营业利润额并入当期应纳税所得额统一申报缴纳企业所得税，不得在税前分配该项目的利润。同时不能因接受投资方投资额而在成本中摊销或在税前扣除相关的利息支出。
>
> 2. 投资方取得该项目的营业利润应视同股息、红利进行相关的税务处理。

## ▶ 特殊的分红：用投资前已存在的利润分红，能否免征企业所得税？

甲企业于2017年1月投资乙企业，2月份乙企业作出上年度利润分配决议并分配股息，此时乙企业分得的股息红利，尽管是投资前已形成的，也可享受免征企业所得税的优惠。所得税上对居民企业间股息红利免税，是为了消除重复征税，即对同一笔所得避免重复征收。

有人会提出，不管投资前后形成的股息红利都能免税，会不会产生重复免税的问题呢？这个真的多虑了，因为政策规定，居民企业间取得股息红利纳税时点，是以被投资企业股东会或股东大会作出利润分配或转股决定的日期，确定收入的实现。因此，分配的同一笔股息红利，只能也只会享受一次免税。

在股权转让中，转让方通常会采用先分配再转让的方式，这实际上是免税权的争夺，把对应的股息红利免税权保留在转让方手中，转让方相当于把股权转让中一部分收入提前化解为股息红利的免税收入。要注意的是，不是所有的先分配再转让都是最合适的途径，其中有想先分却分不了的情形，有把对应的免税权利保留在转让方手中还是下一家手里才能实现利益最大化问题，其中许多细节，值得探讨和研究。

### ▶ 特殊的分红：不按出资比例的分红

我们先看下《中华人民共和国公司法》对不按出资比例分红的规定。《公司法》第三十四条规定："股东按照实缴的出资比例分取红利；公司新增资本时，股东有权优先按照实缴的出资比例认缴出资。但是，全体股东约定不按照出资比例分取红利或者不按照出资比例优先认缴出资的除外。"第一百六十六条规定："公司弥补亏损和提取公积金后所余税后利润，有限责任公司依照本法第三十四条的规定分配；股份有限公司按照股东持有的股份比例分配，但股份有限公司章程规定不按持股比例分配的除外。"

可见，《公司法》遵循股东自治的原则，只要在公司章程中约定，《公司法》并不限制不按比例的分红行为。税务上认可不按比例的分红吗？在官方的正式文件中，似乎很难找到相关文件依据。我们来比较一下国家税务总局下发的《企业所得税优惠事项备案管理目录》2015年版和2018年版的区别：

2015年版目录中，主要留存备查资料第3项：

> 若企业取得的是被投资企业未按股东持股比例分配的股息、红利等权益性投资收益，还需提供被投资企业的最新公司章程。

2018年版目录中，主要留存备查资料：

（1）被投资企业的最新公司章程（企业在证券交易市场购买上市公司股票获得股权的，提供相关记账凭证、本公司持股比例以及持股时间超过12个月情况说明）；

（2）被投资企业股东会（或股东大会）利润分配决议或公告、分配表；

（3）被投资企业进行清算所得税处理的，留存被投资企业填报的加盖主管税务机关受理章的《中华人民共和国清算所得税申报表》及附表三《剩余财产计算和分配明细表》复印件；

（4）投资收益、应收股利科目明细账或按月汇总表。

从上面表述可以看出，2018年版的目录中少了一个提法：若企业取得的是被投资企业未按股东持股比例分配的股息、红利等权益性投资收益。虽然这只是股息红利免税备查资料里的提法，但也从一个角度说明了国家税务总局对不按比例分红在所得税处理上的态度。

实务中，通过不按比例的分红、定向分红等方式，进行税收筹划的案例，比较常见。很多税务机关对不按比例分红、定向分红等的税务处理，也越来越持怀疑和谨慎的态度。特别对于企业股东和个人股东之间不按比例分红、双方又存在关联关系的情况，基本上持不予认可的态度。

## 第19讲

## 股息红利的分配：居民企业分配给个人

上一讲介绍了居民企业分配给居民企业股息红利的税收问题。这一讲说一下居民企业把股息红利分配给境内个人的税收问题。

### ▶ 居民企业分配给个人的征免税规定

个人从居民企业分得的股息红利，无论在原《个人所得税法》还是在新《个人所得税法》下，都属于“利息、股息、红利所得”，按全额单独计缴个人所得税，且不能扣除任何费用。在缴纳方式上，“利股红”所得由支付人实行代扣代缴。股息红利的个人所得税似乎很简单明了，在此我们探讨以下几个方面的问题。

个人所得税关于股息红利的免税规则。个人从公开发行和转让市场取得的上市公司股票，实行差别化的税收政策：持股期限超过1年的，股息红利所得暂免征收个人所得税；持股期限在1个月以内（含1个月）的，其股息红利所得全额计入应纳税所得额；持股期限在1个月以上至1年（含1年）的，暂减按50%计入应纳税所得额。

你看，个人所得税和企业所得税在股息红利的处理上完全不一样，企业所得税采用“普遍免税、个别不免”的方法；个人所得税采用“普遍征税、个别可免”的方法。两个税种的“个别”都指向了上市公司的股息红利。企业所得税不免的出发点是鼓励长线投资，个人所得税免的出发点也是鼓励长线投资，真可谓同一目标、不同路径。

个人从新三板挂牌公司分得的股息红利呢？财政部 税务总局 证监会公告2019年第78号明确，个人从新三板挂牌公司的分得的股息红利，比照上市公司的股息红利，实现差别化的个人所得税政策。

### ▶ 股息红利的个人所得税纳税时点

《个人所得税法》第十二条规定：纳税人取得利息、股息、红利所得，财产租赁所得，财产转让所得和偶然所得，按月或者按次计算个人所得税，有扣缴义务人的，由扣缴义务人按月或者按次代扣代缴税款。

一般情况下都好理解，被投资的企业进行利润分配，在支付给个人的同时，个人取得了所得，纳税义务即为发生。麻烦的是，被投资企业没有把钱支付给个人，就一直不要代扣代缴个人所得税吗？来看下《国家税务总局关于利息、股息、红利所得征税问题的通知》（国税函〔1997〕656号）文件：

> 扣缴义务人将属于纳税义务人应得的利息、股息、红利收入，通过扣缴义务人的往来会计科目分配到个人名下，收入所有人有权随时提取，在这种情况下，扣缴义务人将利息、股息、红利所得分配到个人名下时，即应认为所得的支付，应按税收法规规定及时代扣代缴个人应缴纳的个人所得税。

### ▶ 特殊的分五年纳税政策

用未分配利润等留存收益转增实收资本或股本，个人所得税上也可视为分两步处理：第一步视同股息分配，符合条件的可确认为免税收入；第二步用分得的股息进行再投资，同时增加投资的股权原值。

对于个人而言，用未分配利润等留存收益转增股本，个人同样没有取得现金的流入。为此，《财政部 国家税务总局关于将国家自主创新示范区有关税收试点政策推广到全国范围实施的通知》（财税〔2015〕116号）文件，专门针对中小高新技术企业制定了优惠政策。

> 自2016年1月1日起，全国范围内的中小高新技术企业以未分配利润、盈余公积、资本公积向个人股东转增股本时，个人股东一次缴纳个人所得税确有困难的，可根据实际情况自行制定分期缴税计划，在不超过5个公历年度内（含）分期缴纳，并将有关资料报主管税务机关备案。

实务中，经常有人不理解，个人所得税不是有非货币性资产出资分五年纳税的政策，为什么这里还要再出台分五年纳税政策？同样是分五年纳税的政策，针对的是不同的事项，前者是非货币性资产出资，是按财产转让所得计征个人所得税的；后者虽然视为“先分配、再投资”，实际是股息红利的分配，按“利股红”计征个人所得税的。

## ▶ 个人所得税的股息红利征税规则会不会导致重复征税？

有人会说，因为个人股东是最顶层的投资者，因此在分配环节，不会存在个人和个人之间的重复征税。但在股权转让中会不会存在重复征税呢？

甲个人是乙企业的唯一股东，投资成本100万元，乙企业账上实收资本100万元，未分配利润50万元。我们来讨论以下两种情况：

（1）不分配利润情况下直接转让股权给丙个人；

（2）分配利润后再转让股权给丙个人。

第一种情况：按账面净资产150万元转让，甲确认股权转让所得50万元。丙个人拿到股权的财产原值是150万元，若丙买了股权后进行分配，也要确认所得50万元。丙再把股权以100万元价格转让给丁，丙确认所得是–50万元。

第二种情况：分配环节甲确认股息所得50万元，按分配后净资产100万元转让，股权转让所得0。丙个人拿到股权的财产原值是100万元。丙再以100万元价格转让给丁，丙确认所得是0。

从上面分析中可以看出，个人在转让股权时，如果没有进行利润分配，股权交易的价格理论上已包含未分配利润，这里相当于对上游征了一道个人所得税，下游拿到股权后再进行分配，又会产生一道个人所得税。因此，个人所得税中，由于股息红利没有普遍免税的规则，会导致重复纳税。

前面讨论了股息分不分配的情况下，股权转让会不会产生重复纳税的问题。接下来讨论下用未分配利润转增股本情形下，会不会导致重复缴税问题，继续沿用这个案例：

甲个人是乙企业的唯一股东，投资成本100万元，乙企业账上实收资本100万元，未分配利润50万元。我们分以下两种情况进行讨论：

（1）甲按150万元净资产价格转让给丙个人，丙买入后实施未分配利润转增股本；

（2）甲先用未分配利润转股本，再按150万元净资产价格转让给丙个人。

第一种情况：甲转让股权时，确认股权转让所得50万元，丙再转增股本时，确认所得50万元。

这里对同一个50万元，又征收了两道个人所得税。如果此时丙把股权按净资产价格150万元再转让，转让所得是–50万元（150–150–50）。

鉴于个人所得税是按次征收、且盈亏不能相抵的计税规则，这种情况下实际上导致了重复纳税。来看下《国家税务总局关于个人投资者收购企业股权后将原盈余积累转增股本个人所得税问题的公告》（国家税务总局公告2013年第23号，以下简称23号公告）的规定：

> 一名或多名个人投资者以股权收购方式取得被收购企业100%股权，股权收购前，被收购企业原账面金额中的“资本公积、盈余公积、未分配利润”等盈余积累未转增股本，而在股权交易时将其一并计入股权转让价格并履行了所得税纳税义务。股权收购后，企业将原账面金额中的盈余积累向个人投资者（新股东，下同）转增股本，有关个人所得税问题区分以下情形处理：
>
> （一）新股东以不低于净资产价格收购股权的，企业原盈余积累已全部计入股权交易价格，新股东取得盈余积累转增股本的部分，不征收个人所得税。
>
> 新股东将所持股权转让时，其财产原值为其收购企业股权实际支付的对价及相关税费。

按照23号公告的处理规则，我们再来算一下：

甲转让股权时，确认股权转让所得50万元，丙转增股本时，确认所得0万元，同时，下次丙转让股权的股权原值是150万元，转让所得为0万元

（150–150）。

由于23号公告引进了转增股本环节暂不征收个人所得税的规则，部分消除了由于股息红利引起的个人所得税重复征税问题。23号公告所隐藏的奥妙在哪里？

还得从被投资企业用未分配利润转增股本说起。用未分配利润转增股本，对企业所得税来说，是个应税事件，对个人所得税来说，也是个应税事件。在个人所得税上，转增股本后，由于个人缴纳了个人所得税，因此可以抬高个人股东的股权原值，这也是用未分配利润转增股本分两步走的体现：即先分红、再投资。《国家税务总局〈关于发布股权转让所得个人所得税管理办法（试行）〉》（国家税务总局公告2014年第67号）的公告中写得很清楚：

> 被投资企业以资本公积、盈余公积、未分配利润转增股本，个人股东已依法缴纳个人所得税的，以转增额和相关税费之和确认其新转增股本的股权原值。

股权转让的个人所得税，是按次纳税的。用未分配利润转增股本环节，缴纳了个人所得税，虽然可以抬高股权的计税原值，但由于个人所得税按次纳税的特点，哪怕抬高了原值，也不能解决重复纳税的问题。23号公告正是出于这种考虑，采用了转增环节暂不纳税，同时也不抬高计税原值的做法，这实际上也算是一种递延纳税的方法，不过由于个人所得税的税制原理，这种递延纳税的工具，倒成了一种解决重复纳税的工具。

第一种情况分析清楚了，第二种情形就迎刃而解。个人甲在用未分配利润转增股本环节，确认50万元的所得。同时，根据国家税务总局公告2014年第67号规定，下次甲在转让股权时，可以抬高股权原值50万元，转让时所得为0万元（150–150）。

由于甲在股权转让前实施的是未分配利润转增股本，没有将利润分到自己的口袋里，因此按150万元转让股权给丙，丙拿到股权的原值为150万元。

看到这里，我猜你是越看越糊涂了。劳我大驾，对个人的股息红利重复征税的问题，作个总结吧：

股息红利分配给个人股东，一般意义上是应税事件，缴纳20%的个人所得税；如果先分配再转让股权，道理上股权转让价已不包含未分配利润，因此不存在重复征税问题。

如果没有分配，转让了股权，受让方是个人的情况下，再进行利润分配，这相当于上一环节和这一环节缴了两次税。下次转让股权时，如果价格不够高，会造成真正的重复征税。

用未分配利润转增股本，对个人股东来说，也是应税事件，缴纳20%的个人所得税；个人缴纳了个人所得税，可以抬高个人的股权原值。下次个人转让股权时，由于原值的抬高，避免了重复征税；

没有分配、也没有转增股本的未分配利润，在股权转让环节，于个人股东而言，缴纳了一道个人所得税。如果受让方也是个人，受让后实施未分配利润转增股本的，符合23号文件的条件，可以不征收个人所得税，同时也不能抬高股权原值，这在一定程度上避免了对一笔股息红利征两道税的问题。如果不符合23号文件的条件，未分配利润转增股本环节缴一道个人所得税，同时抬高股权原值。

## 第20讲 资本公积转增股本的税务处理

要说财税圈里的“网红”，资本公积转增资本（股本）问题当仁不让，而且是一个永远不会过气的网红。每隔几年，这个问题都会被拿出来评论一番。我们也来凑个热闹，先从争论不大的企业所得税说起。当然，如果您心中已有答案，敬请及时绕道。

## ▶ 资本公积转增股本的企业所得税

企业所得税对资本公积转增资本的唯一政策依据，是《国家税务总局关于贯彻落实企业所得税法若干税收问题的通知》(国税函〔2010〕79号，以下简称79号文件)：

> 被投资企业将股权（票）溢价所形成的资本公积转为股本的，不作为投资方企业的股息、红利收入，投资方企业也不得增加该项长期投资的计税基础。

在79号文件出来后，绝大部分人士也都是这么认为的：用资本公积转增股本，法人股东不用缴纳企业所得税。这种理解是不是百分百代表了79号文件的意思呢？在这里作者标新立异下，把自己的想法抛出来和大家讨论，供大家参考。

我们把资本公积转增股本的企业所得税处理中，拆分为两件事来分析：

第一，股权（票）溢价所形成的资本公积转为股本的企业所得税处理；

第二，其他资本公积转为股本的企业所得税处理。

先讨论第一件事。

79号文件讲到了第一件事，即用股权（票）溢价所形成的资本公积转股本时，企业所得税如何处理的问题。

由于会计政策的变化，资本公积的来源相当复杂。有股东作为资本投入公司的“准资本”，如企业上市时股票溢价形成的资本公积。某个企业准备上市发行股票，我按发行价5元买了一股。上市公司把收到的5元钱，1元钱计入“股本”科目，还有4元钱，计入“资本公积——股本溢价”科目。再如隔壁老杨夫妻开了个公司，善于经营，生意红红火火，我和老杨协商，我也来入点股，于是投入了100万元，40万元计入实收资本，还有60万元计入资本公积。对这些股权（票）溢价的资本公积，79号文件规定不作为投资方企业的股息、红利收入，投资方企业也不得增加该项长期投资的计税基础。

79号文件只是说股权（票）溢价所形成的资本公积转为股本，不作为投资方企业的股息、红利收入。股权（票）溢价形成资本公积，其来源是股东的资本性投入，因此不属于企业的税后利润，对股东来说，当然也不是股息红利性质的分配收入。这是对前半句话的理解。

79号文件中的后半句话是说被投资企业不得增加长期股权投资的计税基础。先得明白一个问题，不增加计税基础是好事还是坏事？对投资企业来说，没有增加计税基础，下次转让的时候少扣成本了，当然不是一件好事。

前半句话和后半句话，合起来可以理解为：对被投资企业将股权（票）溢价所形成的资本公积转为股本的，因为不是股息红利性质的收入，因此也不可以免征所得税，也不能抬高计税基础。

不是股息红利性质的收入，就能说不是企业所得税的收入吗？企业所得税虽然是彻彻底底的综合税，但企业所得税对于收入，也是区分来源的。《企业所得税法》第六条把收入分为9种类型，其中第4类收入为“股息、红利等权益性投资收益”，第9类为兜底性的“其他收入”。

应该说，79号文件写得非常有技术含量，只是说股权溢价形成的资本公积不能作为股息红利收入来看待，当然也不能抬高计税基础。但79号文件，没有排除股权（票）溢价的资本公积转股本，就一定不属于企业所得税收入中的其余类型，如“其他收入”类。

为什么79号文件不直接表达为：被投资企业将股权（票）溢价所形成的资本公积转为股本的，不属于企业所得税的征税收入。我猜想主要是出于这么几个考虑：

我们对所得属性的认识，还没有到一个非常清晰明了的阶段。甲公司、乙个人是丙公司的股东，后来丁公司向丙公司增资100万元，40万元计入实收资本，60万元计入资本公积。再后来丙公司决定用60万元转增股本。假设增资的时候完全是公允的，转增的时候按投资比例转增。这时甲公司和个人乙有没有取得所得？丁公司有没有取得所得？

再假如在向丙公司增资时，增资方丁公司作了一定程度让步，30万元计入实收资本，70万元计入资本公积，那丙公司在转增股本时，原股东甲公司和乙个人有没有取得所得？再假如丙公司在转增股本时，做了个定向转增，把所有资本公积都转给原股东甲公司，这时甲公司有没有取得所得？

在这些问题没有答案以前，79号文件只能用这种手法来描述资本公积转增股本的企业所得税处理。用资本公积转增资本，其背后的交易目的和背景会千差万别。有的企业是出于增大注册资本的考虑，有的企业真可能出于避税目的或者股东之间的利益输送。

前端对于不公允的增资，其属性和性质没有一个规范的界定，后端如果给资本公积转增资本敞开了大门，这是不是成了真正意义上的“顾前不顾后”吗？所以，就像回避不公允增资的税务处理一样，79号文件其实也回避了资本公积转增资本的税务处理。

个人理解，79号文件只告诉我们一个处理规则：股东从被投资企业得到的股权（票）溢价所形成的资本公积转增的股本，不是股息红利所得。

也就是说，79号文件在资本公积转增股本的企业所得税处理上，至少回避了以下两个问题：

（1）企业用股权（票）溢价所形成的资本公积转为股本时，法人股东有没有取得除股息红利以外的所得。

（2）企业用股权（票）溢价以外的其他资本公积转为股本时，法人股东的企业所得税处理。

所以上面讲到的第二件事，其实也不用讨论了，因为79号文件根本没讲到这事。

## ▶ 资本公积转增股本的个人所得税

资本公积转增股本的个人所得税，有“二多”，一是文件多，二是争论多。从国税发〔1997〕198号文件、到国税函发〔1998〕289号、国税发〔2010〕54号、国家税务总局公告2013年第23号、国家税务总局公告2014年第67号、财税〔2015〕116号和国家税务总局公告2015年第80号公告。把这些文件表达的政策归纳起来，我们基本上可以得出如下结论：

企业以资本公积转增股本，个人股东应按照“利息、股息、红利所得”，适用20%税率缴纳个人所得税。其中：

1. 个人股东取得以股票发行溢价形成的资本公积转增的股本不征税。

2. 个人取得非上市或未在全国中小企业股份转让系统挂牌的中小高新技术企业以资本公积转增的股本，一次缴纳个人所得税确有困难的，可适用五年内分期缴纳政策。

其实政策层面是比较清晰的，只是大家争论的焦点集中在非上市公司用资本溢价形成的资本公积转增股本，如果缴纳个人所得税，其合理性的问题上。本章开始的案例中，我对老杨公司增资，当时增资款中有60万元计入了资本公积。公司进行资本公积转增资本时，如果个人股东要缴纳20%的个税，我能接受吗？这60万元明明是我投到公司的钱，以前直接计入“实收资本”的不用缴税，怎么这次从“资本公积”一计入实收资本，只是换了个会计税目就要缴税了呢？

这个问题，争论有几十年的时间了，为什么到目前为止只明确上市公司股票溢价而不明确非上市公司的股本溢价？可能更多考虑是，上市公司发行股票，相对来说有一个规范的操作流程和监管背景，股东很难通过上市公司这个中间体做股东间的利益输送和税收筹划。而非上市公司就不一样了，不公允的增资、不按比例的分红、不按比例的转增资本，俨然是一条又一条可以利益转移和税收筹划的大路。与其放行，不如暂时不说清。

# 第21讲
# 股权转让收入

前面几讲，介绍了股权持有期间的股息分配。从这一讲开始，我们介绍下股权处置里面的一些税收问题。从一个被投资企业退出投资，一般有三种途径：转让股权、撤资减资和企业清算时的退出。这里先介绍下股权转让中的那些税事。

## ▶ 股权转让收入为什么难管

股权转让价格是否公允，一直是税务机关管理和关注的重点。为什么股权转让收入那么难管？

股权这种特殊的商品，不像其他商品，其没有一个公开的价格可以参考。企业卖几吨煤、卖多少件家具、卖几套房子，一般的商品买卖，总还是有个市场价可以参考。但股权不一样，除了在公开市场上可以交易的股票外，几乎没有一个可以参考的价格。而且股权这玩意儿，价格的确难以衡量，上下浮动的幅度太大，上个月值10元一股的股票，这个月只值6元了，你说是企业真正内含的价值一下子跌了这么多？

在股权转让收入的税务管理上，我们还少了一样管理的利器——发票。谁都在鄙视以票管税的传统做法，一张小纸头，引得多少人坐了牢、丢了命。但谁也不能否认发票在我国税收管理中所起的作用和功绩。没有发票这个管理的载体，有多少税收早已消失得无影无踪。发票的好处，在于一纸管二头，管住了上游的收入，又管住了下游的进项和成本。特别是2016年全面营改增后，所有的行业都纳入增值税的链条，发票的威力再次放大。但股权转让中，股权转让不属于增值税的征税范围，不需要开具发票，股权转让的税收管理也失去了发票这个载体。

你可能会说，股权转让，失去增值税发票和增值税上下游抵扣的传导机制，但企业所得税不是下游也需要做成本吗？是的，上游的收入是下游的成本。但股权的成本，和一般商品的成本不一样，持有期间是不能在税前摊销或计提折旧的，只能等到下次再转让的时候，才能扣除。所以，这种时间上的不同步，让很多买家愿意配合卖家一起做个假。

所以说，股权转让，不像一般的商品转让，既没有可以参考的价格，也没有发票这种特殊的管理载体，更没有上下游环环相扣的管理模式，这些都让股权转让收入的管理，变得难上加难。税务机关一直强调股权转让价格的合理问题。在个人所得税中，对个人转让股权价格明显偏低的，可以采用核定收入的形式，这也是没有办法的办法。

## ▶ 股权转让收入中为什么不能扣股息红利

甲企业当年出资600万元，投资设立全资子公司乙企业，注册资本也为600万元，经过多年经营，乙企业账面上有未分配利润400万元，此时企业的账面净资产为1000万元。现在甲企业以1000万元价格转让乙企业的股权。在计算股权转让收入时，能否扣除账面上的未分配利润400万元？

这个问题的认识上，也经历过曲折的过程。最终在国税函〔2010〕79号文件中予以明确：转让股权收入扣除为取得该股权所发生的成本后，为股权转让所得。企业在计算股权转让所得时，不得扣除被投资企业未分配利润等股东留存收益中按该项股权所可能分配的金额。

为什么不能扣除转让股权中对应的留存收益部分的股息红利？理由其实很简单：防止同一笔股息红利多次享受免税。可以设想一下，我们国家，居民企业分给居民企业的股息红利的纳税义务发生时间，以被投资企业股东会或股东大会作出利润分配或转股决定的日期为收入的实现。如果案例中在没有作出分配的情况下，甲企业享受了免税的待遇，股权转让后的第二天，乙企业宣布分红了，这时如果丙企业买了股权，又可以享受一次免税的待遇，会产生同一笔股息重复免税问题。理论上一个股权一天中可以转让N次，也就有N+1个企业对同一笔股息红利享受了N+1次免税。这其中的漏洞真的很大很大。

熟悉了税收的规则后，最重要的是把规则用起来。上述案例中，实际上问题的最终落脚点，是把这400万元税后利润的免税权利，保留在谁家的问题。甲企业想享受这400万元所得的免税，可以采取先分配再转让的方式，在股权转让前，把乙企业的税后利润先分配，这时分得的股息红利可以享受居民企业与居民企业间分红的免税政策。然后再按账面净资产600万元转让，不会产生股权转让的所得。

有时会碰到被投资企业不能分配税后利润的情况。被投资企业账上虽然有利润，但是却没那么多现金可供分配。这时也可以采取用未分配利润转增股本的方式。用未分配利润转增股本，股东是可以增加股权的计税基础的，再转让股权时，相当于抬高了股权的计税成本，从而降低了股权转让的所得。

还会有一种情况，甲企业是乙企业的小股东，决定不了利润的分配。此种情形下，可以采取甲企业先减资、新股东再增资形式。不过这种交易有许多法律上的问题需要解决。手续很复杂，这里只探讨其中税收处理上的问题。同样是在国家税务总局公告2011年第34号中，对企业股东减资的所得税处理作了规定。

前面介绍了企业股东在转让股权时的股息红利处理。个人股东在转让股权时，也同样不能扣减对应的未分配利润部分。对境内个人来说，不存在股息红利的一般性免税政策，所以也不存在免税的权利保留在上家还是下家的问题。但是个人股东由于不免税，会存在重复征税问题。如上述案例中，甲企业改为甲个人，在转让乙企业的股权中，甲个人缴了一道20%个人所得税，如果是丙个人买了股权，在下次分配的时候，丙会就这400万元再缴一次个人所得税，这是中国的个人所得税制造成的。国家税务总局公告2013年第23号文件规定，1名或多名个人股东收购100%股权后，在以后盈余公积转增股本时，可暂不征收个人所得税，局部解决了股权转让在前、转增股本在后情形下重复征税的问题；但对股权转让在前、利润分配在后的情形下，如何解决其重复征税问题，似乎没有很好的解决办法。

熟悉了股权转让中的股息规则，我们来看一下以下四种情形：

（1）企业转让股权给企业：分不分红有讲究，关键是把股息红利的免税权保留在哪一家问题。讲个真实的案例。有个集团公司本身不从事实体经营，账面上年年亏损，从来不用缴企业所得税，有一年他想把下面一个子公司的股权给卖了，这个子公司账上扒着一大堆的未分配利润。这时刚好集团公司下面还有一个子公司，经营效益很好，年年缴很多所得税。一合计，集团公司把股权先卖给盈利的子公司，子公司拿到股权后，立马做了个利润的分配，再隔一个月，盈利的子公司把股权转让给早已谈好的“外人”。经过这么一折腾，盈利子公司在企业所得税上，一下出现了几千万元的资产损失，可以冲抵当年正常的经营所得了。

（2）企业把股权转让给个人：从税收角度来说，转让前先分红，企业分红可以免征企业所得税；从而避免转让后再分红、个人不能免个人所得税的问题。

（3）个人把股权卖给企业：从税收角度来说，最好不要转让前分红，一分红个人就要缴税。转让后再分红，则企业股东可以享受免税待遇。

（4）个人把股权卖给个人：横竖都要缴税，分不分没啥讲究。

## 第22讲 股权收购中“纠结”的债权债务

在股权收购中，原股东和标的公司之间可能有债权债务的关系，在股权转让时他们之间的债权债务如何处理。收购公司可能出于风险的考虑，会在转让时约定，转让前标的公司的债务由原股东承担，也有可能在转让合同中约定新股东承担老股东的债务，如果处理不当，会造成极大税务风险。

### ▶ 个人所得税处理的规则

企业所得税中，对股权转让中涉及债权债务的转让没有专门的文件规定。个人所得税上，《国家税务总局关于股权转让收入征收个人所得税问题的批复》（国税函〔2007〕244号）文件有专门的规定：

> 一、你省某温泉公司原全体股东，通过签订股权转让协议，以转让公司全部资产方式将股权转让给新股东，协议约定时间以前的债权债务由原股东负责，协议约定时间以后的债权债务由新股东负责。根据《中华人民共和国个人所得税法》及其实施条例的规定，原股东取得股权转让所得，应按“财产转让所得”项目征收个人所得税。
>
> 二、应纳税所得额的计算
>
> （一）对于原股东取得转让收入后，根据持股比例先清收债权、归还债务后，再对每个股东进行分配的，应纳税所得额的计算公式为：
>
> 应纳税所得额=（原股东股权转让总收入-原股东承担的债务总额+原股东所收回的债权总额-注册资本额-股权转让过程中的有关税费）×原股东持股比例。
>
> 其中，原股东承担的债务不包括应付未付股东的利润（下同）。
>
> （二）对于原股东取得转让收入后，根据持股比例对股权转让收入、债权债务进行分配的，应纳税所得额的计算公式为：应纳税所得额=原股东分配取得股权转让收入+原股东清收公司债权收入-原股东承担公司债务支出-原股东向公司投资成本。

国税函〔2007〕244号文件中所说的两种所得额计算方法，无论采取哪一种处理方式，在计算个人转让股权所得时，都把个人股东取得的承接标的公司债权收入，并计股权转让收入；把个人股东承接标的公司的债务，作为减除项可以在计算所得时扣除。这两种处理方法所包含的意思，在原股东承接债权债务的股权转让中，买卖双方约定的股权转让价款里面，已剔除了标的公司债权债务的因素。所以在确认税收上的转让所得时，相应地把债权所得视为转让收入，把债务支出视为转让收入的调减。

这种规则，能不能适用企业所得税呢？由于两个税种的税制规则不同，很难比照执行。实务中，对于法人股东，取得的承接债权的收入，往往作为股权转让收入并计所得，但对承担的债务，往往既不能冲减股权收入，又不能作为支出在税前扣除。对于标的公司而言，如其债务由原股东承担，在企业所得税上有可能被视为接受捐赠或债务豁免所得。我们来看下股权转让中常见的几种债权债务处理情形，并从税务角度提供一些思考的思路和解决的方法。

## ▶ 原股东帮标的公司承担债务

在股权收购的一些案例中，会约定在某个时点之前标的公司的债务，由原股东承担。

甲企业持有M企业100%股权，M企业欠其他企业400万元的债务。现甲企业拟把M的股权转让给乙企业，三方约定，甲企业以3000万元转让M企业股权，同时约定M企业的400万元债务由甲企业承担。

按照国税函〔2007〕244号文件处理方法，原股东真正取得的股权转让收入应该为2600万元，400万元是替标的公司承担的债务。但由于企业所得税没有类似的处理规则，原股东的3000万元有可能被全部视为股权转让收入；同时由于标的公司不需要再支付原有债务，很可能被视为捐赠所得或债务豁免所得计缴企业所得税。有什么办法能解决原股东和标的公司的税务风险呢？

处理思路是，把原股东帮标的公司承担债务，转化为权益性交易。如案例中，甲公司须承担M公司的债务，先由乙企业支付给甲公司400万元，甲公司收到钱后，向M公司进行增资。而后M公司把400万元偿还给债权人。这样操作下来，甲企业抬高了股权的计税成本，M公司又可以不视为捐赠所得或债务豁免所得多缴企业所得税。

## ▶ 原股东承接标的公司债权

甲企业持有M企业100%股权，现甲企业拟把M企业的股权转让给乙企业，双方协议，甲企业以3000万元转让M企业股权，同时三方约定，M公司的原有债权400万元归老股东甲公司。

这种操作思路下，可能产生的税务风险是，税务机关会认为，甲企业除取得股权转让收入3000万元外，还取得了400万元的债权收入也应计征企业所得税。而新股东取得股权的计税基础为3000万元。

如果没有其他条件的制约，站在新股东和原股东的角度，不如三方的协议改为，股权转让价格为3400万元。乙企业先支付3000万元，其余400万元待M公司收回后，乙企业再予以支付。

## ▶ 免除原股东债务

甲企业持有M企业100%股权，甲企业欠M企业400万元。现甲企业拟把M企业的股权转让给乙企业，三方约定，甲以3000万元转让M企业股权，同时M企业和乙企业共同承诺免除甲公司的债务。

这种情形下，甲企业应按3000万元股权转让收入缴纳企业所得税，同时对豁免的400万元确认为债务重组所得缴纳企业所得税。乙企业拿到股权的计税基础为3000万元。

换种思路，股权转让价3400万元，其中3000万元支付给甲企业，400万元由乙企业代甲偿还给M企业。通过这种处理，甲企业的股权转让收入为3400万元，乙企业拿到M企业股权的计税基础为3400万元。

### ▶ 新股东承担老股东的其他债务

甲企业持有M企业100%股权，甲企业欠N公司400万元。现甲企业拟把M企业的股权转让给乙企业，双方协议，甲以3000万元转让M股权，同时由乙公司偿还甲公司的欠款400万元。

这种情形下，甲企业应按3000万元股权转让收入缴纳企业所得税，同时对400万元确认为所得缴纳企业所得税。乙企业拿到股权的计税基础为3000万元。

换种思路，股权转让价3400万元，其中3000万元支付给甲，400万元由乙代甲偿还给N企业。通过这种处理，甲企业的股权转让收入为3400，但是乙企业拿到M企业股权的计税基础为3400万元。

### ▶ 免除标的公司债务

实务中还有一种情形，原股东同时持有标的公司的债权，在股权转让时，原股东同意豁免。这种情形和上面介绍的第一种情形即原股东帮标的公司承担债务，有点类似。但这种情形是指标的公司欠原股东的钱。企业在签订股权转让合同时，如合同或协议签订不当，也会引发税务风险。

甲企业持有M企业100%股权，M企业欠甲企业400万元。现甲企业拟把M企业的股权转让给乙企业，双方协议，甲企业以3000万元转让M企业股权，同时甲方承诺免除M企业的债务。

上述案例中，虽然名义上是原股东免除了标的公司的债务，实质上是新股东支付的股权转让款中，已包含了债权的款项。当事方签订合同时，不分股权转让款和债权转让收入，会造成多缴税款，税务机关在审核审查时，很有可能以合同为依据，按照总价3000万元，对甲企业征收股权转让的企业所得税。

同时M企业也会产生税收问题。合同中约定甲企业免除了M企业的债务，税务机关会判断为M企业的债务豁免所得，按照规定缴纳企业所得税。

在带债权的转让中，股权转让合同怎么写很重要。上述案例中，可采用下列方式之一：

一是在股权转让合同中写清楚股权转让金额和债权转让金额。如对上述交易，标明股权转让款和债权转让分别为2600万元和400万元，从而避免了打包在一起多缴税的问题。

二是有些情况下可以通过债转股途径，增加原股东持有股权的计税基础。上述案例中，在转让股权前，甲企业可以把400万元的债权通过“债转股”方式转化为股权。这样股权的转让收入为3000万元，但股权的计税基础也同样抬高了400万元，不会产生多缴企业所得税问题。不但解决了甲企业多缴税的问题，同时也解决了M企业的税收问题。M企业把欠原股东的钱，转化成了权益性投资，从而再也没有“债务豁免所得”这一说。

三是可以通过新股东先增资、再股权收购的方式。乙企业先拿400万元对M企业增资，M企业把400万元还给甲企业；然后乙企业和甲企业签订2600万元股权转让合同。同样既可以达到标的公司不产生债务豁免所得，又达到原股东不虚增股权转让收入的目的。

最后还得提醒一下，上述五种情形的讨论，只是站在税务处理的角度来展开的。实际工作中，股权转让中的债权债务，情形更加多样，背后的原因更加复杂，这里仅提供一些税务处理的思路。

## 第23讲
## 股权转让成本的扣除

企业转让股权，属于财产转让收入，在计算所得时可扣除股权的计税成本。一般意义上的股权计税成本，按照当初投资时的历史成本确认，没有太大问题。其中有几个点值得关注：一是如果转让的股权是个“有故事的股权”，经历很复杂，中途经过多次变化，要确认其计税成本相对比较难，要多花点时间和精力。曾经碰到过类似的情况，某企业要转让的股权，经历过国有企业改制、中途转让部分股权等情形，要确定其计税成本并非易事。二是投资股权时发生的借款利息支出，按现行企业所得税的有关规定，可以在借款利息支出时，直接在企业所得税前扣除，无须资本化到股权的成本中去，这在会计处理和所得税的处理上是一致的。平时实务中真正需要引起关注的是一些特殊情形下取得的股权。

### ▶ 未分配利润转股本的计税基础

企业在持有被投资企业期间，取得的未分配利润转股本，可以确认相应的计税基础。在企业所得税的处理上，用未分配利润转增股本，视为先用税后利润进行分配、投资者再将分得的利润进行投资的行为。未上市公司用未分配利润转股本的计税基础的金额是确定的，平时只需要关注的是该事项的税会差异，一般会计上不对这项业务做账务处理，在税收上很容易忘记这个计税成本，那就相当于没有充分享受免税的待遇，会造成多缴税款。

麻烦的是上市公司用未分配利润转增股本时，投资者计税基础应该按公允价值还是按照票面金额确认的问题。这在企业所得税现行规定中找不到答案。实务中可以借鉴个人所得税里的有关规定。

### ▶ 以非货币性资产投资取得的股权

投资当时企业采取了分五年递延纳税的政策。如企业转让股权时投资已经届满五年或已经全部确认所得，企业按投资当年双方作价的公允价格确认投资计税基础。如投资未满五年或未全部计入所得的，转让股权时，企业应该一次性确认未确认的所得，同时对应的股权的计税基础也应该一次性调整为公允价格。

### ▶ 取得股权环节采用特殊性税务处理的

甲企业要转让持有的乙企业的股权，但甲企业取得这部分股权时，采用了特殊性税务处理。按照特殊性税务处理规则，计税基础是替代或者结转过来的。在转让股权时，这部分对应的股权计税成本就按取得时的计税基础。不过企业在再次转让股权时，要履行申报义务。同样的道理，如果转让的股权是上次企业用技术成果换来的股权，虽然所得税上没有称之为特殊性税务处理，但其中也采取了计税基础替代的规则，要按最初投资时的计税基础来确认。

这里还有一个有趣的问题，如果本次交易，双方又选择了特殊性税务处理，要不要把上一环节未确认的所得，在此环节确认呢？答案是不用，如果每次交易都符合特殊性税务处理，股权的计税基础会永远保持不变。

### ▶ 多次取得股权的计税基础

企业所得税中，对存货的成本计算方法作出规定，企业可以在先进先出法、加权平均法、个别计价法中选择任意一种，一经选择，不得随意变更。对居民企业转让股权，没有作出相应的规定。实务操作中，大部分税务机关认可加权平均法。为了让读者更好理解，将三类股权转让主体的股权成本计算方法罗列如下：

企业所得税：没有相应的规定，一般按加权平均法计算。

个人所得税：采用加权平均法确定其股权原值。

非居民企业转让股权：多次投资或收购的同项股权被部分转让的，从该项股权全部成本中按照转让比例计算确定被转让股权对应的成本（实际也是加权平均法）。

至此，讲了收入，也讲了成本。收入减去成本即为所得。如果有所得，就并计企业当期的所得中，按照适用税率缴纳企业所得税。如果收入减去成本为负数，即为股权转让的损失，在年度汇算清缴时要填写相关的资产损失表并留存好相关的资料。亏损可以抵当年的其他项目的所得，如果抵不完，即为企业当年的亏损，可以结转到以后年度弥补。

# 第24讲 撤资减资和企业清算中股息红利的不同确认规则

企业投资一段时间后，可能由于各方面考虑，从被投资企业收回部分的投资，这是减资；也有可能不想再参与这家企业的投资，撤回了全部的投资，这是撤资。撤资减资在税务处理上采取相同的处理方式。撤资减资会涉及投资方和被投资方的税务处理，也会涉及除企业所得税外其他税种的处理。这里我们只对撤资减资和企业清算的股息红利所得税处理作一比较。

## ▶ 撤资减资的股息红利处理

2011年以前，对企业在撤资减资中收回的资产，其对应的股息红利部分能否免征企业所得税，一直来是不明确的。直至《国家税务总局关于企业所得税若干问题的通知》（国家税务总局公告2011年第34号）横空出世，才解决了这个政策上的迷惑。34号公告用简短的两段话明确了此项政策：

> 五、投资企业撤回或减少投资的税务处理
>
> 投资企业从被投资企业撤回或减少投资，其取得的资产中，相当于初始出资的部分，应确认为投资收回；相当于被投资企业累计未分配利润和累计盈余公积按减少实收资本比例计算的部分，应确认为股息所得；其余部分确认为投资资产转让所得。
>
> 被投资企业发生的经营亏损，由被投资企业按规定结转弥补；投资企业不得调整减低其投资成本，也不得将其确认为投资损失。

34号公告简洁却不是很明了，其道明了撤资减资业务中的企业所得税处理，即：收回的资产中，按原始投资部分确认投资收回，按被投资企业留存收益对应的部分，确认为股息红利。当然对应的股息红利部分可以免征企业所得税。剩余的部分，确认为投资的所得，按规定计算缴纳企业所得税。

34号公告中关于撤资减资的企业所得税政策，采取了三分法的观点。对收回的财产分割成三部分进行不同的税务处理：投资成本、股息红利和投资所得，其中对应的股息红利是可以作为免税来处理的。但收回的款项中，是打包在一起的，如何进行分割、先确认哪一块，这个问题没有在34号公告中明了。

三大块中，投资所得是在前面两块确认的基础上计算出来的，有多余的即为所得，这应该没有问题。问题是投资成本的收回和免税的股息红利，先确认谁，这是有讲究的，直接关系到免税金额的大小和要缴税的所得大小。

例如，A公司2014年以1000万元投资M公司，占M公司40%股份，2016年1月年经股东会决议，同意A公司撤回其投资，A公司分得现金1300万元。截止2015年年底，M公司账面上有未分配利润和盈余公积1000万元。

方法一：先确认投资收回再确认股息红利。投资收回成本1000万元，应该确认可以免税的额度为400万元（1000×40%），但由于先确认了投资收回，只能确认股息红利300万元。此方法的结果，会计上投资收益300万元，企业所得税通过税收优惠表减少了300万元，实际税收上所得为0。

方法二：先确认股息红利再确认投资收回。应该确认免税的额度为400万元（1000×40%），剩余部分900万元再确认为投资收回。此方法的结果，会计上投资收益300万元，企业所得税通过税收优惠表免除了400万元，实际上税收的所得为-100万元。

到底应该用哪种确认方法？一直到了2015年新的企业所得税年度纳税申报表修订后，在所得税申报表的设计及填表说明中，才真正明确了这个问题。我们把上面案例的有关数据填在企业所得税年度申报表的A107011“符合条件的居民企业之间的股息、红利等权益性投资收益优惠明细表”的相关栏次中，如表2所示。

表2 符合条件的居民企业之间的股息、红利等权益性投资收益优惠明细表（部分）

| 从被投资企业撤回或减少投资取得的资产 | 减少投资比例 | 收回初始投资成本 | 取得资产中超过收回初始投资成本部分 | 撤回或减少投资应享有被投资企业累计未分配利润和累计盈余公积 | 应确认的股息所得 |
|---|---|---|---|---|---|
| 10 | 11 | 12（3×11） | 13（10-12） | 14 | 15（13与14孰小） |
| 1300 | 100 | 1000 | 300 | 400 | 300 |

新的企业所得税年度纳税申报表中，通过表格的设计，明确了撤资减资中三大块业务的先后顺序：第一步先确认投资成本收回，第二步确认股息红利，第三步确认投资所得。

## ▶ 企业清算的股息红利处理

对企业清算中的税务问题，我们将在后面几讲中专门研究。这里我们主要探讨一下企业清算时免税股息红利的确认问题，以及和撤资减资有什么区别。《企业所得税法实施条例》对清算的股息红利处理是这样规定的：

> 投资方企业从被清算企业分得的剩余资产，其中相当于从被清算企业累计未分配利润和累计盈余公积中应当分得的部分，应当确认为股息所得；剩余资产减除上述股息所得后的余额，超过或者低于投资成本的部分，应当确认为投资资产转让所得或者损失。

可见，企业清算时分回的金额，也是按成本收回、股息红利、投资所得或损失三部分进行处理的。但企业清算和撤资减资有两个重要的区别：

第一，三部分确认的先后次序不一样。撤资减资按收回成本、股息红利和所得来确认，而企业清算按股息红利、投资成本、所得和损失的顺序来确认。二者的不同是企业清算先确认股息红利。为什么要作出不同的规定呢？可能主要原因是企业注销清算，被投资企业的实体已不复存在，为了让投资期间产生的股息红利能享受充分的免税待遇。

第二，企业清算时，投资企业可以确认投资损失，这在60号文件中表述得非常清楚。企业清算时，被投资企业注销，投资的实体灭失，当然应该在清算环节确认投资损失。而撤资减资能不能确认投资损失，是个极其有争论问题。

有很多专家认为撤资减资过程形成的亏损不能在税前扣除。理由有二，一是国家税务总局公告2011年第34号文件第一段讲到了所得确认，并没有讲到亏损确认。二是国家税务总局公告2011年第34号文件第二段讲了被投资企业亏损由被投资企业自行弥补；投资企业不得调整减低其投资成本，也不得将其确认为投资损失。这段话的真正含义是什么？这里面包含的税法原理十分深奥，至今为止，作者只研究出以下结论：

1. 这一段话是放在国家税务总局公告2011年第34号文件第五大点“投资企业撤回或减少投资的税务处理”标题下讲的。投资企业不能确认损失的情形，当然不包括企业转让股权和被投资企业清算过程中引发的亏损。

2. 这一段关于不能确认损失的表述，是另起一段单独表达的。

3. 企业所得税年度纳税申报表A107011“符合条件的居民企业之间的股息、红利等权益性投资收益优惠明细表”的表式设计中，设计了撤资减资中免税股息红利的计算方法，即：可以免税的股息红利，不能超过收回资产和投资成本的差额。通过这一设计，部分体现了撤资减资中，投资企业不能确认投资损失这一规则。

4. 有部分情形，至今未得到论证。如：初始投资成本100万元，全部撤资只收回80万元，投资企业在税收上能不能确认20万元的投资损失。

功力有限，研究只能到此为止，期待大家的指点。

# 第25讲 企业清算的含义和范围

“人有生老病死、企业关停并转”。由于各种原因，有的企业到最后经营不下去了，有的企业陷入破产边缘，这都要进行企业清算，清算是非常极端的一种法律行为。

在著名的《财政部 国家税务总局关于企业重组业务企业所得税处理若干问题的通知》（财税〔2009〕59号）下发后，财政部、国家税务总局随即下发了《财政部 国家税务总局关于企业清算业务企业所得税处理若干问题的通知》（财税〔2009〕60号）文件。财税〔2009〕59号文件是针对企业重组的税收规定，在企业重组中，会涉及企业的注销，势必会涉及企业的清算，也就是说财税〔2009〕59号文件一定会碰上企业清算这个工具。财税〔2009〕59号文件虽然没有把企业清算作为重组的其中一个问题，但是在随后下发的财税〔2009〕60号文件中，对企业清算的所得税处理进行了明确。可以这么说，59号的重组文件和60号的清算文件，是骨肉相连的关系。

## ▶ 对企业所得税清算的理解：按年计算缴纳也是“预缴”

企业清算的所得税处理规则，是一个国家所得税规则中非常重要的组成部分。《企业所得税法》第五十五条明确，企业应当在办理注销登记前，就其清算所得向税务机关申报并依法缴纳企业所得税。企业注销前，为什么要进行所得税的清算？很多人在这个问题上不是很理解，企业持续经营期间，每个季度不是办所得税季度申报，每个年度不是都办理了所得税汇算清缴么，为什么企业不经营了，还非得要办个清算的程序和清算的申报？

企业所得税是对企业生产经营所得征收的一种税，但企业的生产经营活动是持续跨年、不可分割的。按照企业所得税的原理，应该与企业的生产经营“执子之手、与子偕老”，等企业完全停止生产经营后，对企业整个经营期间的所得进行一次完整的计算，在此基础上计征所得税。但“国家也是家，等着米下锅”，税收组织收入功能决定了“实在等不起”，必须给企业生产经营活动人为划定一个时间界限。在划定界限基础上，纳税人必须把归属于这个期限内的所得，进行完整计算，申报缴纳所得税。这是企业所得税按年计算的由来。

一个企业2017年成立并开始经营，2017年、2018年等每个公历年度，都是一个独立的所得税计税年度。按照税法规定口径，确认每个纳税年度的收入、成本、费用、税金、损失等金额，计算出税收上的应纳税所得额。从企业所得税的原理来理解，所得税的按年缴纳，实际上也是对整个经营期产生所得征税的一种预缴措施。企业结束经营后、办理注销以前，对整个经营期的所得，进行一次完整的清算，是企业所得税管理的重要组成部分。

## ▶ 对清算的理解：企业所得税的征税范围决定了企业清算

企业所得税的征税范围，决定了企业在注销前必须要履行清算程序。企业所得税是对企业的所得征收的一种税。这个所得，不仅仅是一般意义上的经营所得，还包括因各类资产、财产溢价形成的所得。在企业持续经营过程中，转让资产产生的溢价，并计转让当年所得。最后停止经营时，没有转让的各类资产、财产，如果不对其进行征税，那么企业很容易在清算环节通过分配给股东等途径，逃避了纳税义务。企业清算，是国家对企业行使财产溢价征税的最后一道关口，也是企业对资产贬值进行税前扣除的最后一个机会。

企业所得税的清算申报，看上去是对清算期间的所得进行申报纳税，其实不然。举个最简单的例子，A企业和B个人一起投资办了企业C，企业C成立后，什么事也没干，只用股东投入的钱，买了个办公楼，什么钱也没赚到，最后决定注销了。企业注销时，一看，账面上亏损一大堆，但买的办公楼倒升值很大，赚了不少钱。到最后通过清算这一环节，把企业整个存续期间的收入与成本费用进行一次完整的配比。反过来想一下，如果不做这种清算，那所有投资类的公司，只要注销前不变现，也许一辈子都不用缴税了。

## ▶ 企业清算的意义：股东层面

你以为清算就是国家为了多征点税？错了。对于股东来说，通过企业的清算，在税收上最后到底是投资损失了，还是投资盈利了，如果有投资损失，还可结转到投资企业的股东层面去弥补。我们知道在被投资企业存续期间，被投资企业发生亏损，只能在自己身上弥补，不能结转到投资者身上去弥补。投资者能够抵减投资亏损的机会，要么把股权卖了，要么就只能在清算环节。在清算环节，只有通过清算这一动作，算出企业有多少剩余财产可供分配给股东，才能计算出投资者的投资损失，在投资者层面进行扣除。

那清算环节征税的所得，到底包括哪些所得呢？会不会和以前的所得混在一起重复征税呢？这会在下一讲中以案例的形式进行讨论。

## ▶ 企业所得税清算范围

财税〔2009〕60号文件，言简意赅，含义深远。简短的几百个字，建立起了我国企业所得税的清算制度。

> 根据《中华人民共和国企业所得税法》第五十三条、第五十五条和《中华人民共和国企业所得税法实施条例》（国务院令第512号）第十一条规定，现就企业清算有关所得税处理问题通知如下：
>
> 一、企业清算的所得税处理，是指企业在不再持续经营，发生结束自身业务、处置资产、偿还债务以及向所有者分配剩余财产等经济行为时，对清算所得、清算所得税、股息分配等事项的处理。
>
> 二、下列企业应进行清算的所得税处理：
>
> （一）按《公司法》《企业破产法》等规定需要进行清算的企业；

（二）企业重组中需要按清算处理的企业。

三、企业清算的所得税处理包括以下内容：

（一）全部资产均应按可变现价值或交易价格，确认资产转让所得或损失；

（二）确认债权清理、债务清偿的所得或损失；

（三）改变持续经营核算原则，对预提或待摊性质的费用进行处理；

（四）依法弥补亏损，确定清算所得；

（五）计算并缴纳清算所得税；

（六）确定可向股东分配的剩余财产、应付股息等。

四、企业的全部资产可变现价值或交易价格，减除资产的计税基础、清算费用、相关税费，加上债务清偿损益等后的余额，为清算所得。

企业应将整个清算期作为一个独立的纳税年度计算清算所得。

五、企业全部资产的可变现价值或交易价格减除清算费用，职工的工资、社会保险费用和法定补偿金，结清清算所得税、以前年度欠税等税款，清偿企业债务，按规定计算可以向所有者分配的剩余资产。

被清算企业的股东分得的剩余资产的金额，其中相当于被清算企业累计未分配利润和累计盈余公积中按该股东所占股份比例计算的部分，应确认为股息所得；剩余资产减除股息所得后的余额，超过或低于股东投资成本的部分，应确认为股东的投资转让所得或损失。

被清算企业的股东从被清算企业分得的资产应按可变现价值或实际交易价格确定计税基础。

财税〔2009〕60号文件中的清算是指，企业在不再持续经营，发生结束自身业务、处置资产、偿还债务以及向所有者分配剩余财产等经济行为时，对清算所得、清算所得税、股息分配等事项的税务处理。财税〔2009〕60号文件讲到的清算和一般意义上公司的清算是有区别的，财税〔2009〕60号文件的清算范围，包括以下几种情况：

第一种情况是按《公司法》规定需要进行清算的：公司章程规定的营业期限届满或者公司章程规定的其他解散事由出现，企业解散清算的；股东会或者股东大会决议解散的；依法被吊销营业执照、责令关闭或者被撤销的；公司经营管理发生严重困难，继续存续会使股东利益受到重大损失，通过其他途径不能解决的，持有公司全部股东表决权百分之十以上的股东，可以请求人民法院解散公司。

第二种情况是按照《企业破产法》规定，企业破产需要进行清算的。

第三种情况，按照财税〔2009〕59号文件的规定，需要清算的情形。财税〔2009〕59号文件规定的情形有：企业由法人转变为个人独资企业、合伙企业等非法人组织，或将登记注册地转移至中华人民共和国境外（包括港澳台地区），应视同企业进行清算处理。企业合并和分立中，如当事方选择一般性税务处理，注销的企业要进行税收上的清算。

可见，企业所得税上的清算，有其特指的范围。如企业在进行合并、分立重组时，被合并的企业注销或者分立的企业注销，不需要进行《公司法》意义上的清算。但企业所得税上，需要根据其税务的处理方式来判断，如适用特殊性税务处理，就不要进行清算；如适用一般性税务处理，则需要进行所得税的清算。

平时最容易碰到的问题，一个企业从甲地搬到了乙地，要不要进行税收上的清算。从《税务登记管理办法》和财税〔2009〕59号文件的规定可以看出，这种注册地的迁移，只需要注销原地址的税务登记，并不需要办理企业所得税的税务清算。

# 第26讲
# 企业清算三步曲

企业清算属于偶尔发生的事项，其税收的理解上有一定的难度。为了讲清其中的政策和具体操作，我们以一个案例形式进行讨论，按照清算具体内容、企业层面清算和股东层面清算三个步骤来进行说明。

×公司注册资本1000万元，由两个股东投资设立，A公司投资700万元，占70%股权，B个人投资300万元，占30%股权。2020年6月，经股东协商，决定注销×公司。×公司当年发生亏损，2020年6月底的资产负债情况如表3所示：

表3　资产负债情况表　（单位：万元）

| 资产 | 期末余额 | 负债和所有者权益 | 期末余额 |
|---|---|---|---|
| 货币资金 | 50 | 应付账款 | 100 |
| 应收账款 | 80 | 应付职工薪酬 | 30 |
| 存货 | 200 | 实收资本 | 1000 |
| 固定资产净额 | 1000 | 未分配利润 | 270 |
| 长摊费用 | 70 | | |
| 资产总计 | 1400 | 股东权益合计 | 1400 |

清算期间，A公司发生如下事项：

（1）转让存货，取得转让收入180万元；

（2）转让固定资产，取得转让收入1200万元；

（3）清理应收账款，收回60万元，实际发生损失20万元；

（4）清理应付账款，实际支付80万元，其余20万元协商后不再支付；

（5）发生并支付清理费用20万元。

其他情况：2019年度有未弥补亏损20万元，2020年1–6月亏损10万元

（亏损为所得税上的可弥补亏损）。资产清理中不考虑增值税等事项，计税基础均等于资产账面金额。

## ▶ 所得税清算内容

财税〔2009〕60号文件对企业清算的所得税内容进行了规定：

> 企业清算的所得税处理包括以下内容：
>
> （一）全部资产均应按可变现价值或交易价格，确认资产转让所得或损失；
>
> （二）确认债权清理、债务清偿的所得或损失；
>
> （三）改变持续经营核算原则，对预提或待摊性质的费用进行处理；
>
> （四）依法弥补亏损，确定清算所得；
>
> （五）计算并缴纳清算所得税；
>
> （六）确定可向股东分配的剩余财产、应付股息等。

企业清算，实际上包含两个层面的清算：企业层面的清算和股东层面的清算。

## ▶ 企业层面的清算

企业层面的清算，是指企业停止生产经营后，对其资产的处置、债权债务的处置以及其他所得税事项的处置。

一是所得税事项的处置。企业进入清算期后，停止了正常的生产经营，持续经营的前提已经不复存在，所以有关所得税的事项已经发生改变。一是会计上停止计提折旧或摊销，企业所得税上也停止在税前扣除折旧和摊销。二是对以前的预提或待摊性质的费用进行处理。三是不再需要进行企业所得税的季度预申报和预缴。企业所得税的季度预申报和预缴，是对年度申报的预缴行为。企业进入清算后，不存在年度申报的概念，只需要对整个清算期间的所得进行申报。

二是计算清算所得时的一些概念。企业应将整个清算期作为一个独立的纳税年度计算清算所得。清算期是一个非常重要的概念，它不同于正常生产经营时，以一个自然年度为所得税的纳税年度。按照《国家税务总局关于印发〈中华人民共和国企业清算所得税申报表〉的通知》（国税函〔2009〕388号，以下简称388号文件）规定，企业的清算期，是指纳税人实际生产经营终止之日至办理完毕清算事务之日止的期间。实际经营终止之日，有些情形下比较好判断，如上面案例中，股东会协商到2020年7月1号停止经营，那这个时点就为清算期的起始日。有些情形下比较难判断，虽然国家税务总局层面，对此没有相关的具体规定，但部分地方有自己的掌握口径，我们看下某省税务局的规定：

> （一）公司章程规定的营业期限届满或者公司章程规定的其他解散事由出现的，为董事会等权力机构宣布解散的决议日；
>
> （二）股东会或者股东大会等其他类似机构决议解散的，为股东会或者股东大会等其他类似机构的决议日；
>
> （三）依法被吊销营业执照、责令关闭或者被撤销的，为相关行政机关文件签发日；
>
> （四）宣告破产的企业，为被人民法院予以解散或宣告破产之日；
>
> （五）企业重组中需要按清算处理的，为经董事会等权力机构批准的企业重组协议或合同的签约日；
>
> （六）其他需要清算的情形，为相关证明文件的生效日。

这里，有一个重要的问题需要提醒，按照企业所得税汇算清缴的规定，企业年度中间停止生产经营的，需要对当年度实际经营期的生产经营所得进行汇算清缴。这一年度，虽然不是一个完整的365天，但在企业所得税上，也视为一个完整的纳税年度。所以案例中，甲企业要对2020年1–6月份的生产经营，计算出一个年度的所得。在计算所得的时候可以弥补以前年度的亏损，有季度多缴的税款，也可以办理申请退还手续。如果当年的所得是负数，可以用接下来的清算所得进行弥补。还得提醒下，这个汇算清缴的期限不是5个月，而是60天。

再接着介绍清算期的终点，哪一天算清算期结束了？现行政策中，对这个时点没有作出具体的规定。一般意义上理解，企业在办理清算所得申报同时办理注销税务登记时，即为清算期的终止之日。企业的清算期，时间跨度可能有长有短，短的几个月，长的可能是几年，中间跨年度的清算，也是非常正常的。

实务中，部分税务机关对清算期间做出了一个时间性限制，这时如果企业清算时间拖得长，可以和税务机关协商解决。至于清算的申报时间，税法有具体的规定，申报清算所得的期限，企业必须于清算结束后15日内，向税务机关报送清算所得税纳税申报表并结清税款。

还有一个非常重要的概念，企业应把整个清算期作为一个独立的纳税年度计算清算所得。这里的独立纳税年度，有这么几层含义。一层意思是，不管清算期多长多短，不管清算期是否跨年，在所得税计算时，均作为一个独立的纳税年度来看待。第二层意思是，清算期作为一个独立的纳税年度，把它和当年的汇算清缴区别开来。当年实际经营期的汇算清缴，是一个独立的纳税年度，清算期也是一个独立的纳税年度。第三层意思，称得上独立的纳税年度，其前提：它是一个纳税年度。为什么要说是纳税年度呢？因为和所得税弥补亏损的期限有关系。我们知道，我们国家对亏损的弥补，采取的是向后结转的方式，一般企业可以往后结转五个纳税年度。如案例中，假设甲企业是一般的企业，亏损弥补年限为5年，2015年的亏损尚未弥补完，在办理2020年度汇算清缴时，2020年刚好是第五个纳税年度，如果有所得的话可以弥补。再假如2020年汇算清缴时，还没有弥补完2015年度的亏损，如果计算出清算的所得为正数，这时还能弥补吗？不能用清算的所得来弥补了，因为清算期是一个独立的纳税年度，清算所得已经是属于第六个年度的所得了。

三是清算所得的具体计算。财税〔2009〕60号文件对清算所得的计算表述为：企业的全部资产可变现价值或交易价格，减除资产的计税基础、清算费用、相关税费，加上债务清偿损益等后的余额，为清算所得。清算所得，用公式可表示为：

清算所得=全部资产处置收益+负债处置收益-清算费用-清算税金及附加+其他所得或支出

考虑到清算所得，在转换成清算的应纳税所得额时，须考虑税会差异调整、弥补以前年度的亏损，清算的应纳税所得用公式表示为：

清算的应纳税所得额=清算所得 ± 纳税调整额-弥补以前年度亏损

从公式可以看出，清算所得，其含义是企业现有的资产全部转让，或者视同为按可变现的价格全部变现，确认资产隐含的增值或亏损，其中企业的债权也属于资产的一部分。再对企业的负债进行处理，确认债务清偿过程中的所得或亏损。这样两步下来，把企业的资产和负债处理完了，得出了一个企业资产清理后的总收入。总收入中，还得扣除资产的计税基础，这才是真正的资产处置所得。在清算实现的所得中，还可以扣除清算期间发生的费用和支出，再扣除处置资产的税金及附加，剩余的就是清算所得。这个清算所得的真正含义可以这么来概括：在清算期间，企业所有的资产，全部视为变现或转让，再算出一个清算的所得。

清算所得的含义，相当于企业在清算时，没有变现的资产，税法上视为变现的一个过程。对企业清算的征税，实际上是对企业资产增值征收的税。因为这个增值，如果发生在清算前转让，也是所得税的征税范围。

我们用国税函〔2009〕388号文件中制定的企业清算申报表，来印证一下我们的逻辑是否正确。国税函〔2009〕388号文件对企业的清算申报，规定了一张主表、三张附表的架构。主表即为“中华人民共和国企业清算所得税申报表”（见表6），三张附表为附表一“资产处置损益表”（见表4）、附表二“负债清偿损益明细表”（见表5）、附表三“剩余财产计算和分配明细表”（见表7）。我们以上面的案例，按照计算的逻辑，来进行说明：

表4

附件一：资产处置损益明细表

填报时间：　　年　月　日　　　　　　　　　　　　　　金额单位：万元

| 行次 | 项目 | 账面价值（1） | 计税基础（2） | 可变现价值或交易价格（3） | 资产处置损益（4）=（3）-（2） |
|---|---|---|---|---|---|
| 1 | 货币资金 | 50 | 50 | 50 | |
| 2 | 短期投资* | | | | |
| 3 | 交易性金融资产# | | | | |
| 4 | 应收票据 | | | | |
| 5 | 应收账款 | 80 | 80 | 60 | -20 |
| 6 | 预付账款 | | | | |
| 7 | 应收利息 | | | | |
| 8 | 应收股利 | | | | |
| 9 | 应收补贴款* | | | | |
| 10 | 其他应收款 | | | | |
| 11 | 存货 | 200 | 200 | 180 | -20 |
| 12 | 待摊费用* | | | | |
| 13 | 一年内到期的非流动资产 | | | | |
| 14 | 其他流动资产 | | | | |
| 15 | 可供出售金融资产# | | | | |
| 16 | 持有至到期投资# | | | | |
| 17 | 长期应收款# | | | | |
| 18 | 长期股权投资 | | | | |
| 19 | 长期债权投资* | | | | |
| 20 | 投资性房地产# | | | | |
| 21 | 固定资产 | 1000 | 1000 | 1200 | 200 |
| 22 | 在建工程 | | | | |
| 23 | 工程物资 | | | | |
| 24 | 固定资产清理 | | | | |
| 25 | 生物资产# | | | | |

续表

| 行次 | 项目 | 账面价值（1） | 计税基础（2） | 可变现价值或交易价格（3） | 资产处置损益（4）=（3）-（2） |
|---|---|---|---|---|---|
| 26 | 油气资产# | | | | |
| 27 | 无形资产 | | | | |
| 28 | 开发支出# | | | | |
| 29 | 商誉# | | | | |
| 30 | 长期待摊费用 | 70 | 70 | 0 | -70 |
| 31 | 其他非流动资产 | | | | |
| 32 | 总计 | 1400 | 1400 | 1490 | 90 |

企业所有的资产中，如果真正处置了的资产，就按处置价格计算出处置的损益。实务中有一种情况，企业在清算时没有处置其中的资产。这部分没有处置的资产，最后总得有个去处，一般来说，都是分配给企业的股东了。这时的资产，虽然没有处置，但分给股东，也是一种处置的方式，应按照公允价格确认资产的转让所得。

案例中，存货处置收益为180-200=-20（万元）

固定资产处置损益为：1200-1000=200（万元）

应收账款处置收益为60-80=-20（万元）

长期待摊费用处置收益为0-70=-70（万元）

资产的总处置收益为：-20+200-20-70=90（万元）

接下来要计算负债的清偿损益，我们来看一下附表二的表式，如表5所示：

表5

附表二：负债清偿损益明细表

填报时间：　　年　月　日　　　　　　　　　　　　　　金额单位：万元

| 行次 | 项目 | 账面价值（1） | 计税基础（2） | 清偿金额（3） | 负债清偿损益（4）=（2）-（3） |
|---|---|---|---|---|---|
| 1 | 短期借款 | | | | |
| 2 | 交易性金融负债# | | | | |
| 3 | 应付票据 | | | | |

续表

| 行次 | 项目 | 账面价值(1) | 计税基础(2) | 清偿金额(3) | 负债清偿损益(4)=(2)-(3) |
|---|---|---|---|---|---|
| 4 | 应付账款 | 100 | 100 | 80 | 20 |
| 5 | 预收账款 | | | | |
| 6 | 应付职工薪酬# | 30 | 30 | 30 | |
| 7 | 应付工资* | | | | |
| 8 | 应付福利费* | | | | |
| 9 | 应交税费 | | | | |
| 10 | 应付利息 | | | | |
| 11 | 应付股利 | | | | |
| 12 | 其他应交款* | | | | |
| 13 | 其他应付款 | | | | |
| 14 | 预提费用* | | | | |
| 15 | 一年内到期的非流动负债 | | | | |
| 16 | 其他流动负债 | | | | |
| 17 | 长期借款 | | | | |
| 18 | 应付债券 | | | | |
| 19 | 长期应付款 | | | | |
| 20 | 专项应付款 | | | | |
| 21 | 预计负债# | | | | |
| 22 | 其他非流动负债 | | | | |
| 23 | 总计 | 130 | 130 | 110 | 20 |

企业清算后，企业的法人资格灭失，法人的债务也必须在最后一个环节清算完毕。债务的清偿中，原债务如全部偿还，则债务清偿的损益为0。实务中，比较麻烦的是有些企业进行清算时，本身就已经亏损巨大、资不抵债了，这种情况下还不出的债务，按照企业所得税法规定，属于债务收益，要并计所得缴纳清算的所得税。这种所得是一种“没有真正现金流入”所得，企业没有足够现金来缴纳税款。实务中会给企业的清算和注销带来很多问题。为此，有些省作出了一些地方性规定：

企业清算前已确定不需支付的应付款项，应并入生产经营所得征税。企业清算期间确定的不需支付的应付款项，需并入清算所得征税。企业清算期间应支付但由于清算资产不足以偿还的未付款项，无须并入清算所得征税。

案例中，清理应付账款，支付80万元，其余20万元协商不再支付。企业债务的清偿所得为20万元。

算出了资产处置收益和债务处置收益，我们就很容易再计算清算所得和应纳税所得额了。以表6说明：

表6　　中华人民共和国企业清算所得税申报表　　金额单位：万元

| 类别 | 行次 | 项目 | 金额 |
|---|---|---|---|
| 应纳税所得额计算 | 1 | 资产处置损益（填附表一） | 90 |
| | 2 | 负债清偿损益（填附表二） | 20 |
| | 3 | 清算费用 | 20 |
| | 4 | 清算税金及附加 | |
| | 5 | 其他所得或支出 | |
| | 6 | 清算所得（1+2-3-4+5） | 90 |
| | 7 | 免税收入 | |
| | 8 | 不征税收入 | |
| | 9 | 其他免税所得 | |
| | 10 | 弥补以前年度亏损 | 30 |
| | 11 | 应纳税所得额（6-7-8-9-10） | 60 |
| 应纳所得税额计算 | 12 | 税率（25%） | |
| | 13 | 应纳所得税额（11 × 12） | 15 |
| 应补（退）所得税额计算 | 14 | 减（免）企业所得税额 | |
| | 15 | 境外应补所得税额 | |
| | 16 | 境内外实际应纳所得税额（13-14+15） | 15 |
| | 17 | 以前纳税年度应补（退）所得税额 | |
| | 18 | 实际应补（退）所得税额（16+17） | 15 |

很多人可能是第一次看到企业所得税清算申报表吧，其实这张表样，国家税务总局早在2009年就制定好了，只是一般人不太会碰到企业清算业务，再加上这个清算表不像企业所得税的年度申报表一样爱折腾，动不动每年改一下，所以出镜的频率不高，大家自然就陌生了。

笔者之所以花这么多时间来说企业清算，主要是因为企业清算的税务处理对理解整个重组的税收业务来说，是非常重要的。个人理解，对并购重组税收原理的理解和把握，有两个重要基础，一个是计税基础的确认和转移规则，还有一个就是企业清算的原理把握。

我们来看上面的清算所得税申报表（见表6）。其实所得税的所得额的计算，其基本逻辑都是一样的，都是在会计核算的基础上再进行纳税调整。中国的税收，没有自己的核算体系，必须依赖于会计的核算，在会计核算成果的基础上，进行相应的税会差异调整，调整后所得为应纳税所得额。清算申报表也是根据这种逻辑设计的。看表6，1—6行算出清算所得，7—11行进行纳税调整，包括税收优惠的享受和弥补以前的亏损。我们把案例中的有关数据填入表格后，再来说明几个事情。

清算期间能不能享受相关的税收优惠政策。清算所得税申报表中列示了“免税收入”“不征税收入”“其他免税所得”三个栏次，这些栏次能填些什么样的税收优惠呢？

企业清算期间，停止了正常生产经营，但仍有可能取得一些与清算无关的收入，如股息红利收入、国债处置时的利息收入。这些收入本身是针对特殊收入类型的税收优惠，不管企业在何时取得，收入的属性没有发生改变，因此可以大大方方地享受税收优惠。

至于不征税收入，其本身不是一种税收优惠，它是一种“不属于所得税征税收入范围”的概念。企业清算期间，有可能收到政府对以前的补助或针对企业破产清算的补助收入。同理，这种收入，只按收入性质来区分，不管何时收到，符合条件的就可以按“不征税收入”来处理。

其他免税所得指什么？企业正常经营中，对从事一些特殊行业产生的所得，税法给予了免征所得和减征所得的优惠，如企业从事“农林牧渔”所得，可以免征或减半征收企业所得税，又如企业从事基础类设施经营所得，可以享受“三免三减半”的税收优惠。企业在清算期间，一般不会再产生这几类的生产经营所得，按理也不能再享受所得减免的税收优惠。在企业清算过程中，有可能会涉及一类特殊资产的转让，如技术成果的转让。符合条件的技术转让，可以享受500万元以下免税、500万元以上减半征收的政策。个人觉得，这项政策的本身，旨在促进技术成果的交流和转化，在清算期间的转让也是转让，在企业清算时，也应该可以享受此项政策。

关于企业清算期间，能否适用优惠税率的问题。目前企业所得税的优惠税率，主要有对产业型税率优惠，如高新技术企业15%税率；有针对企业规模大小的优惠税率，如小微企业的20%税率优惠；有区域性税率优惠，如西部大开发15%的优惠税率。个人理解，这些优惠的税率，意在支持企业正常生产经营，企业清算的所得不在优惠范围之内。当然，这个问题上，国家税务总局没有相应的政策明确，得看各地的把握口径了。据了解，也有些地方对清算所得有单独规定，如果清算前符合小微企业条件的，清算所得又符合小微企业的所得照顾范围的，也给予了小微企业的优惠政策。

案例中，清算所得=90+20−20=90（万元）。

应纳税所得额=90−30=60（万元）。这里弥补的亏损包括两部分组成，一个是以前年度的亏损20万元，还有一部分是当年汇算清缴发生的亏损10万元。

应纳税额=60×25%=15（万元）。

## ▶ 股东层面清算

至此，我们终于计算出了清算的所得，以及企业清算到底要缴多少企业所得税。但不要以为大功告成了，大功才告成了一半。

为什么说任务才完成了一半。前面提及过，企业的清算，是两个层面的清算，即企业和股东两个层面的清算。到目前为止，我们只算出了第一个层面。

按理说，第二个层面清算，是股东的事，和清算企业没有多大关系。这种理解是片面的，企业清算注销后，作为法律主体和纳税主体将不复存在，对企业股东来说，从清算企业分回的财产，可能有一部分是企业缴过税的税后利润，其金额是多少，能否免征企业所得税；对于境内个人股东来说，从清算企业分配回来的财产，虽然不需要单独确认股息红利，但属于财产转让所得，应该申报缴纳个人所得税。这些问题都只能靠清算企业层面才能解决。

财税〔2009〕60号文件规定，企业全部资产的可变现价值或交易价格减除清算费用，职工的工资、社会保险费用和法定补偿金，结清清算所得税、以前年度欠税等税款，清偿企业债务，按规定计算可以向所有者分配的剩余资产。

只有计算出可供分配的剩余资产，才能最终把资产确定分给投资者。我们来看一下国税函〔2009〕388号文件规定的“剩余财产计算和分配表”（见表7）：

表7

附表三：剩余财产计算和分配明细表

填报时间：　　年　月　日　　　　　　　　　　　　　　金额单位：万元

| 类别 | 行次 | 项目 | 金额 |
|---|---|---|---|
| 剩余财产计算 | 1 | 资产可变现价值或交易价格 | 1490 |
| | 2 | 清算费用 | 20 |
| | 3 | 职工工资 | 30 |
| | 4 | 社会保险费用 | |
| | 5 | 法定补偿金 | |
| | 6 | 清算税金及附加 | |
| | 7 | 清算所得税额 | 15 |
| | 8 | 以前年度欠税额 | |
| | 9 | 其他债务 | 80 |
| | 10 | 剩余财产（1–2–…–9） | 1345 |
| | 11 | 其中：累计盈余公积 | |
| | 12 | 累计未分配利润 | 315 |

续表

| 类别 | 行次 | 项目 | | | 金额 | |
|---|---|---|---|---|---|---|
| | | 股东名称 | 持有清算企业权益性投资比例（%） | 投资额 | 分配的财产金额 | 其中：确认为股息金额 |
| 剩余财产分配 | 13 | （1）A企业 | 70 | 700 | 941.5 | 220.5 |
| | 14 | （2）B个人 | 30 | 300 | 403.5 | |
| | 15 | （3） | | | | |
| | 16 | … | | | | |
| | 17 | … | | | | |

这张表分成两大块内容，第一块内容是剩余财产的计算过程。以案例为例，剩余财产=资产可变现价值或交易价格－清算费用－职工工资－清算所得税额－其他债务偿还=1345万元。这就是最终可以分配给股东的资产。

确认了可分配的剩余财产后，表格的第二块内容是对剩余财产进行分配。在正式分配前，我们必须对股东层面的税务处理有个清晰的了解。

企业股东的税务处理。前面几讲已介绍过，对于企业股东分回的剩余财产，在税收处理上按“三分法”进行处理。先确认为可享受免税政策的股息红利，再确认投资成本，最后剩余的确认为投资转让所得，当然有亏损的就确认为投资损失，企业股东作为资产损失在税前扣除。

这里先得把一个理说说清楚。假设×企业投资另一家企业的成本200万元，最后被投资企业清算时，分回了150万元，是不是这个企业的税收上的投资损失是50万元。答案是“不一定”。按照财税〔2009〕60号文件规定，在收回投资时，必须先确认免税的股息红利。假设被投资企业清算时的账面未分配利润是100万元，×企业持有60%股权，则须对分回的150万元进行分解：先确认股息红利60万元，余下的90万元确认为投资成本收回，和当初的投资成本200万元相比较，还有110万元没有收回，则确认为税收上的投资损失。从这个小案例中，我们也知道了在清算企业层面进行清算的重要性，它还关系到股东层面确认投资所得还是投资损失、能确认多少的问题。

再来看一下个人股东层面的清算问题。企业清算时，个人股东的个人所得税处理体现在《国家税务总局关于个人终止投资经营收回款项征收个人所得税问题的公告》（国家税务总局公告2011年第41号）文件中：

> 个人因各种原因终止投资、联营、经营合作等行为，从被投资企业或合作项目、被投资企业的其他投资者以及合作项目的经营合作人取得股权转让收入、违约金、补偿金、赔偿金及以其他名目收回的款项等，均属于个人所得税应税收入，应按照“财产转让所得”项目适用的规定计算缴纳个人所得税。
>
> 应纳税所得额的计算公式如下：
>
> 应纳税所得额=个人取得的股权转让收入、违约金、补偿金、赔偿金及以其他名目收回款项合计数–原实际出资额（投入额）及相关税费。

再接着看案例、填表格。在“剩余财产计算和分配明细表”（见表7）中有特殊的两行：累计盈余公积和累计未分配利润。清晰了解企业所得税处理规则后，我们就知道这两行的用处，它们是用来确定分给法人股东的款项中，对应的“税后利润”占多少，从而法人股东在计算免税股息时才有了依据。

在确定这两行数据的口径时，会遇到一个小问题。累计未分配利润和累计盈余公积，是否也包括清算中确认的所得？财税〔2009〕60号文件没有写清楚这一点，国税函〔2009〕388号文件的附件填表说明中也写得较含糊——第11行“其中：累计盈余公积”：填报纳税人截止开始分配剩余财产时累计从净利润提取的盈余公积金额。12.第12行“其中：累计未分配利润”：填报纳税人截止开始分配剩余财产时累计的未分配利润金额。

这两个数字实在很重要，它关系到法人股东要不要缴税、缴多少税的问题。个人理解，企业清算的所得，按规定申报缴纳了企业所得税，就应该属于税后利润，不管会计核算上有没有进入未分配利润，法人股东层面应该都可以享受免征企业所得税的政策，否则会造成重复征税。我们以这个口径来计算并填写表格。

表格中，A企业分得的财产金额为1345×70%=941.5万元，其中可以享受股息红利免税的金额为315×70%=220.5万元。我们帮A企业算一下是否要缴所得税：941.5–220.5–700=21万元，即A企业确认所得21万元。

对B个人来说，其取得的分回款项中，因为个人的股息红利一般不免征个人所得税，且股息红利的适用税率和财产转让所得的适用税率一致。因此，对个人股东来说，没有必要区分是股息红利所得还是财产转让所得。B个人确认所得为：

403.5–300=103.5万元

至此，终于把清算的整个程序和要注意事项说完了。只有对企业的清算有个准确的了解，才能对并购重组中企业法律形式变更、合并和分立中的一般性税务处理和特殊性税务处理，有更深入把握。

# 第四篇

# 一般性税务处理和特殊性税务处理

# 第27讲
# 一般性税务处理和特殊性税务处理

相比较而言，并购重组中最复杂、最晦涩难懂的税种是企业所得税。《财政部 国家税务总局关于企业重组业务企业所得税处理若干问题的通知》（财税〔2009〕59号）区区几千个字，不但囊括了企业法律形式改变、债务重组、股权收购、资产收购、合并、分立等多种重组模式的企业所得税处理，还把并购重组的企业所得税处理按不同适用条件，制定了一般性税务处理和特殊性税务处理两种方式。接下来的讲解中，基本上是围绕财税〔2009〕59号文件展开的。由于其重要性，这里把财税〔2009〕59号文件全文摘录如下：

> 根据《中华人民共和国企业所得税法》第二十条和《中华人民共和国企业所得税法实施条例》（国务院令第512号）第七十五条规定，现就企业重组所涉及的企业所得税具体处理问题通知如下：
>
> 一、本通知所称企业重组，是指企业在日常经营活动以外发生的法律结构或经济结构重大改变的交易，包括企业法律形式改变、债务重组、股权收购、资产收购、合并、分立等。
>
> （一）企业法律形式改变，是指企业注册名称、住所以及企业组织形式等的简单改变，但符合本通知规定其他重组的类型除外。
>
> （二）债务重组，是指在债务人发生财务困难的情况下，债权人按照其与债务人达成的书面协议或者法院裁定书，就其债务人的债务作出让步的事项。
>
> （三）股权收购，是指一家企业（以下称为收购企业）购买

另一家企业（以下称为被收购企业）的股权，以实现对被收购企业控制的交易。收购企业支付对价的形式包括股权支付、非股权支付或两者的组合。

（四）资产收购，是指一家企业（以下称为受让企业）购买另一家企业（以下称为转让企业）实质经营性资产的交易。受让企业支付对价的形式包括股权支付、非股权支付或两者的组合。

（五）合并，是指一家或多家企业（以下称为被合并企业）将其全部资产和负债转让给另一家现存或新设企业（以下称为合并企业），被合并企业股东换取合并企业的股权或非股权支付，实现两个或两个以上企业的依法合并。

（六）分立，是指一家企业（以下称为被分立企业）将部分或全部资产分离转让给现存或新设的企业（以下称为分立企业），被分立企业股东换取分立企业的股权或非股权支付，实现企业的依法分立。

二、本通知所称股权支付，是指企业重组中购买、换取资产的一方支付的对价中，以本企业或其控股企业的股权、股份作为支付的形式；所称非股权支付，是指以本企业的现金、银行存款、应收款项、本企业或其控股企业股权和股份以外的有价证券、存货、固定资产、其他资产以及承担债务等作为支付的形式。

三、企业重组的税务处理区分不同条件分别适用一般性税务处理规定和特殊性税务处理规定。

四、企业重组，除符合本通知规定适用特殊性税务处理规定的外，按以下规定进行税务处理：

（一）企业由法人转变为个人独资企业、合伙企业等非法人组织，或将登记注册地转移至中华人民共和国境外（包括港澳台地区），应视同企业进行清算、分配，股东重新投资成立新企业。企业的全部资产以及股东投资的计税基础均应以公允价值为基础确定。

企业发生其他法律形式简单改变的，可直接变更税务登记，除另有规定外，有关企业所得税纳税事项（包括亏损结转、税收优惠等权益和义务）由变更后企业承继，但因住所发生变化而不符合税收优惠条件的除外。

（二）企业债务重组，相关交易应按以下规定处理：

1. 以非货币资产清偿债务，应当分解为转让相关非货币性资产、按非货币性资产公允价值清偿债务两项业务，确认相关资产的所得或损失。

2. 发生债权转股权的，应当分解为债务清偿和股权投资两项业务，确认有关债务清偿所得或损失。

3. 债务人应当按照支付的债务清偿额低于债务计税基础的差额，确认债务重组所得；债权人应当按照收到的债务清偿额低于债权计税基础的差额，确认债务重组损失。

4. 债务人的相关所得税纳税事项原则上保持不变。

（三）企业股权收购、资产收购重组交易，相关交易应按以下规定处理：

1. 被收购方应确认股权、资产转让所得或损失。

2. 收购方取得股权或资产的计税基础应以公允价值为基础确定。

3. 被收购企业的相关所得税事项原则上保持不变。

（四）企业合并，当事各方应按下列规定处理：

1. 合并企业应按公允价值确定接受被合并企业各项资产和负债的计税基础。

2. 被合并企业及其股东都应按清算进行所得税处理。

3. 被合并企业的亏损不得在合并企业结转弥补。

（五）企业分立，当事各方应按下列规定处理：

1. 被分立企业对分立出去资产应按公允价值确认资产转让所得或损失。

2. 分立企业应按公允价值确认接受资产的计税基础。

3. 被分立企业继续存在时，其股东取得的对价应视同被分立企业分配进行处理。

4. 被分立企业不再继续存在时，被分立企业及其股东都应按清算进行所得税处理。

5. 企业分立相关企业的亏损不得相互结转弥补。

五、企业重组同时符合下列条件的，适用特殊性税务处理规定：

（一）具有合理的商业目的，且不以减少、免除或者推迟缴纳税款为主要目的。

（二）被收购、合并或分立部分的资产或股权比例符合本通知规定的比例。

（三）企业重组后的连续12个月内不改变重组资产原来的实质性经营活动。

（四）重组交易对价中涉及股权支付金额符合本通知规定比例。

（五）企业重组中取得股权支付的原主要股东，在重组后连续12个月内，不得转让所取得的股权。

六、企业重组符合本通知第五条规定条件的，交易各方对其交易中的股权支付部分，可以按以下规定进行特殊性税务处理：

（一）企业债务重组确认的应纳税所得额占该企业当年应纳税所得额50%以上，可以在5个纳税年度的期间内，均匀计入各年度的应纳税所得额。

企业发生债权转股权业务，对债务清偿和股权投资两项业务暂不确认有关债务清偿所得或损失，股权投资的计税基础以原债权的计税基础确定。企业的其他相关所得税事项保持不变。

（二）股权收购，收购企业购买的股权不低于被收购企业全部股权的75%，且收购企业在该股权收购发生时的股权支付金额不低于其交易支付总额的85%，可以选择按以下规定处理：

1. 被收购企业的股东取得收购企业股权的计税基础，以被收购股权的原有计税基础确定。

2. 收购企业取得被收购企业股权的计税基础，以被收购股权的原有计税基础确定。

3. 收购企业、被收购企业的原有各项资产和负债的计税基础和其他相关所得税事项保持不变。

（三）资产收购，受让企业收购的资产不低于转让企业全部资产的75%，且受让企业在该资产收购发生时的股权支付金额不低于其交易支付总额的85%，可以选择按以下规定处理：

1. 转让企业取得受让企业股权的计税基础，以被转让资产的原有计税基础确定。

2. 受让企业取得转让企业资产的计税基础，以被转让资产的原有计税基础确定。

（四）企业合并，企业股东在该企业合并发生时取得的股权支付金额不低于其交易支付总额的85%，以及同一控制下且不需要支付对价的企业合并，可以选择按以下规定处理：

1. 合并企业接受被合并企业资产和负债的计税基础，以被合并企业的原有计税基础确定。

2. 被合并企业合并前的相关所得税事项由合并企业承继。

3. 可由合并企业弥补的被合并企业亏损的限额=被合并企业净资产公允价值×截至合并业务发生当年年末国家发行的最长期限的国债利率。

4. 被合并企业股东取得合并企业股权的计税基础，以其原持有的被合并企业股权的计税基础确定。

（五）企业分立，被分立企业所有股东按原持股比例取得分立企业的股权，分立企业和被分立企业均不改变原来的实质经营活动，且被分立企业股东在该企业分立发生时取得的股权支付金额不低于其交易支付总额的85%，可以选择按以下规定处理：

1. 分立企业接受被分立企业资产和负债的计税基础，以被分立企业的原有计税基础确定。

2. 被分立企业已分立出去资产相应的所得税事项由分立企业承继。

3. 被分立企业未超过法定弥补期限的亏损额可按分立资产占全部资产的比例进行分配，由分立企业继续弥补。

4. 被分立企业的股东取得分立企业的股权（以下简称“新股”），如需部分或全部放弃原持有的被分立企业的股权（以下简称“旧股”），“新股”的计税基础应以放弃“旧股”的计税基础确定。如不需放弃“旧股”，则其取得“新股”的计税基础可从以下两种方法中选择确定：直接将“新股”的计税基础确定为零；或者以被分立企业分立出去的净资产占被分立企业全部净资产的比例先调减原持有的“旧股”的计税基础，再将调减的计税基础平均分配到“新股”上。

（六）重组交易各方按本条（一）至（五）项规定对交易中股权支付暂不确认有关资产的转让所得或损失的，其非股权支付仍应在交易当期确认相应的资产转让所得或损失，并调整相应资产的计税基础。

非股权支付对应的资产转让所得或损失＝（被转让资产的公允价值—被转让资产的计税基础）×（非股权支付金额 ÷ 被转让资产的公允价值）

七、企业发生涉及中国境内与境外之间（包括港澳台地区）的股权和资产收购交易，除应符合本通知第五条规定的条件外，还应同时符合下列条件，才可选择适用特殊性税务处理规定：

（一）非居民企业向其100%直接控股的另一非居民企业转让其拥有的居民企业股权，没有因此造成以后该项股权转让所得预提税负担变化，且转让方非居民企业向主管税务机关书面承诺在3年（含3年）内不转让其拥有受让方非居民企业的股权；

（二）非居民企业向与其具有100%直接控股关系的居民企业转让其拥有的另一居民企业股权；

（三）居民企业以其拥有的资产或股权向其100%直接控股的非居民企业进行投资；

（四）财政部、国家税务总局核准的其他情形。

八、本通知第七条第（三）项所指的居民企业以其拥有的资产或股权向其100%直接控股关系的非居民企业进行投资，其资产或股权转让收益如选择特殊性税务处理，可以在10个纳税年度内均匀计入各年度应纳税所得额。

九、在企业吸收合并中，合并后的存续企业性质及适用税收优惠的条件未发生改变的，可以继续享受合并前该企业剩余期限的税收优惠，其优惠金额按存续企业合并前一年的应纳税所得额（亏损计为零）计算。

在企业存续分立中，分立后的存续企业性质及适用税收优惠的条件未发生改变的，可以继续享受分立前该企业剩余期限的税收优惠，其优惠金额按该企业分立前一年的应纳税所得额（亏损计为零）乘以分立后存续企业资产占分立前该企业全部资产的比例计算。

十、企业在重组发生前后连续12个月内分步对其资产、股权进行交易，应根据实质重于形式原则将上述交易作为一项企业重组交易进行处理。

十一、企业发生符合本通知规定的特殊性重组条件并选择特殊性税务处理的，当事各方应在该重组业务完成当年企业所得税年度申报时，向主管税务机关提交书面备案资料，证明其符合各类特殊性重组规定的条件。企业未按规定书面备案的，一律不得按特殊重组业务进行税务处理。

十二、对企业在重组过程中涉及的需要特别处理的企业所得税事项，由国务院财政、税务主管部门另行规定。

十三、本通知自2008年1月1日起执行。

财政部　国家税务总局

二〇〇九年四月三十日

## ▶ 一般性税务处理和特殊性税务处理

什么是一般性税务处理和特殊性税务处理？财税〔2009〕59号文件并没有给予明确的定义，只是规定了什么样情形下适用特殊性税务处理，一般性税务处理和特殊性税务处理到底是怎样处理的。结合财税〔2009〕59号文件及后续有关文件，我们以股权收购为例，先大致了解一下二者的不同。

如图4所示，A上市公司拟收购B公司持有的b公司100%股权，双方作价1000万元；B公司持有b公司的原计税基础600万元。双方协定由A公司发行股份支付作为支付对价。

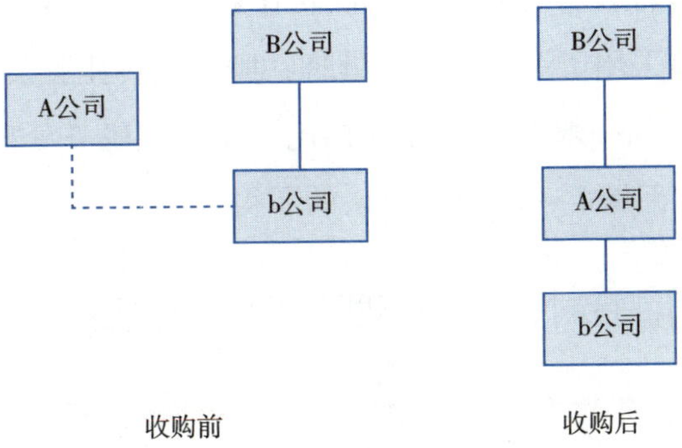


图4　重组前后股权架构示意图

一般性税务处理的起源是企业所得税的一般确认规则，即《企业所得税法实施条例》第七十五条的规定："除国务院财政、税务主管部门另有规定外，企业在重组过程中，应当在交易发生时确认有关资产的转让所得或者损失，相关资产应当按照交易价格重新确定计税基础”。

图4所示案例中，B公司作为转让方，对转让出去的股权，应该当期确认应税所得400万元（1000–600）。如A公司支付采取定向增发股票的方式，则B公司拿到股票的计税基础为公允价值1000万元。

特殊性税务处理的起源是《企业所得税法实施条例》第七十五条中的“另有规定”，财税〔2009〕59号则为“另有规定”中的最重要规定。如双方选择对本次交易的企业所得税采取特殊性税务处理，B公司作为转让方，对转让出去的股权，暂不确认转让所得400万元。如A公司采取定向增发股票的支付方式，则B公司取得股票的计税基础为600万元，即以原持有b公司的计税基础600万元替代。

特殊性税务处理不是一种免税的优惠，只是所得税上的递延纳税政策而已。所以在现行企业所得税的管理上，它不是作为优惠事项而是作为特殊事项进行管理的。理论上来说，同一项重组行为，无论采用一般性税务处理还是特殊性税务处理，最终的所得税负是一致的。

接上例，一年后，B公司转让A公司的股票，收入为1200万元。如前一环节采用了特殊性税务处理，则本次转让股票的所得额为600万元（1200–600）。如前一环节采用了一般性税务处理，则本次转让股票的所得额为200万元（1200–1000）。和一般性税务处理相比，特殊性税务处理在本环节要多确认所得400万元，正是上一环节少确认的所得。

## ▶ 为什么叫特殊性税务处理而不叫免税重组？

“免税不免税，要看全链条”。特殊性税务处理，只是在某个环节暂时不纳税，一个环节暂时没有缴税，不等于就是免税。在很多文章中，把特殊性税务处理称为免税重组，这其实不太恰当。当然了，也有人认为，用一般重组和特殊重组，不能表达真正的含义，因此提出用应税重组和递延重组更契合这种税务处理方式的本质。对此，我倒持反对意见。财税〔2009〕59号文件规定的特殊性税务处理，是通过计税基础替代达到鼓励重组的目的。但财税〔2009〕59号文件所指的特殊，除了计税基础的替代而产生的递延纳税以外，还有其他一些特殊之处。包括企业未弥补亏损的结转、注销企业是否需要进行清算、资产内含的所得税事项的结转等。这些事项是不能简单地用递延二字所能涵括的。用特殊二字，既涵盖了计税基础替代的递延纳税，又涵盖了其他所得税属性的事项，是一个较为恰当的称谓。

特殊性税务处理中的“特殊处理”方式，包含的内容非常广泛，如债务重组、企业分立中都有“特殊”处理之处。这里仅对转让方计税基础的替代这种“特殊处理”作了简单介绍。其他的“特殊”之处，将在每种重组方式中进行介绍。

## 第28讲 特殊性税务处理的条件

前面讲了一般性税务处理和特殊性税务处理的区别。在理解特殊性税务处理的具体规则前，很有必要了解下为什么要制定特殊性税务处理。

企业的并购重组活动，涉及的金额一般都比较大。在这些巨额的交易中，企业往往不会像传统的交易那样用现金支付对价，而是采用非现金交易的方式，如用股权或者持有的其他资产进行支付。由于转让方没有取得现金的流入，如果对此即刻征税，转让方可能掏不出这么多钱，会影响企业进行正常的重组。为此，税法很有必要对这种没有“现金流入”的大额资产或股权交易，给予一种特殊的政策，既不妨碍重组活动的进行，也要保持税收的中性原则：用现金交易和股权交易的最后结果应该一致。通俗地说，没有纳税能力的时候暂不缴税，等有了纳税能力再缴税。怎么才能做到这一点呢？对于用股权方式支付的交易，给予一定的特殊政策。

财税〔2009〕59号文件对特殊性税务处理给出了五个条件，这五个条件概括为三大原则：合理的商业目的、利益的连续性和营业的连续性。三大原则中，合理的商业目的这一原则，已在五个条件中明显地体现出来。利益的连续性和营业的连续性，在我国现有的并购重组文件中，都没有明确地提及。专家们只是为了帮助大家更好理解特殊性税务处理的真正含义，在借鉴国外重组规则的基础上，赋予的一种提法。当然这种提法，很直观也很符合税收原理。在平时的讲座中，笔者试图用其他方式进行介绍，但都不能表达其效果。本书中也用这种模式进行介绍。

三大原则、五大条件是判断重组行为是否符合特殊性税务处理的基本条件，既重要，又有点抽象，下面逐一分析。

### ▶ 利益的连续性

利益的连续性，也称权益的连续性，是制定特殊性税务处理规则的出发点，也是判断一项重组是否符合特殊性税务处理的重要标准。通俗地说，在重组前，转让方对资产或股权的利益，在重组活动结束后，仍继续保留着。

继续沿用上一讲图4所示的案例。如A公司在收购过程中，以自身股权为支付对价，则重组前后的架构如图5所示：

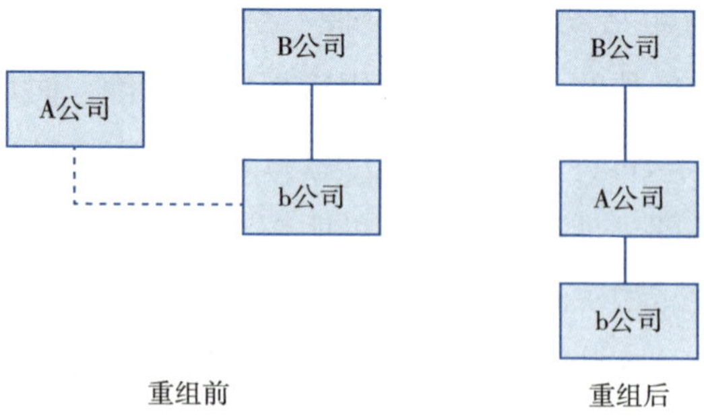


图5　重组前后股权架构示意图

重组前，转让方B公司持有b公司的股权，也就是B公司拥有对b公司的利益，这种利益以持有股权为纽带。重组时，由于A公司支付的对价是本公司的股权，重组结束后，B公司成为A公司的股东，由于成为A公司股东，从而间接保留了B公司对b公司的利益。也就是说，由于支付的对价是股权这种特殊的商品，保证了转让方对转让出去的子公司，在重组后，还保持着利益的连续。尽管重组前后，B公司对b公司，从直接的利益变为间接的利益，但这种利益在重组后是得以维持的。

换一种支付的方式。如果重组时，A公司支付的对价是现金类支付模式，交易结束后，如图6所示：

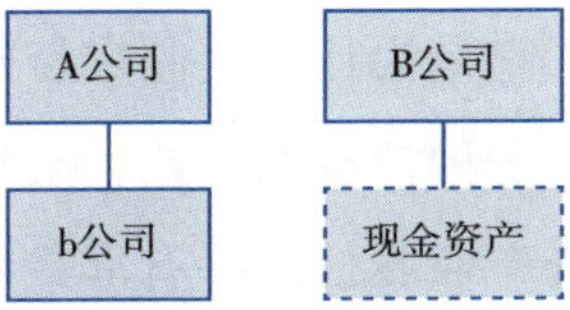


图6　现金支付模式后的股权架构

B公司和b公司之间，以前是一种持股关系，由于重组时B公司取得的是现金对价，B公司和b公司之间犹如风筝断了线，没有一点儿的联系。这就没有利益的连续，也不能享受特殊性税务处理了。

如何才能保证利益的连续性？财税〔2009〕59号文件的五个特殊性税务处理条件中，其中第4点强调了重组交易对价中涉及股权支付有规定的门槛，即不能低于85%。这是利益连续性在数量上的要求。即：支付的对价中，85%以上必须用的是股权支付，这样才能保证转让方的原有权益，在重组后得以继续维持。试想下，如果交易中，转让方拿到的大部分是现金支付，股权支付比例很低，利益的连续性将很难得到保证。

财税〔2009〕59号文中的五个特殊性税务处理条件，其中第5点强调了取得股权支付的原主要股东12月内不能转让取得的股权。这是利益连续性在时间上的要求。即：在重组后，原股东必须当一段时间的股东，不能今天当了股东明天就跑了，至少必须当12个月的股东。

图5中，由于规定了重组中股权支付的比例和取得股权支付的主要股东12个月内不能转让股权，这两项条件保证了原股东对转让公司的利益连续。但这还不够，如果A公司拿到股权后，时间不长就把买来的股权转让了，那同样原股东对原持有的股权，谈不上利益的连续。所以，财税〔2009〕59号文件还规定，企业重组后的连续12个月内不改变重组资产原来的实质性经营活动。对股权收购来说，收购方必须持有股权12个月以上时间。这是利益连续性远端的要求，以保证转让方对转让的股权在一定时间内还保持利益的连续。

利益连续性可用两句话来概括：股东还得当股东，股东得继续当一段时间的股东。

利益的连续性很重要，它是为什么要制定特殊性税务处理的出发点。因为股东还是股东，只是换了一种持有的方式，某种意义上这不是一种彻底的转让，只是改变了对原有资产或股权的持有形式而已。税法这才给予这种特殊的交易方式以特殊的税务处理规则。

利益的连续性很重要，它是考量一项重组行为，是否符合特殊性税务处理的先决要素。如果一项重组交易，不能保证原有股东的利益连续，这项交易肯定不符合特殊性税务处理的条件。

利益的连续性很重要，它是营业连续性的基础，只有利益连续性，才会有营业连续性。

### ▶ 营业的连续性

营业的连续性是特殊性税务处理又一非常重要的原则。它强调的是重组过程中被转移的资产，不能因重组而改变资产原来的实质经营业务。通俗地说，重组前资产是用来干嘛的，重组后还得继续干嘛。

营业的连续性也主要体现在财税〔2009〕59号文特殊性税务处理的五个条件中。其中第2个条件要求收购的资产或股权不得低于规定的比例，原来规定为75%，从2014年起比例调整为50%。这是营业连续性在数量上的要求，也就是要求收购的是转让方的大部分资产，这样才能保证转让方的原有业务，在收购方得以继续维持。

财税〔2009〕59号文中的五个特殊性税务处理条件，其中第3个条件是，重组后连续12个月内不改变重组资产原来的实质性经营活动。这是营业连续性在时间上的要求。特殊性税务处理，鼓励的是企业正常的并购重组，以转售为目的的收购、或者不以取得原有业务为目的的收购，都不属于税法鼓励的范围。

什么是改变实质性经营活动，现行税法没有作出具体的规定。如A公司收购了B公司的大部分资产，B公司原来从事水果罐头的生产。收购后，转移的资产继续用来从事生产水果罐头的生产，这当然符合不改变实质性经营活动条件。但如果用来生产蔬菜罐头，或者用来贮存鲜新水果，这算不算改变实质性经营活动呢？又如企业分立中，某大型商业零售企业，把商品的仓储业务单独分立出来，分立出来的企业，不再从事零售业务，只从事仓储，这是否符合营业的连续性呢？这其实也是一个比较模糊的概念。

在实务操作中，什么是改变实质性经营活动？这引起了很多的争议。为防止税企争议，有些地方有一些内部口径，如重组前从事工业生产的，重组后只要继续从事工业生产，就不属于改变实质性经营活动。如重组后转变成从事商业运营活动或者从事房地产开发，这属于明显的改变实质性经营活动。这也是一种务实的操作思路，只要重组前后不改变大的经营范围和活动，税务机关没有必要管得过死。

营业连续性原则中，还有一个非常重要的问题。在资产收购、企业合并和企业分立中，实物资产在不同法人主体之间进行了转移，在这些交易方式中强调营业的连续，有积极意义。但在股权转让中，只是股权在新老股东之间的转让，实物资产没有在不同法人之间进行转移，是否需要有营业连续性的考量？

来看下《国家税务总局关于企业重组业务企业所得税征收管理若干问题的公告》（国家税务总局公告2015年第48号）的附件2“企业重组所得税特殊性税务处理申报资料一览表”中，对股权收购的当事方在进行特殊性税务处理申报时需提供的资料中，有一项是12个月内不改变重组资产原来的实质性经营活动和原主要股东不转让所取得股权的承诺书等。

企业的资产或股权的划转，也采用特殊性税务处理。我们来看下划转的政策中有无规定。在《国家税务总局关于资产（股权）划转企业所得税征管问题的公告》（国家税务总局公告2015年第40号）中写道，交易双方在事后提供相关资料时，须提供12个月内不改变被划转股权或者资产原来实质性经营性活动的承诺书。

可见，国家税务总局的观点，对股权的转让和股权的划转中，要享受特殊性税务处理，也必须符合不改变实质性经营活动的要求。但股权转移中的实质性经营活动，可能有两个方面含义，一是股权对应的企业，不能改变原来的经营活动，即你收购了A公司的股权，A公司股权转让到你名下后，不能改变A公司原来从事的主要经营活动。二是股权作为企业持有的一种资产，收购过来的股权，不能在12个月内出售。

个人更倾向于第二种理解，尽管这和利益的连续性要求有所重叠。

## ▶ 合理的商业目的

合理的商业目的，是特殊性税务处理的又一大原则。财税〔2009〕59号文对合理商业目的表述为：具有合理的商业目的，且不以减少、免除或者推迟缴纳税款为主要目的。财税〔2009〕59号文件实际给出了两个标准：一要有合理的商业目的，二要不以税收为主要目的，两者必须同时具备。

在大多数人的理解中，合理的商业目的，属于反避税范畴，没有合理的商业目的等同于避税。《企业所得税法》第47条（本条属于特别纳税调整章节）中讲到，企业实施其他不具有合理商业目的的安排而减少其应纳税收入或者所得额的，税务机关有权按照合理的方法进行调整。《企业所得税法实施条例》第120条对不具有合理商业目的进行了定义：不具有合理商业目的，是指以减少、免除税款或者推迟缴纳税款为主要目的。从中可以看出，财税〔2009〕59号文件的合理商业目的，其概念基本等同于企业所得税法及其实施条例中的规定。

什么样的商业活动，属于不具有合理商业目的？这是既不能定量又很难定性的问题。《国家税务总局关于印发〈新企业所得税法精神宣传提纲〉的通知》(国税函〔2008〕159号)中虽然对不具有合理商业目的进行了描述：不具有合理商业目的的安排通常具有以下特征：一是必须存在一个安排，即人为规划的一个或一系列行动或交易；二是企业必须从该安排中获取“税收利益”，即减少企业的应纳税收入或者所得额；三是企业获取税收利益是其安排的主要目的。但是合理商业目的这一原则，太过于抽象，实务中主要依靠个人的职业判断，往往难以把握。

《国家税务总局关于发布〈企业重组业务企业所得税管理办法〉的公告》(国家税务总局公告2010年第4号)中提及，企业发生重组业务，应从以下方面说明企业重组具有合理的商业目的：

> (1)重组活动的交易方式。即重组活动采取的具体形式、交易背景、交易时间、在交易之前和之后的运作方式和有关的商业常规。
>
> (2)该项交易的形式及实质。即形式上交易所产生的法律权利和责任，也是该项交易的法律后果。另外，交易实际上或商业上产生的最终结果。
>
> (3)重组活动给交易各方税务状况带来的可能变化。
>
> (4)重组各方从交易中获得的财务状况变化。
>
> (5)重组活动是否给交易各方带来了在市场原则下不会产生的异常经济利益或潜在义务。
>
> (6)非居民企业参与重组活动的情况。

而后，国家税务总局公告2015年第48号中，对企业所得税重组业务的管理办法进行了修改，48号公告要求企业从以下几方面阐述具有合理的商业目的：

（1）重组交易的方式；

（2）重组交易的实质结果；

（3）重组各方涉及的税务状况变化；

（4）重组各方涉及的财务状况变化；

（5）非居民企业参与重组活动的情况。

比较两个文件的的相同和不同点。两个文件的相同点之一，如果重组涉及非居民企业参与的，必须要说明非居民企业参与重组活动的情况。财税〔2009〕59号文件对跨境重组的处理规则和境内重组规则是有差异的，跨境重组还会涉及国际反避税的问题，因此要求对跨境重组业务单独进行说明。两个文件的相同点之二，都要求企业从交易的形式、实质结果、税务状况的变化、财务状况的变化等几个方面进行说明。

两个文件最大不同之处，48号公告不再要求企业说明重组活动是否给交易各方带来了在市场原则下不会产生的异常经济利益或潜在义务。此处修改之意，也说明了合理商业目的的标准和尺度很难掌握。企业进行重组活动，其出发点及隐含的动机千差万别。听说过这么一个故事，甲企业想收购濒临倒闭的乙企业。濒临倒闭的乙企业穷得只剩下一堆生锈的破机器设备。但有一个专利技术，对一般的企业没有大用处，但对甲企业非常有用。为了不引起乙企业注意，甲企业采用了资产整体收购的方式。试想一下，这种整体资产收购中，怎么说明具有合理的商业目的呢？

合理商业目的，的确容易引起税企双方的争议，实务中这种争议的案例举不胜举。有些税务机关在对重组业务进行审查时，对一些政策上比较把握不准的业务，均高高举起不具有合理商业目的这一条款，否定了企业的特殊性税务处理。纳税人应该怎样最大限度地保护自己的权益呢？有兴趣的读者，可以参考一下上市公司发布的重组公告，许多重组公告中，都会提及重组的起因和目的，其中既有真实的商业意图，也有很多是一种会讲故事的能力。“他山之石，可以攻玉”。

# 第29讲 特殊性税务处理的陷阱

经常有专家会说，企业所得税的特殊性税务处理有陷阱，在做并购重组的税务处理时，千万不要跳进陷阱里去。特殊性税务处理的陷阱在哪儿呢？

前面几讲已经介绍了在特殊性税务处理中，转让资产或股权的这一方，拿到收购方支付的股权，其计税基础按照转让出去资产原有的计税基础替代。现在来讨论一下，收购方拿到转让资产的计税基础，是如何来确认的。财税〔2009〕59号文件中讲到，在股权或资产收购中，收购企业取得被收购企业的股权或资产计税基础，以被收购股权或资产的原有计税基础确定。也就是说，因为“上一家”转让方没有确认转让资产的所得，因此“下一家”拿到资产或股权，只能用原来的计税基础来确认，而不能按双方交易的公允价格来确认资产的计税基础。

仍沿用图4所示案例：A上市公司以定向增发形式，收购B公司持有的b公司100%股权，双方作价1000万元；B公司持有b公司的原计税基础为600万元。

前面几讲讲到，交易各方如果选择特殊性税务处理，对转让方来说，当期不确认所得，但其要为此付出代价，取得新股权的计税基础用原计税基础600万元来代替，通过这种计税基础替代的技术处理，等以后转让股权时，把以前未确认的400万元所得再确认回来。对收购方A公司而言，按照财税〔2009〕59号文件规定，它拿到b公司股权的计税基础也是按600万元来确认的。也就是说，A公司购买的股权，下次再转让时只能扣600万元，如果购买的是资产，在企业所得税前能摊销或扣除的只能是600万元。

上述案例中，A公司真真实实地付出了1000万元，尽管不是现金，却因为选择特殊性税务处理，在企业所得税前少扣除或摊销了400万元，这400万元下次找得回来吗？有一点可以明确，我们国家实行的是法人税制，以单个法人为单位计算缴纳企业所得税。这400万元，在A公司层面，是找不回来的。对A公司而言，某种意义上是吃亏了，因为选择特殊性税务处理，产生比一般性税务处理更高的税负，这就是所谓的特殊性税务处理陷阱。陷阱的根源，在于财税〔2009〕59号文件规定了收购方对取得被收购企业的股权或资产计税基础，采取了以被收购股权或资产的原有计税基础确定的结转规则，或者叫平移规则。

## ▶ 收购方计税基础的结转规则，是对是错？

这种计税基础的确认规则，本身是对是错，现实中争论很大。持肯定态度的一派，认为必须站在收购方及收购方股东两者作为一个整体的角度来看待这个问题。从资产的内部计税基础和外部计税基础，必须保持一致的理论来研究，认为这符合所得税的原理和规则，且我国对这个计税基础规则的认识，已经经历了“肯定——否定——再肯定”的曲折道路。《国家税务总局关于企业股权投资业务若干所得税问题的通知》（国税发〔2000〕118号）中曾强调，接受企业接受转让企业的资产的成本，须以其在转让企业原账面净值为基础结转确定，不得按经评估确认的价值调整。《国家税务总局关于执行企业会计制度需要明确的有关所得税问题的通知》（国税发〔2003〕45号）中讲到，接受企业取得的转让企业的资产的成本，可以按评估确认价值确定，不需要进行纳税调整。因此，财税〔2009〕59号文件，实际上是对45号文件的“拨乱反正”，重新回到了以资产的原计税基础来确认的轨道上来。

认为值得商榷的一派认为，收购方取得收购资产或股权的计税基础，应该以公允价值来确认。某知名学者在其专著中讲到，在采取特殊性税务处理时，以增资方式转让股权或资产，收购方取得股权或资产的计税基础按照公允价值确定。也有学者认为，现行我国收购方在特殊性税务处理时的计税基础确认规则，完全照抄了国外的一些做法，但国外在采用这种做法时是基于会计和税法分离的实际事实。作者在此不想对这个规定是否合理和正确来作出评判。实务中关键要清楚两点：

第一点，如果继续按国税发〔2003〕45号文件中的规则，即在转让方没有确认转让资产或股权所得的前提下，收购方按照公允价格来确认收购资产或股权的计税基础，会不会有税收漏洞。

再以上面案例进行讨论。由于双方采取特殊性税务处理，B公司转让b公司暂不确认400万元的所得。B公司持有A公司股权的计税基础为600万元。A公司作为收购方，取得b公司股权的计税基础按公允价格1000万元确认。按照财税〔2009〕59号文件相关规则，12个月后，A公司把b公司股权转让了，假设转让收入1000万元，可以扣除的计税成本为1000万元，不用缴纳企业所得税，而B公司只要不转让A公司的股权，永远不会产生企业所得税。

这里会产生很大的税收漏洞！上游没有确认所得，下游按公允价值确认计税基础，带来的直接后果是，所有的股权转让或资产转让都不用缴企业所得税。只要把转让的资产先投资到关联公司，12个月后关联公司再把资产或股权转让给早已谈好的企业。这样一操作，既达到了把资产转让出去的目的，又可以做到不缴税。因此，本书中，作者还是坚持这个观点：上游没有确认转让资产的所得，下游拿到资产或股权，只能用原来的计税基础来确认，而不能按双方交易的公允价格来确认资产的计税基础。

第二点，收购方在这种规则下，如何趋利避害？清楚了特殊性税务处理陷阱的原因和真相，至少有一点你会明白，对交易各方而言，不是所有的特殊性税务处理都比一般性税务处理占优势。由于最终选择一般性税务处理还是特殊性税务处理，是交易各方协商一致才能达成的。在下列事项中，特别要注意是否一定要选择特殊性税务处理：

（1）资产收购中，资产增值较大的情况下，特殊性税务处理往往对收购方不利。资产收购和股权收购不同，收购方取得收购的资产，具有当期或以后几个年度可以抵税的效果。如选择特殊性税务处理，收购公司层面会出现少抵成本的情况。

（2）转让企业有巨额待弥补亏损时，选择特殊性税务处理，也不一定是最有利的选择。

（3）在企业合并或企业分立中，特殊性税务处理存在着税负转嫁情况，要引起特别注意。这会在专门的章节中进行讲解。

# 第30讲
# 什么样的股权支付才符合特殊性税务处理

企业并购重组中，对股权支付的方式和数量有规定的要求。一是股权支付部分才能享受特殊性税务处理的递延纳税，二是交易中股权支付比例需达到85%以上，才符合特殊性税务处理。这里所说的支付的股权，是谁的股权？是收购方自身的股权？收购方母公司的股权？还是收购方持有的子公司股权？

## ▶ 文件规定

先来看一下相关文件是怎么规定的。财税〔2009〕59号文件第二条讲到，本通知所称股权支付，是指企业重组中购买、换取资产的一方支付的对价中，以本企业或其控股企业的股权、股份作为支付的形式。无疑，财税〔2009〕59号文件讲到的适格的股权支付，是指本企业的股权以及控股企业的股权。本企业的股权很好理解和定性，即收购方采取增资扩股或定向增发的方式，用自身的股权或股份，来作为收购的对价。控股企业的股权又是指什么？财税〔2009〕59号文件没有给出答案，随后《国家税务总局关于发布〈企业重组业务企业所得税管理办法〉的公告（国家税务总局公告2010年第4号）中给出了解释：财税〔2009〕59号文件中所称控股企业，是指由本企业直接持有股份的企业。

## ▶ 带来的后果

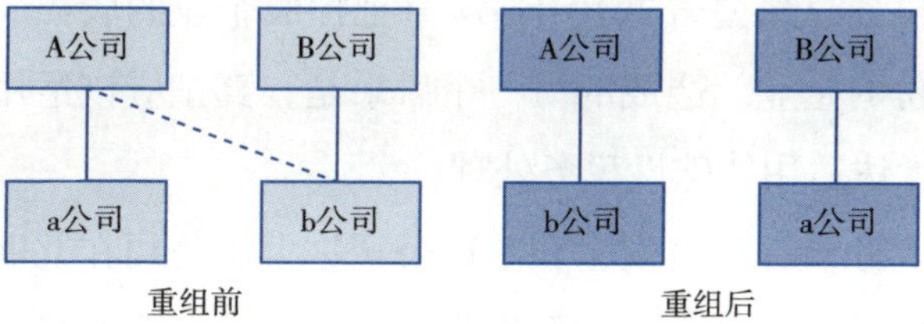


图7 重组前后股权架构示意图

如图7所示，A公司持有a公司60%股权，计税基础为200万元，公允价格为500万元；B公司持有b公司70%股权，计税基础为300万元，公允价格为500万元。现A公司要收购B公司持有的b公司股权。如果按照国家税务总局公告2010年第4号文件解释，A公司用自己持有a公司的股权，作为支付对价，也符合特殊性税务处理条件。我们来分析下，用子公司股权支付会带来什么样的税收问题。

一是不符合利益连续性规则。利益连续性是判断一项重组交易是否符合特殊性税务处理的基石和重要条件。之所以制定特殊性税务处理规则，也正是因为转让方在重组前后，对原有资产或股权的利益没有中断。从图7可以看出，转让方B公司由于取得的对价是收购方A公司的子公司股权，B公司对b公司的权益，渐行渐远。

二是用子公司股权作为支付对价，如果可以享受特殊性税务处理，那么还会产生以下情况：所有现金支付都可以包装成股权支付、从而规避了用股权支付的限制条件。如图7所示，A公司想收购B公司持有的b公司的股权，但B公司不想要A公司的股权，于是有高人出了一招，让A公司先拿出500万元现金成立一家全资子公司a，再用a公司的股权来交换b公司的股权。如果觉得这样做太“赤裸裸”了点，B公司拿现金的目的是为了去收购另外一家公司，A公司拿500万元现金把B公司想要买的股权先买过来，再用该股权作为支付收购b公司的对价。通过一些操作手法，都可以满足特殊性税务处理的条件，从而让财税〔2009〕59号文件中“股权支付比例须达到85%以上”的硬约束成为摆设。

三是国家税务总局公告2010年第4号把控股企业的股权，解释为收购企业直接持有股份的企业，造成的另一个后果是，真正应该适用特殊性税务处理的交易，却无法适用特殊性税务处理。

并购重组业务，有很多发生在上市公司，上市公司在并购重组中有天然的优势：可以通过增发自己的股票来作为支付对价，且容易让对方接受。许多上市公司发起的并购重组业务中，考虑到风险隔离的需要，或者上市公司不想把收购的资产或股权装在自身体内，往往通过现存的子公司作为发起收购主体，或者在标的所在地专门成立一个子公司，作为收购主体及以后运营的主体。这种情形下，收购主体是子公司，但真正支付对价的却是母公司。我们来看下面这种收购方式：

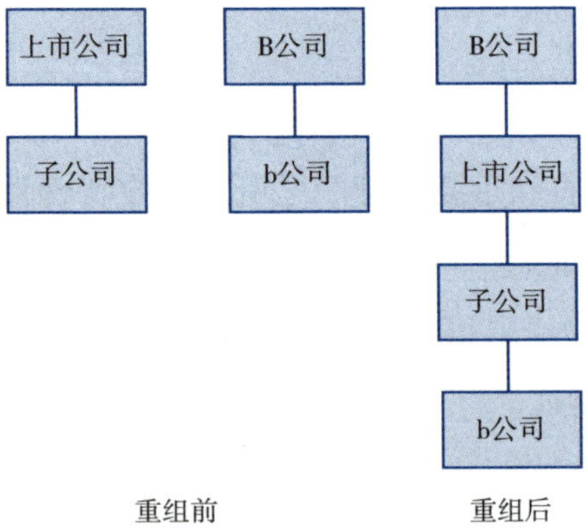


图8 重组前后股权架构示意图

从图8可以看出，重组后，B公司通过间接持股，仍然保留对b公司的利益连续。用母公司的股权或股票作为支付对价，完全能够达到利益连续性的要求。但遗憾的是，由于国家税务总局公告2010年第4号把母公司股权排除在适格的股权支付之外，从而这种交易不能按特殊性税务处理。我们可以看到，有很多上市公司的资产收购或企业合并中，承接资产的主体往往是上市公司的子公司。由于财税〔2009〕59号文件没有把母公司的股权可作为适格的股权支付，因此这一类交易中，在税务上企业只能通过分步走的处理方法。不过，好在2014年财政部和国家税务总局出台了资产和划转的特殊性税务政策，在一定程度上弥补了不能用母公司股权支付的遗憾，当然，企业要付出12个月等待期的代价。

四是容易引起股权计税基础的混乱。本讲开头的案例中，A公司作为收购方，收购股权比例为70%，股权支付比例为100%，符合特殊性税务处理的条件；如果B公司作为收购方，收购股权比例为60%，股权支付比例为100%，也符合特殊性税务处理的条件。这时谁作为收购方都是可以符合条件的。

按照财税〔2009〕59号文件的计税基础确认规则：被收购企业的股东取得收购企业股权的计税基础，以被收购股权的原有计税基础确定；收购企业取得被收购企业股权的计税基础，以被收购股权的原有计税基础确定。如果按照财税〔2009〕59号文件规定的计税基础的确认方法，我们来分析下，由于收购方的不同，会产生什么不同的后果：

如果A公司为收购方、B公司作为转让方：

B公司对a公司的计税基础：300万元

A公司对b公司的计税基础：300万元

如果B公司为收购方、A公司作为转让方：

B公司对a公司的计税基础：200万元

A公司对b公司的计税基础：200万元

同一项重组交易，只是因为收购方和转让方互换角色，就会产生计税基础的不同。这种计税基础的混乱，其实根子就在于把两项不同实质的交易，用同一个规则去处理，这样势必会引起计税基础的混乱。

这种混乱，还会暗藏一定的税收漏洞。除了上文讲到的现金交易可以包装成股权支付适用特殊性税务处理外，如上面计税基础的分析来看，无论是哪一方想转让股权，如果选择计税基础最高的模式，对双方都有利。

五是对收购方而言，是否要确认换出股权的所得，又是一个争论的问题。很多专业人士，包括税务干部，也已经认识到国家税务总局公告2010年第4号公告所存在的缺陷。部分税务机关在实际操作中认为，在这种股权置换交易中，对于收购方换出的股权，必须先确认所得。

考虑到并购重组中，的确有部分收购企业用子公司的股权来作为支付对价，且有合理的商业目的，对这种交易方式，完全可以制定单独的计税基础处理规则。这个计税基础的规则，是建立在双方取得的不是真正股权支付基础上的，同时又为了考虑到股权换股权中，没有现金流入从而没有纳税必要资金的目的。

当然，如果真的要制定这种股权置换下的税务处理规则，必须要和财税〔2009〕59号文件的特殊性税务处理区别开来，毕竟股权置换下的交易，没有利益的连续性可言，也没有营业的连续性可言，唯一可言的只是缺乏纳税所需的必要资金。

## 第31讲 部分股权支付下的所得及计税基础确认

并购重组业务的税务处理中，转让方所得的确认，直接关系到转让当期要不要缴税、缴多少税；转让方拿到新股权的计税基础是多少，直接关系到转让方以后卖股权缴多少税；收购方取得收购股权或资产的计税基础是多少，直接关系到收购方可以在税前摊销多少或者以后再转让股权时，能扣除多少。这三者之间，是相互联动的，在前面讲解中，作者一直在强调三者之间的联动关系。

三者的联动，背后到底隐含着什么样的税收法理？直接地用“我和你”

来进行讲述，当然“我和你”都是指法人。我有一项资产，计税基础2，公允价格3，想把资产卖给你。资产转移出法人，要确认所得，我确认1的所得并缴税。你拿到资产的计税基础是3。用税法的语境表述为：转让方确认了资产转让的所得，相当于资产隐含的增值已经体现，收购方按照公允价格确认取得资产的计税基础。

我把资产卖给你，你支付我的是股权，我俩协商按特殊性税务处理。我不确认资产隐含的所得1，为了保证这次的所得1不脱离征税的这张网，我拿到你给我股权的计税基础，也只能用原来计税基础2来替代。由于资产隐含的增值没有确认，你拿到资产了，虽然你付出了3，也只能按2来确认。

用税法的语境表述为：转让方没有确认资产转让的所得，转让方通过计税基础替代规则，用原计税基础替代新股权计税基础，从而保证下次转让时把税征回来。转让方没有确认资产转让的所得，资产隐含的增值没有确认，收购方也只能按资产的原计税基础确认。

财税〔2009〕59号文件虽然没有直接点明计税基础的替代规则和计税基础的结转规则，但在该文件及以后的系列文件中，字里行间无不体现了这两个重要的计税基础确认规则。对于“我”和“我”内部的替代，大家都容易理解和接受，这种规则只是为了实现递延纳税的需要。

相对来说，计税基础的结转规则，比较难理解。在很多人的理解中，上游确不确认所得，和下游有什么关系。其实企业所得税是一个扎扎实实链条税，上游的收入则是下游的成本，“掉链子”对企业所得税来说很危险。资产的计税基础结转，蕴含着一个重要所得税原理：法人之间资产的转移，在转让方没有释放出所得前，收购方只能维持资产的原有计税基础。

分析了这么多，只是为部分股权支付下所得确认和计税基础确认打点基础。特殊性税务处理中，转让方暂不确认所得的，仅针对取得股权支付部分的对价。对非股权支付部分，仍须在转让时确认相应的转让所得。

因为股权支付的比例要达到85%以上，才能按照财税〔2009〕59号文件规定，适用特殊性税务处理。我们把股权支付的比例按85%分界线进行划分，可分为三种情形：100%的股权支付比例；股权支付比例在85%—100%之间；股权支付比例在85%以下。

第三种情形，股权支付比例在85%以下，不适用特殊性税务处理，只能按一般性税务规则来处理。转让方确认所得，转让方拿到新股权的计税基础按公允价格确定；收购方拿到转让股权或资产的计税基础，按公允价格确认。

第一种情形，股权支付比例100%，符合特殊性税务处理规则。转让方所得暂不确认；转让方拿到新股权的计税基础按转让股权的原计税基础替代；收购方拿到转让股权或资产的计税基础，以转让股权或资产的原计税基础替代。

第二种情形下，股权支付比例在85%—100%之间，符合特殊性税务处理条件。这种情形下，所得的确认和计税基础的确认，相对来说比较麻烦。特殊性税务处理，只是针对股权支付部分，才能享受递延纳税的政策，也就是说，转让方能暂不确认所得的，仅针对取得股权支付的部分对价。对非股权支付部分，仍须在转让时确认相应的转让所得。我们来看下财税〔2009〕59号文件对此是怎么规定的：

> 非股权支付对应的资产转让所得或损失=（被转让资产的公允价值-被转让资产的计税基础）×（非股权支付金额÷被转让资产的公允价值）

这个公式容易理解，整个交易中转让的所得，按比例划分为二块，股权支付部分不确认所得；非股权支付部分，按非股权支付所占总支付额的比例，计算出所得并当期确认。

A上市公司拟收购B公司持有的b公司100%股权，双方作价1000万元，A公司定向增发股票900万元，以现金支付100万元；B公司持有b公司的原计税基础600万元。

案例中，股权支付900万元，非股权支付100万元。股权支付比例为90%，非股权支付比例为10%，符合特殊性税务处理规定的比例。按照财税

〔2009〕59号文件提供的公式，非股权支付部分对应的所得应当期确认：

非股权支付部分对应的所得=（1000–600）×10%=40（万元）

财税〔2009〕59号文件同时规定，在确认非股权支付部分所得的同时，要调整相应资产的计税基础。至于调整谁的计税基础、怎么调整、调整多少，在财税〔2009〕59号文件及后续文件中都是没有明确。好在我们有一大批专家学者，在企业所得税原理的指引下，借鉴其他国家做法，研究推导出了计算公式：

转让方取得新股权计税基础=被收购资产（股权）原计税基础–非股权支付额+已确认所得

在上述公式的基础上，推导出更为简洁的公式：

转让方取得新股权的计税基础=被转让资产（股权）原计税基础×股权支付比例

这个公式的含义其实比较容易理解。100%股权支付情形下，转让方直接按原计税基础确认新股权的计税基础；在股权支付、非股权支付并存的情况下，按股权支付的比例确认新股权的计税基础。

我们用上面公式，来计算下案例中的转让方取得新股权计税基础：

转让方取得新股权计税基础=600×90%=540（万元）

解决了转让方的所得确认问题和转让方取得新股权的计税基础问题，接下来要解决收购方拿到收购股权或资产的计税基础问题：

收购方取得被收购资产（股权）计税基础=被转让资产（股权）原计税基础×股权支付比例+支付的非股权部分　　（公式1）

这个公式看上去似乎有点不好理解。我们可以用以下思路来理解该公式：

100%股权支付下，收购方把原收购股权的计税基础直接搬过来就是自己的计税基础。在股权支付、非股权支付并存的情况下，收购方付出了二部分对价，一部分是股权的支付。股权支付的部分，由于转让方没有当期确认所得，收购方就按照原计税基础乘以股权支付比例计算出来。还有一部分是非股权支付，当然也是收购方支付的对价，要并计到收购资产或股权的计税基础中去。

上面公式1也可推导为：

收购方取得被收购资产（股权）计税基础＝被收购股权原计税基础＋确认所得　　（公式2）

公式2表达的含义也非常清晰，上游没有确认所得，下游只能按照资产原有计税基础确认；上游确认了多少所得，下游可以相应地增加计税基础。

收购方取得转让资产（股权）的计税基础=600×90%+100=640　（公式1）

收购方取得转让资（股权）产的计税基础=600+40=640　（公式2）

至此，我们终于清楚了在部分股权支付下，转让所得和计税基础的调整确认规则：

转让方能享受递延纳税的，只能是股权支付部分；就非股权支付部分，要当期确认所得。

转让方确认了非股权部分对应的所得后，同时调整确认取得新股的计税基础；

转让方确认了非股权部分对应的所得后，收购方也应就收购的资产的计税基础进行相应的调整确认。

## 第32讲
## 如何理解当事各方一致性税务处理原则？

同一重组业务的当事各方，应该采取一致性税务处理原则，即统一按一般性或特殊性税务处理。怎么来理解重组中的一致性原则呢？

按照重组的不同类型，企业重组的当事各方是指：债务重组中当事各方，指债务人、债权人；股权收购中当事各方，指收购方、转让方及被收购企业；资产收购中当事各方，指收购方、转让方；合并中当事各方，指合并企业、被合并企业及被合并企业股东。分立中当事各方，指分立企业、被分立企业及被分立企业股东。

税务上的当事各方，是指在重组业务中，应该进行税务处理的各利益当事人。我们知道，企业并购重组中，不仅仅只涉及法人企业，还有大量的自然人、合伙企业等非法人企业的存在。在夹杂着法人和非法人的交易中，如何理解当事各方的税务处理一致性原则。

资产收购中，转让方和收购方都只能是法人企业，才能适用特殊性税务处理。

股权收购中，收购方是法人企业，被收购企业也应该是法人企业。转让方可能存在法人企业、自然人、合伙企业等。

企业合并中，合并企业因为需要支付股权对价，必须是法人企业。被合并企业应该是法人企业，被合并企业的股东可能是法人企业、自然人、合伙企业等。

企业分立中，被分立企业和分立企业必须是法人企业。被分立企业的股东可能是法人企业、自然人、合伙企业等。

下面我们以股权收购为例，来进行一致性税务处理的讨论。

股权收购是指一家企业收购另一家企业的股权。收购方只能是一家企业，由于“另一家”企业可能存在着多个股东，多个股东中可能有法人企业、自然人、合伙企业等多种组织形式。本文讨论股东是个人和法人企业的情形。

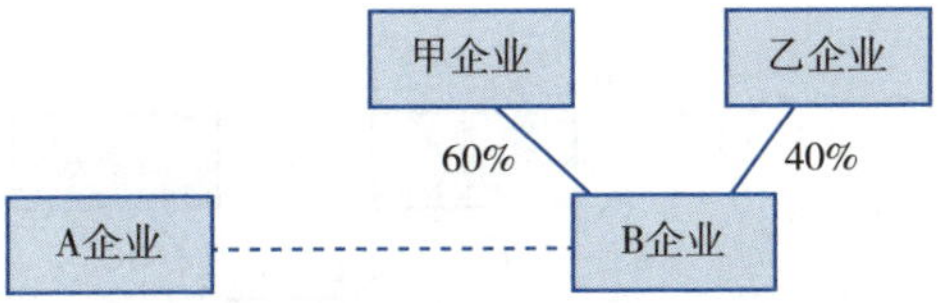


图9　股权收购示意图

如图9所示，A企业收购B企业股权，B企业有两个股东，其中甲企业占股60%，乙企业占股40%。

如果A企业想收购甲企业持有60%的B企业的股权，当事方为收购方A

企业和转让方甲企业。这时的当事方一致性原则，很好理解和掌握。抛开被收购企业不谈，总共只有两个当事方，怎么都得保持一致，要么大家都“一般”，要么大家都“特殊”。

换一种场景，如果A企业想收购B企业100%的股权，其中从甲企业这里收购60%，乙企业这里收购40%。这时，抛开被收购企业不谈，重组的当事方有三个：收购企业A；转让企业甲和乙。问题来了，这种“三角恋爱”中如何理解一致性的规则，这时可能会有两种理解：一种理解是收购方和两个转让方都必须保持一致性，即A企业、甲企业、乙企业三者之间必须保持一致，要么大家都搞“特殊”，要么大家都搞“一般”。还有一种理解，指一对一之间保持一致就可以，即：A企业和甲企业的处理上要一致，A企业和乙企业的处理上要保持一致。

这似乎又是一个找不到答案的问题，因为现行的文件中没有对一致性作出具体的解释。通过讨论另一种情形，我们或许能从其中找到答案。

A企业收购B企业100%股权，B企业有两个股东，其中甲企业占股60%，乙个人占股40%（如图10所示）。问题又来了，如果A企业支付的对价是自身的股权，这种交易下如何理解一致性。

我们知道，个人在企业重组中是没有特殊性税务处理规则的，都只能按一般性税务规则来处理。如果此案例中，乙个人按个人所得税规则缴纳了个人所得税，甲企业和A企业能选择作特殊性税务处理吗？

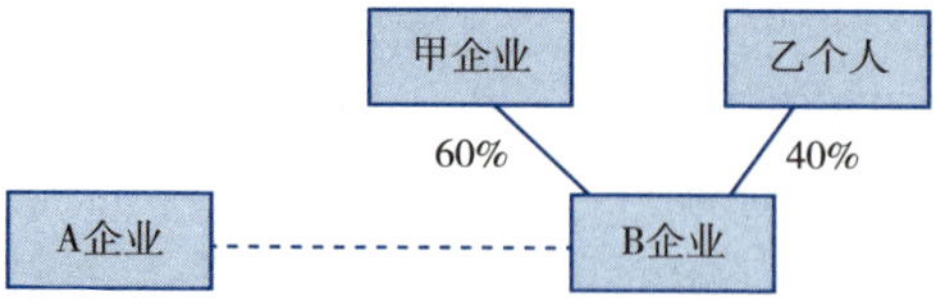


图10 股权收购示意图（涉及自然人股东）

国家税务总局公告2015年第48号（以下简称48号公告）中讲到，股权收购中转让方、合并中被合并企业股东和分立中被分立企业股东，可以是自然人。当事各方中的自然人应按个人所得税的相关规定进行税务处理。

48号公告虽然是对国家税务总局公告2010年第4号的修改和补充。但针对自然人股东的税务处理，是新增加的一个内容。表明国家税务总局意识到在股权收购、企业合并和分立中，当事方会有大量的个人股东，当同一项重组行为中，存在个人股东时，对特殊性税务处理如何进行判断，应该有一个统一的标准。

48号公告解决了上面案例中的税务一致性问题：A企业收购甲企业占股60%、乙个人占股40%的B企业股权，A企业和甲企业可以适用特殊性税务处理，A企业和乙个人可以适用一般性税务处理。也就是只要分别保持A企业和甲企业之间、A企业和乙企业之间的一致性就可以了。

48号公告解决了这么一个问题：在48号公告出台前，部分地方的口径，在股权转让中，转让方只能都是企业法人。哪怕企业法人占99%股权，个人占1%股权，都不允许企业法人适用特殊性处理。48号公告纠正了这种看法，表明个人股东的存在，不影响整个交易是否符合特殊性税务处理的判断。

但还有一个问题没有解决。如上面案例改为，A企业收购甲企业占股40%、乙个人占股60%的B企业股权，如果支付的都是股权，这种情形下，A企业和乙个人适用一般性税务处理，那A企业和甲企业能否适用特殊性税务处理呢?

文件没有明确的规定。我们只能从特殊性税务处理的原理来进行判断。本次收购中，虽然有两个转让方，但仍属于同一个重组行为。整个股权收购中，股权的收购比例达到50%以上，股权的支付比例达到85%以上。因此整个交易符合特殊性税务处理条件，应该允许A企业和甲企业适用特殊性税务处理。

言下之意，如果转让方既有法人企业又有非法人企业，在判断整个交易是否符合特殊性税务处理时，应该采用整体判断方式；如符合特殊性税务处理条件，收购企业和法人转让方采用特殊性税务处理；收购企业和个人转让方采用一般性税务处理。当然，这只是个人看法，实务中也存在着不同的意见。

我们以一个案例，对转让方既有法人股东又有自然人股东时如何进行税务处理作一介绍：

甲企业收购乙企业60%的股权，转让方为：A企业占40%，B个人占

20%。A企业持有乙企业股权的计税基础为100万元，双方作价400万元；B个人持有乙企业股权的原值为100万元，双方作价200万元。甲企业支付的对价均为自身股权。

第一步：判断整个交易是否符合特殊性税务处理：

股权收购比例为60%，股权支付比例为100%，符合特殊性税务处理。

第二步：甲企业和A企业的税务处理。双方选择特殊性税务处理情况下：

A企业对股权转让所得300万元当期不予确认，A企业拿到甲企业的股权计税基础为100万元，甲企业拿到乙企业40%的股权计税基础为100万元。

第三步：甲企业和B个人的税务处理。双方只能按一般性税务处理：

B个人对股权转让所得100万元当期确认，并可以选择一次性缴税或者分5年缴税。B个人拿到甲企业的股权原值为200万元，甲企业拿到B个人转让20%的股权计税基础为200万元。

这里只对股权转让中，转让方存在自然人股东情形下，如何适用一般性税务处理和特殊性税务处理进行了探讨。对股权转让中，如果转让方是合伙企业情况下，如何选择税务处理，情况会更加复杂，这里不作讨论。在企业合并中，被合并企业股东是自然人情况，或者企业分立中，被分立企业股东是自然人情况，将在合并或分立部分进行介绍。

# 第33讲 重组中的分步交易规则

分步交易规则，是企业重组中非常重要的一个规则。财税〔2009〕59号文件对分步交易规则描述如下：

> 企业在重组发生前后连续12个月内分步对其资产、股权进行交易，应根据实质重于形式原则将上述交易作为一项企业重组交易进行处理。

财税〔2009〕59号文件及以后的有关重组税务处理文件中，对分步交易这一规则，提及的不多。导致实务中大家对分步交易存在着较大的理解差别。这里，我们从以下几个方面来进行讨论。

## ▶ 分步交易规则的实质

无论国外还是国内，由于重组业务涉及的税款金额巨大，通过交易方式、交易步骤的安排，来达到少缴税或迟缴税目的，是比较常见的。通过人为的安排和筹划，把本来不能按特殊性税务处理的交易，人为分割成两个或两个以上交易，从而让每一步骤或其中某一步骤，能符合特殊性税务处理，是比较常见的手法之一。

举个简单例子。甲企业要收购乙企业持有的一个股权，甲企业想通过增资扩股方式拿到股权，乙企业想要拿到现金。双方协商，乙企业先以增资扩股方式把股权投到甲企业。过段时间后，甲企业再以回购股权名义，收回乙企业持有的甲企业股权，并支付乙企业现金。

这个案例中，两步交易的真正目的，是乙企业把股权卖给甲企业并拿到现金。为了税收目的，交易双方把一项交易拆分为两项交易。

这种人为的交易分割或安排，不仅会侵蚀税基，而且严重违背了并购重组的税收中性原则。为此，有必要在并购重组的税收政策中，制定相关条款，来限制这种交易。财税〔2009〕59号文件正是出于这种考虑，在借鉴国外做法的基础上，初步建立了我国并购并重的分步交易规则。

分步交易规则，又称多步骤交易规则。分步交易规则课税的背后，隐含的是实质课税理论。税务机关在发现纳税人“形式上分了步、实质上就一步”时，有权否定交易的表象，在税收上判断为一项行为并进行征税。

国家税务总局公告2015年第48号文件中，对分步交易规则提出了具体的管理要求：

> 企业重组业务适用特殊性税务处理的，申报时，当事各方还应向主管税务机关提交重组前连续12个月内有无与该重组相关的其他股权、资产交易情况的说明，并说明这些交易与该重组是否构成分步交易，是否作为一项企业重组业务进行处理。

## ▶ 分步交易规则是不是只是一个反避税条款

从财税〔2009〕59号文件的表述来看，分步交易规则似乎只是一个反避税条款，只有税务机关在进行重组交易税务管理时，可以根据实质重于形式的原则，否定企业的分步交易，按实质判断为同一项交易行为。

这种理解是不是涵盖了分步交易规则的所有内涵？也就是说，并购重组的当事方，能不能主动适用分步交易规则，把两个交易事项合并为同一个交易事项来进行税务处理。

国家税务总局公告2010年第4号及2015年第48号文件中，对分步交易规则，作了一些适当补充。如2015年48号公告中写道：

> 根据财税〔2009〕59号文件第十条规定，若同一项重组业务涉及在连续12个月内分步交易，且跨两个纳税年度，当事各方在首个纳税年度交易完成时预计整个交易符合特殊性税务处理条件，经协商一致选择特殊性税务处理的，可以暂时适用特殊性税务处理，并在当年企业所得税年度申报时提交书面申报资料。

> 在下一纳税年度全部交易完成后，企业应判断是否适用特殊性税务处理。如适用特殊性税务处理的，当事各方应按本公告要求申报相关资料；如适用一般性税务处理的，应调整相应纳税年度的企业所得税年度申报表，计算缴纳企业所得税。

2015年第48号公告的这段话，一开始就讲到了是根据财税〔2009〕59号文件的分步交易规则而制定的补充政策。从中可以看到，分步交易规则，不只是税务机关进行管理时可以使用的规则，同时重组的当事方，也完全可以使用这一规则。

甲企业想收购乙企业的股权，由于对乙企业的内部经营管理，不是很有把握，于是决定先收购20%股权，此后12个月内又收购了乙企业40%的股权。两次收购中，支付的对价均为甲企业自身的股权。

案例中的这种分步收购情形，实务中还是比较常见的，收购企业出于风险控制的考虑，先收购一部分，12个月内再收购其余股权。如果把两个收购事项，看成各自独立的步骤，每一个收购都没有达到股权收购50%的要求，因此不能享受特殊性税务处理。但是如果可以把这两个交易事项，合在一起看成同一交易行为，则符合特殊性税务处理的要求。

2015年第48号公告，不仅明确了重组的当事方，可以主动选择分步交易规则进行税务处理。其中，还有最值得称道的一点，在分步交易中，当事各方可以事先选择特殊性税务处理。在第一个纳税年度，哪怕当时已完成的重组情况，还不符合特殊性税务处理条件，只要可以预见整个交易符合特殊性税务处理的条件，重组的企业就可以暂时选择特殊性税务处理。到第二个年度重组完成后，重组企业再根据整个重组的情况，符合条件的就按特殊性税务办理，不符合条件的再改为一般性税务处理。

同样是股权收购，同样是两步并成一步走，有时对纳税人是有利的，有时却对纳税人无益。上面案例改编一下：

甲企业想收购乙企业的股权，决定先收购30%股权，此后12个月内又收购了乙企业50%的股权。两次收购中，第一次收购，甲企业采用了现金支付形式；第二次收购中，甲企业用自身的股权作为支付的对价。

本案例中，如果按照两个交易事项来看，第一步不符合特殊性税务处理条件；第二步符合特殊性税务处理条件。如果把两个交易合并为一个交易来看待，可能由于合并后股权的支付比例没有达到85%，因此整个交易不符合特殊性税务处理。

这个案例会引发出新的问题。交易各方当然会根据自身利益，选择最有利的税务处理方式。但对税务机关来说，什么情况下，税务机关可以根据实质重于形式，把纳税人的两个交易合并为一个交易来进行税务处理？

### ▶ 分步交易规则的前提条件

很遗憾，59号文件及以后的并购重组文件中，从来没有提及，具备什么条件下，税务机关有权根据实质重于形式，否定重组当事方的交易形式。这不仅给分步交易规则的实务操作，带来了很多的不确定性，也极易引起税务机关滥用这种规则，对纳税人正当的重组行为进行干预。

在林德木教授《企业重组所得税制度研究》（中国税务出版社，2016年）一书中提到，有必要进一步借鉴美国法院适用多步骤交易规则的下列三项可选择适用标准，以限制扩张或自动适用多步骤交易规则的负面效应：（1）目标结果标准。如果纳税人从事一系列形式上相互独立的交易步骤旨在最终达到某一交易目标，那么各种交易步骤应当合并为一项最终交易。（2）相互依赖标准。如果一系列交易步骤之间相互依赖，只有完成一系列交易步骤后才能实现某个单一交易所创设的法律关系，那么，应当将一系列交易步骤合并为一项单一交易。（3）有约束力承诺标准。对于纳税人在数年时间跨度内完成的一系列交易步骤，只要在第一交易步骤开始时纳税人即有法律义务从事以后一系列交易步骤，那么，应当将在数年时间跨度内完成的一系列交易步骤合并为一项单一交易。

也有不少学者提出，税务机关要主动发起分步交易规则，必须具备的前提是交易各方要具有不合理的商业目的。这更多是站在反避税的角度来考虑的。

## ▶ 实务中的难题

本文开头时讲到的先以增资扩股方式收购股权，收购方再以现金回购本公司股权的案例，明显具有不合理的商业目的，人为安排明显，对其适用分步交易规则，我相信大部分人是持赞同观点的。

实务中的并购重组交易远比我们讨论的复杂，我们来看某上市公司发布的一份文件：

> 城投控股向上海阳晨投资股份有限公司（简称“阳晨B股”或“被合并方”）全体股东发行A股股份，以换股方式吸收合并阳晨B股。作为前次合并的存续方，城投控股安排其下属全资子公司上海环境集团有限公司（以下简称“环境集团”）承继及承接阳晨B股的全部资产、负债、业务、人员及其他一切权利与义务，作为合并对价发行的A股股份申请在上交所上市；作为前次合并的被合并方，阳晨B股终止上市并注销法人资格。
>
> 紧随前次合并生效实施后，城投控股将环境集团（包括因前次合并安排由环境集团承继和承接的原阳晨B股全部资产、负债和业务、人员及其他一切权利与义务等）以存续分立的方式实施分立。作为前次分立的存续方，城投控股（存续方）继续运营房地产资产和业务以及其他股权投资业务；作为前次分立的分立主体，环境集团全部股权由城投控股于分立实施股权登记日登记在册的全体股东按持股比例取得及变更为股份有限公司（即上海环境集团股份有限公司，简称“上海环境”），并申请其股份在上交所上市。前次合并、前次分立系前次交易的整体安排，互为条件、不可分割及分步实施。因此，本次交易涉及的企业所得税处

理可能存在两种情形，具体分析如下：

1. 适用特殊性税务处理

鉴于本次合并及本次分立系本次交易的整体安排，互为条件且不可分割，若适用特殊性税务处理，则城投控股及阳晨B股将递延纳税，即暂不确认有关资产转让的所得或损失，本次交易无需缴纳企业所得税。根据59号文的规定，本次交易须同时符合下列条件，方可适用特殊性税务处理，最终应以税务机关的确认意见为准。

2. 不适用特殊性税务处理

若本次交易被税务机关认定不适用特殊性税务处理，则将按照重组业务的一般性税务处理进行，上市公司须根据税务机关要求缴纳企业所得税：

这个案例中，为了解决B股回A股的历史遗留问题，城投控股先通过吸收合并、再通过存续分立的方式，实现了阳晨B股的回A股。公告也显示，这种分步交易方式，能否适用特殊性税务处理，具有不确定性。当然我们也不知道，该案例最后是否适用了特殊性税务处理。

# 第34讲 重组主导方的确定

并购重组中，有两个极容易被忽视的概念：重组主导方和重组日的确定。接下来的二讲中我们分析一下这两个“容易被遗忘的角落”。

### ▶ 谁是重组主导方?

并购重组的复杂性之一，体现在涉及的交易当事方比较复杂。如在股权收购中，除了收购方和收购标的公司以外，可能存在两个或两个以上的转让方；在企业合并中，既有合并企业，又有一个或一个以上的被合并企业，还有众多被合并企业的股东。并购重组的当事各方，都要作相应的税务处理。“人多言杂主意多”，如何才能协调各方的税收利益？只能靠当事各方协商解决，不过，在税收处理上，还得有一个牵头人，这个牵头人就是重组的主导方。

一项并购重组业务中，会涉及两个或两个以上当事方。国家税务总局公告2010年第4号对各种重组形式的重组主导方，作出了具体规定，2015年公告第48号文件中，对重组主导方进行了修改和完善：

> 债务重组，主导方为债务人。
>
> 股权收购，主导方股权转让方，涉及两个或两个以上股权转让方，由转让被收购企业股权比例最大的一方作为主导方（转让股权比例相同的可协商确定主导方）。
>
> 资产收购，主导方为资产转让方。
>
> 企业合并，主导方为被合并企业，涉及同一控制下多家被合并企业的，以净资产最大的一方为主导方。
>
> 企业分立，主导方为被分立企业。

从国家税务总局对重组主导方确定的标准来看，不论男女，不论美丑，似乎只有一个标准，就只论“钱多钱少”。你看，股权收购、资产收购中，只有转让方能拿到钱，谁拿钱谁就是主导方。企业合并、分立中，被合并企业和被分立企业虽然最后得把钱分给各自股东，但他们是第一手取得所得的人，也被确认为主导方。连“最穷”的债务人，穷得求债权人让点步但终究还是取得了所得。

当然，重组的主导方只能有一个。在股权收购中，可能涉及两个或两个以上的转让方，这时也是谁钱多谁来做主导方，这其中的钱多钱少按股权转让的比例来判断。同一控制下企业合并中，可能涉及两家或两家以上被合并企业。这时也是谁钱多谁做主导方，这里的钱多钱少是按净资产的多少来判断的。

在并购重组中，一般是取得所得的一方为主导方。为什么要这么规定呢？有所得的要缴税，也才有更大的意愿去选择一般性税务处理还是特殊性税务处理。也就是说，让一个主要利益相关者作主导方，效益是最高的，也是最不会引起事后扯皮的。你想啊，让当期不需缴税的一方，去做主导方，他会积极去做这件事吗？

### ▶ 为什么要确定重组的主导方？

在特殊性税务处理下，为什么要确定重组的主导方？对特殊性税务处理，我国现在实行申报管理制度。如交易各方一致同意选择特殊性税务处理，在重组完成第二年办理企业所得税汇算清缴时，当事各方必须履行专项申报义务，对选择特殊性税务处理的重组事项进行专门申报。在申报管理中，必须由主导方先向主管税务机关申报，主管税务机关受理、并在“企业重组所得税特殊性税务处理报告表”上加盖受理专用章。其他当事各方拿了盖章的报告表，才能到主管税务机关申报特殊性税务处理事项。

在企业合并、分立中，被合并企业及被分立企业可能涉及注销税务登记，这时被合并企业及被分立企业需要在办理税务注销手续前，先进行特殊性税务处理的申报。

可见，重组主导方负有先办理特殊性税务处理申报的义务。此外，主导方还负有其他义务，重组当初当事各方一致选择了特殊性税务处理，但重组后情况发生变化，如受让方改变了资产的经营连续性，股权结构发生变化致使重组业务不再符合特殊性税务处理的，这时重组的主导方有将相关变化情况通知主管税务机关的义务。

重组主导方至少在三个方面，起到主导的作用。

一是在重组时是选择一般性税务处理还是特殊性税务处理上，主导方要起主导作用。

二是选择特殊性税务处理后，在向主管税务机关的沟通和申请流程上，要起主导作用。重组的主导方，对整个交易能否走特殊性税务处理，起到关键性作用。理论上来说，主导方税务机关认可了整个交易符合特殊性税务处理，其他交易各方的主管税务机关，在没有特殊的情况下，是不能推翻和否定的。

三是特殊性税务处理的适用情况发生变化的情况下，主导方负有向税务机关报告并及时进行纳税申报调整的义务。

对税务机关来说，同一项重组业务，极有可能涉及两个或两个以上的主管税务机关。通过重组主导方的确定，解决了同项重组业务中，哪个税务机关行使主要管理责任的问题。也解决了审核认可、申报管理、后续管理等一系列的问题。

## ▶ 重级主导方可选择吗

国家税务总局公告2015年第48号虽然对各种重组形式的主导方，作出了较为明确的规定，一般情况下，税法对重组的主导方有明确的规定，企业是没有可选择的空间的。但在股权收购中，存在多个转让方且股权转让比例相同的情况下，当事各方可协商确定谁是主导方。在企业合并中，若是一并多、被合并企业有多家情况下，由净资产最大一方为主导方。但以净资产的账面价值为标准，还是以净资产的公允价值为标准，税法没有作出明确的规定，在具体的选择上有一定的空间。

因此，在一些特别的重组业务中，除了要考虑重组的哪一方能胜任重任以外，还要考虑各方主管税务机关的业务水平、对同一事项税收政策的把握尺度，综合各种因素，确定谁是主导方。

### ▶ 非主导方毫不作为？

看到这儿，你意识到了重组主导方在整个重组业务中的关键性地位。然而你由此得出结论：其他各方，在涉税的处理上，属于被动、从属地位，可以毫不作为，那你又掉进了另外一个陷阱。

有这么一个真实发生的股权收购案例。转让方在S省，收购方在X省。整个交易已基本结束，转让方已经向主管税务机关做了特殊性税务处理申报。等到收购方向自己的主管税务申报时，其主管税务机关审核后认为，整个交易要适用特殊性税务处理存在一定瑕疵，一直没给予明确说法。

并购重组业务，涉及多方企业，同样涉及多方主管税务机关。从2014年开始，根据国务院有关文件精神，特殊性税务处理已经取消了备案制度，改为由企业自行申报。从理论上说，企业完全可以在事后向税务机关进行申报。但鉴于重组业务的涉税政策复杂、涉税金额巨大、重组业务不像一般业务具有可逆性。强烈建议在重组的涉税处理上，重组的各方当事人及时与主管税务机关进行沟通，强化事前、事中的确定性。

## 第35讲
## 重组日的确定

重组日，也是企业重组中进行税收处理非常重要的一个概念。国家税务总局公告2010年第4号对各种重组形式的重组日作出了具体规定，2015年48号公告中，对重组日进行了修改和完善：

债务重组，以债务重组合同（协议）或法院裁定书生效日为重组日。

股权收购，以转让合同（协议）生效且完成股权变更手续日为重组日。关联企业之间发生股权收购，转让合同（协议）生效后12个月内尚未完成股权变更手续的，应以转让合同（协议）生效日为重组日。

资产收购，以转让合同（协议）生效且当事各方已进行会计处理的日期为重组日。

企业合并，以合并合同（协议）生效、当事各方已进行会计处理且完成工商新设登记或变更登记日为重组日。按规定不需要办理工商新设或变更登记的合并，以合并合同（协议）生效且当事各方已进行会计处理的日期为重组日。

企业分立，以分立合同（协议）生效、当事各方已进行会计处理且完成工商新设登记或变更登记日为重组日。

## ▶ 重组日不等同于收入确认时点

企业所得税收入确认时点，是指交易发生后在税收上确认收入的时点。现行企业所得税法规，对收入确认时点，有的作了一般性规定，有的作了一些特别的规定。

国家税务总局公告2015年第48号对重组日的表述，我们仿佛看到了“收入确认时点”的影子。确实重组日长得有点像收入确认时点，我们由表及里，看下各种重组交易方式的两者间有什么不同规定。

债务重组所得，国税函〔2010〕79号文件规定，应在债务重组合同或协议生效时确认收入的实现。债务重组日的确定，基本和收入确认时点保持一致，唯一不同是，重组日中增加了通过法院裁定方式下，以法院裁定书生效日为重组日的规定。

关于股权转让，国税函〔2010〕79号文件规定，企业转让股权收入，应于转让协议生效、且完成股权变更手续时，确认收入的实现。股权转让重组日的确定，基本和收入确认时点保持一致，唯一不同是，重组中增加了对于关联方不及时办理变更手续的强制性条款：对于关联方不及时办理变更手续的，应以转让合同（协议）生效日为重组日。

资产转让中，会涉及到存货、不动产、无形资产等的转让。现行企业所得税法，对不同类型的资产转移形成的不同收入，规定了不同的收入确认时点。如《国家税务总局关于确认企业所得税收入若干问题的通知》（国税函〔2008〕875号）文件中，对企业销售商品的收入确认时点作出了详细的规定。《企业所得税法实施条例》对特许权使用费，规定了以合同约定的应付日期确认收入的实现。

资产转让的重组日，以转让合同（协议）生效且当事各方已进行会计处理的日期为重组日。

企业合并、企业分立中，涉及到资产转让的纳税时点，在企业所得税现行法规里，没有单独的收入确认时点规定。

既生瑜何生亮。税法已经对收入确认时点作出了详尽的规定，为什么还要对重组日作出规定，除了下面讲到的重组日的特殊用途外，主要还有以下几方面考虑：

部分重组事项是“一篮子交易”。如资产收购这只篮子里，会装着存货、不动产、无形资产等不同实物或其他资产。企业重组中，资产收购看作一个事项，不可能根据不同类型资产的不同收入确认时点来确定两个以上的重组日。为此必须单独规定重组日。

部分重组事项看似一项交易，实际上是几项交易的组合。如企业合并和分立中，不仅仅是实物或其他资产转移这一项交易，实质上还包含着股东用股权换股权等交易行为。企业重组中，合并就是同一个事项，分立也是同一个事项，不可能按其暗含的交易方式确定不同的重组日。为此必须单独规定重组日。

瑜和亮，特长不同，作用不同，内涵更不同。此处瑜亮应该同时生存和谐相处。

## ▶ 确定重组日的作用

重组日的确定，在企业特殊性税务处理中主要有以下作用：

根据重组日确定重组业务完成年度。如2019年12月31日被确认为重组日，则2019年为该项重组业务的完成年度，2020年在办理2019年度所得税汇算清缴时，重组的当事各方要对该项重组业务特殊性税务处理进行专门申报，填写“企业重组所得税特殊性税务处理报告表及附表”以及相关的申报资料，履行特殊性税务处理的申报手续。同时，当事各方要履行相关所得税汇算清缴申报和纳税调整工作。企业享受特殊性税务处理，一般会存在税会差异，需要在汇算清缴时填写相关的纳税调整表，对税会差异及时进行调整。

重组日是计算特殊性税务处理中“12个月”的起点。特殊性税务处理的五个条件中，其中有两个条件：“企业重组后的连续12个月内不改变重组资产原来的实质性经营活动；企业重组中取得股权支付的原主要股东，在重组后连续12个月内，不得转让所取得的股权。”这两个条件中的12个月的起点，都是以重组日为开始计算的。

在资产收购等重组业务中，资产转移方何时停止摊销或停止计提折旧，资产接受方何时开始摊销或开始计提折旧，在企业所得税上规定的较为模糊，有的税务机关会以重组日为界。

在分步交易规则下，企业在重组发生前后连续12个月内分步对其资产、股权进行交易，应根据实质重于形式原则将上述交易作为一项企业重组交易进行处理。目前税法对以什么时点为什么标准计算12个月，没有作出详尽的规定。个人认为，为避免不必要的争议，也可以以重组日来进行判断。

重组的当事各方在履行“企业重组所得税特殊性税务处理报告表”申报时，必须清晰该项交易的重组日。如重组日为第一年的12月31日或次年的1月1日，虽然只相差一天，但履行申报时会相差一年。有些交易模式中，重组日的确定，与会计处理和办理工商手续有紧密关系，实务中也不乏人为操作的案例。

# 第36讲 跨境重组的特殊性税务处理

特殊性税务处理的核心，在于计税基础的替代和结转。计税基础的替代，指重组中的转让方取得新股权的计税基础，以原有股权的计税基础来替代，从而保证上一环节未被征税的所得，在下一环节补征回来。计税基础的结转，是指资产或股权转让的所得，没有在转移环节得到确认，取得方的资产仍以原有计税基础为准。当重组方都属于居民企业时，其计税基础是相通的，适用税率也是一致的，不会造成避税的空间。但计税基础在居民企业和非居民企业之间结转，结果就完全不一样了，这里我们来分析一下跨境重组中的税务问题。

## ▶ 可以适用特殊性税务处理的跨境重组："外转外"

财税〔2009〕59号文件规定了三种情形的跨境重组业务，可以选择适用特殊性税务处理。

第一种情形，"外转外"。非居民企业把居民企业的股权转让给另一家100%直接控股的非居民企业。我们来分析下这种交易引起的税务上的变与不变：

A非居民企业把持有的居民企业C的股权，转让给其全资子公司——非居民企业B（见图11）。财税〔2009〕59号文件规定此种情况下，如符合一定条件，可以适用特殊性税务处理。

一般意义上，非居民企业转让境内股权，按规定缴纳预提所得税。如果采取一般性税务处理，直接由A非居民企业缴纳预提所得税；适用特殊性税务处理后，如下次转让C企业股权，则相当于把纳税义务由A企业转移给B企业。因此，这种情况下，只要A和B的预提所得税率相同，不会导致税款的减少。

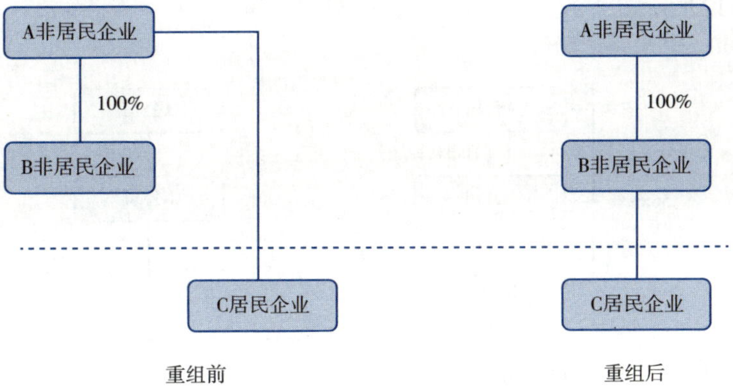


图11 “外转外”跨境重组示意图

财税〔2009〕59号文件对这种“外转外”的重组如果适用特殊性税务处理，给出了额外的条件：只适用于股权转让；要保证没有造成以后该项股权转让所得预提税负担变化；转让方非居民企业向主管税务机关书面承诺在3年内不转让其拥有的受让方非居民企业的股权。

财税〔2009〕59号文件讲到的是直接的转让股权，实务中，境外公司由于发生合并、分立，也会导致境内居民企业的股权转移。为此，《关于非居民企业股权转让适用特殊性税务处理有关问题的公告》（国家税务总局公告2013年第72号，以下简称72号文件）中讲到，财税〔2009〕59号文件的股权转让情形包括因境外企业分立、合并导致中国居民企业股权被转让的情形。

这里有一个非常重要的问题需要考虑，72号文件讲到的境外企业合并、分立导致居民企业股权被转让的情形，还需要符合财税〔2009〕59号文件第七条第一款的“母公司向100%全资子公司转让股权”的条件。不是所有的境外企业合并、分立导致居民企业股权被转让，都可以按跨境重组来采用特殊性税务处理的。我们来看一个《中国税务报》刊登过的案例：

甲公司是一家位于青岛市的外商独资企业，原投资方为境外C公司。因境外集团重组，C公司被原持有其43.31%股权的境外母公司B公司吸收合并。吸收合并后，C公司不再存在，该境外吸收合并导致甲公司股东变更为B公司，如图12所示。

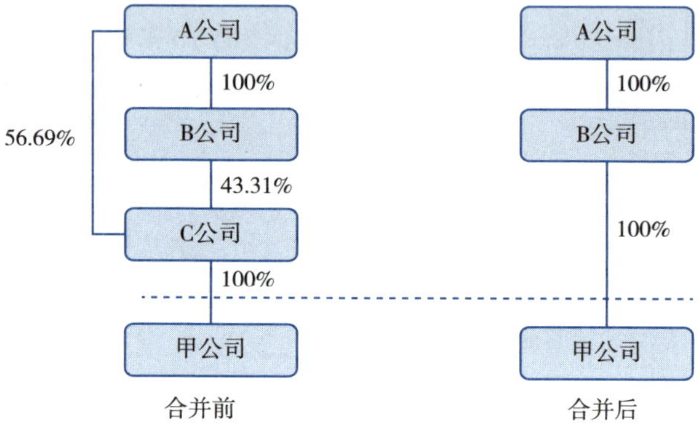


图12　跨境重组示意图

2020年底，甲公司到税务部门办理税务登记信息变更。同时，甲公司认为此次境外吸收合并过程中，B公司并未向C公司支付对价，且吸收合并前，B公司、C公司共同受境外A公司的控制。此次境外重组是为整合资源、提高集团的管理运营效率，具有合理的商业目的。基于此，甲公司提出其非居民企业股权转让适用特殊性税务处理。

税务部门根据企业提交的境外股东吸收合并协议、集团重组前后股权架构图等资料开展调查，深入剖析了集团重组前后的股权架构，梳理出涉及境内甲公司的关键股权变化过程，却得出了不同的意见——此次集团重组导致的甲公司股权变更不应适用特殊性税务处理。

那么，这笔重组业务涉及的股权转让究竟能否适用特殊性税务处理呢？根据财税〔2009〕59号文件规定，涉及中国境内与境外之间的股权收购交易若适用特殊性税务处理，除了要符合财税〔2009〕59号文件第五条的基本条件外，还应同时符合第七条第一款的规定，即非居民企业向其100%直接控股的另一非居民企业转让其拥有的居民企业股权，也就是“母转子”的情形。但是，甲公司的股东由C公司变为B公司，属于“子转母”，不符合财税〔2009〕59号文件规定的条件。税务机关据此判断，这次非居民企业境外重组涉及的我国居民企业股权转让，无法适用特殊性税务处理。

经过多次的沟通，C公司最终认可了税务部门的处理意见，同意就境外重组事项引起的我国居民企业股权转让行为在中国境内缴税。

国家税务总局公告2013年第72号中讲到的合并、分立可以适用特殊性税务处理，到底是什么形式下的合并和分立呢？

集团内的合并不外乎这几种形式：母公司合并子公司，子公司合并母公司，兄弟公司的合并。要符合“母转子”的条件，三种合并中似乎也只有子公司合并母公司了。

什么情形的企业分立，能够套得上“母转子”的条件？

一般意义上的分立，不外乎这二种情形，存续分立和新设分立。存续分立也好，新设分立也好，新设立的企业，与被分立公司之间，都不属于“母子”关系。除非有些国家的法律中，允许向现存公司进行分立资产。此时，才有可能符合财税〔2009〕59号文件“母转子”的要求。但也只是有可能而已。

第一种情形下，也是采取了计税基础结转的规则，无非是把非居民企业对居民企业股权的计税基础，结转到另一家非居民企业持有居民企业的股权。只要保证双方预提税率不变，不会导致税款的流失。

由于居民企业分配给非居民企业的股息红利，采取“普遍不免”的政策，因此上面讲到的预提税负，包括股权转让的税负和股息红利分配的税负。

国家税务总局公告2013年第72号文件提到，如已选择特殊性税务处理，税务机关在调查核实时，如发现股权转让情形造成以后该项股权转让所得预提税负担变化，包括转让方把股权由应征税的国家或地区转让到不征税或低税率的国家或地区，应不予适用特殊性税务处理。

如已选择特殊性税务处理，转让方和受让方不在同一国家或地区的，若被转让企业股权转让前的未分配利润在转让后分配给受让方的，不能享受受让方所在国家（地区）与中国签订的税收协定（含税收安排）的股息减税优惠待遇，并由被转让企业按税法相关规定代扣代缴企业所得税，到其所在地所得税主管税务机关申报缴纳。

## ▶ 可以适用特殊性税务处理的跨境重组："外转内"

可以适用特殊性税务处理的跨境重组的第二种情形，"外转内"。非居民企业把居民企业股权转让给其有100%直接控股关系的居民企业，也适用特殊性税务处理。我们来分析下这种交易引起的税务上的变与不变：

A非居民企业把居民企业C的股权，转让给其全资子公司——居民企业B，如图13所示。

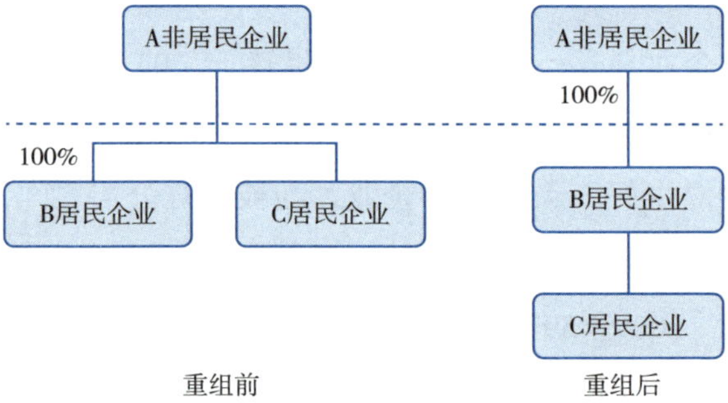


图13 "外转内"跨境重组示意图

如采用一般性税务处理，A缴纳预提所得税。如适用特殊性税务处理，A不缴纳预提所得税，但下次居民企业B转让C的股权时，还得把税补回来，如果B向A进行股息分配时，还会产生股息的预提所得税。因此，这种"外转内"的情形下，不会导致税款减少。

第二种情形，也是采取了计税基础结转的规则，无非是把非居民企业对居民企业股权的计税基础，结转到居民企业持有居民企业的股权的计税基础。虽然这种结转，是在两种不同类型的所得税主体间的结转，但一般不会导致税款的流失。

## ▶ 可以适用特殊性税务处理的跨境重组："内转外"

财税〔2009〕59号文件规定的第三种情形："内转外"。居民企业以其拥有的资产或股权向其100%直接控股的非居民企业进行投资，如选择特殊性税务处理，居民企业可以把转让的所得分10个年度均匀计入。

如图14所示，A居民企业把所持有的B居民企业股权，投资给其全资子公司——C非居民企业。

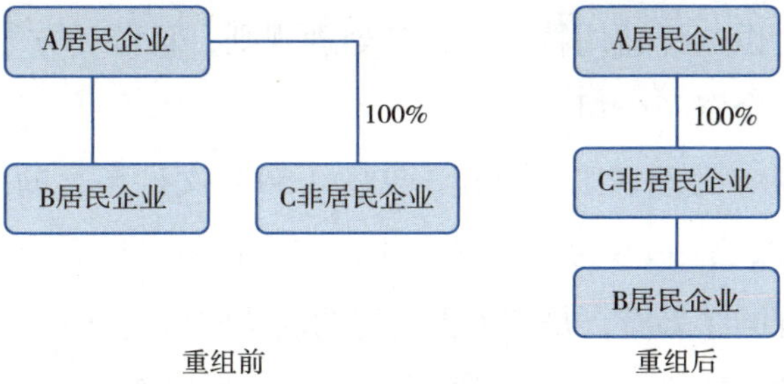


图14 “内转外”跨境重组示意图

第三种情形和上面讲到的前两种情形，有两个明显不同：第一个不同是，第三种情形中转移的可以是股权，也可以是股权外的其他资产。第二个不同是，第三种情形采用的是所得分期确认规则。

“内转外”中，为什么不采用上面讲到的“外转外”“外转内”两种情形中计税基础的结转规则，而采用所得的分期确认规则？如果通过计税基础的结转来实现递延纳税，直接后果是，本来应该由居民企业按25%税率缴纳的企业所得税，递延到非居民企业身上，变成了10%的预提所得税。

“内转外”模式，其实是一种定期递延纳税政策，和我们以前讲到的居民企业用非货币性资产出资的政策，同出一辙。严格意义上，这也算不上是特殊性税务处理。

## ▶ 什么是跨境重组

税法没有对什么是跨境重组给出定义，甚至没有跨境重组的提法。财税〔2009〕59号规定的第七条只讲到，企业发生涉及中国境内与境外之间（包括港澳台地区）的股权和资产收购交易。此后的重组文件中，也都没有跨境重组的说法，在提及时，都是以“财税〔2009〕59号文件第七条所指的”来进行表述。

出于反避税及居民企业所得税与非居民企业所得税差异的考虑，财税〔2009〕59号文件对跨境重组规定了比境内重组更为严苛的适用条件。除了要符合境内重组“合理的商业目的”“权益连续性”“经营连续性”等三大原则、五大条件外，还规定只有两种情况下的股权转让和一种情况下的资产或股权投资，才可以选择适用特殊性税务处理规则，且接受方均为转让方100%直接控股关系的全资子公司。

从特殊性税务处理规则和财税〔2009〕59号文件蕴含的意思来看，只要重组当事各方中，有一方为非居民企业，该项重组必须界定为跨境重组。从特殊性税务处理的结果看，是当事方所得的确认向后进行递延，或者当事方之间的所得税负发生转嫁。从这个结果来看，对非居民企业作为重组当事方，应该作出不同的适用条件，以尽量避免非居民企业预提所得税和居民企业所得税之间的不当转移。财税〔2009〕59号文第七条虽然没有明确什么属于跨境重组，但从其列举的可适用特殊性税务处理的三种跨境重组情形看，重组当事方只要有一方为非居民企业，就应判断为跨境重组，这个结论应该是成立的。

实务中经常会碰到这样的问题：两家外资企业间的合并，适用不适用特殊性税种处理？在企业合并重组事项中，当事方为合并企业、被合并企业及被合并企业股东，因此两家外资企业合并，当事方存在着非居民企业，应该界定为跨境重组。

财税〔2009〕59号文件给“外转外”作出了特殊性税务处理的规定，100%股权支付的外资企业合并，站在股东的角度，其实既包含“内转内”情形，也包含“外转外”情形，理应也适用特殊性税务处理，但政策上至今未对此给予明确。个人意见，符合一定条件下（股东相同、持股比例相同，合并后股东和持股比例不变）的两家外资企业合并，也应该适用特殊性税务处理。在实际操作中，我们也发现有些地方的税务部门先行先试，如早在2015年就有这样的公开报道：两家外资企业吸收合并，通过税务部门事先裁定，适用特殊性税务处理。

### ▶ 跨境重组的税务管理

国家税务总局公告2015年第48号，取消了特殊性税务处理的备案管理，改为由企业在规定期限内办理专项申报。但对非居民企业参与的跨境重组，如选择特殊性税务处理，仍需要按照国家税务总局公告2013年第72号文件和《国家税务总局关于修改〈非居民企业所得税核定征收管理办法〉等文件的公告〉（国家税务总局2015年第22号公告）规定，履行备案手续。

需要备案的跨境重组，仅限于上面讲到的前两种情形。以第一种“外转外”为例，应于股权转让合同或协议生效且完成工商变更登记手续30日内，由转让方向被转让企业所在地所得税主管税务机关备案，也可以委托代理人办理备案事项。办理备案时应报送以下资料：

（1）非居民企业股权转让适用特殊性税务处理备案表；

（2）股权转让业务总体情况说明，应包括股权转让的商业目的、证明股权转让符合特殊性税务处理条件、股权转让前后的公司股权架构图等资料；

（3）股权转让业务合同或协议（外文文本的同时附送中文译本）；

（4）工商等相关部门核准企业股权变更事项证明资料；

（5）截至股权转让时，被转让企业历年的未分配利润资料；

（6）税务机关要求的其他材料。

## 第37讲
## 一般性税务处理和特殊性税务处理的管理

一般性税务处理和特殊性税务处理，不仅在当期是否确认所得、对资产或股权的计税基础的确认等问题上有很大差异，在履行税务管理手续及税务机关在针对性管理上也有很大差异。

## ▶ 选择的唯一性

在一般性税务处理和特殊性税务处理都适用的并购重组中，当事方有自由选择的权利。符合特殊性税务处理条件的，重组的当事各方也可以选择一般性税务处理。

同一项并购重组业务，要么大家都按一般性税务处理，要么大家都按特殊性税务处理。在两者之间，只能选择其中一种处理方法，具有唯一性。

这种唯一性，还体现在重组事后12个月内，如果当初的特殊性税务处理条件破坏、已不适用特殊性税务处理的情况下，当事各方应该及时调整处理的方式，改按一般性税务处理。这里，税法也强调一致性和唯一性，不能只是当事一方的改变。

## ▶ 重组各方应当履行的的手续

当事各方如果选择特殊性税务处理，必须在办理所属年度申报时进行重组情况的申报并作纳税调整。重组各方在重组业务完成当年，办理企业所得税年度申报时，需要对重组的特殊性税务处理进行专项申报。在2014年以前，特殊性税务处理需要履行向税务机关备案手续，2014年国务院有关文件中取消了该事项的备案，国家税务总局随后在2015年48号公告明确了将特殊性税务处理改按申报制度进行管理。

在专项申报时，重组各方应该向主管税务机关报送“企业所得税特殊性税务处理报告表”及相关附表。同时还要根据不同的重组类型，报送相应的申报资料。申报资料比较复杂，以股权收购为例，需准备报送以下9项资料：

（1）股权收购业务总体情况说明，包括股权收购方案、基本情况，并逐条说明股权收购的商业目的。

（2）股权收购、资产收购业务合同（协议），需有关部门（包括内部和外部）批准的，应提供批准文件；

（3）相关股权评估报告或其他公允价值证明；

（4）12个月内不改变重组资产原来的实质性经营活动、原主要股东不转让所取得股权的承诺书；

（5）工商管理部门等有权机关登记的相关企业股权变更事项的证明材料；

（6）重组当事各方一致选择特殊性税务处理并加盖当事各方公章的证明资料；

（7）涉及非货币性资产支付的，应提供非货币性资产评估报告或其他公允价值证明；

（8）重组前连续12个月内有无与该重组相关的其他股权、资产交易，与该重组是否构成分步交易、是否作为一项企业重组业务进行处理情况的说明；

（9）按会计准则规定当期应确认资产（股权）转让损益的，应提供按税法规定核算的资产（股权）计税基础与按会计准则规定核算的相关资产（股权）账面价值的暂时性差异专项说明。

从上面需要报送的资料可以看出，税务机关对特殊性税务处理的主要关注点：重组行为是否具有合理的商业目的，交易的整体情况；重组中转让资产的作价是否公允；是否存在税会差异情况等。

要注意的是，其他重组各方在办理申报时，需提供主导方主管税务机关盖章的“企业所得税特殊性税务处理报告表”。因此，一般应由主导方先办理特殊性税务处理申报手续。在合并、分立等重组方式中，会涉及到部分重组当事方要办理税务登记注销手续，这种情形下，在办理税务注销前，必须先办理好特殊性税务处理的申报事项。

除了报送“企业所得税特殊性税务处理报告表”及相关附表以及申报资料外，在办理企业所得税汇算清缴时，当事各方还应将“重组事项采用一般性税务处理还是特殊性税务处理、重组交易的类型、属于重组的哪一方”等信息在企业所得税年度纳税申报表的“基础信息表”中予以填示申报。同时，如果重组交易有税会差异需要纳税调整的，须在企业所得税年度纳税申报表“企业重组及纳税调整表”中进行申报调整，有关涉及资产等摊销的调整，需要填写有关资产纳税调整表，对税会差异进行调整。

还没完，以上是重组日所属年度的专项申报及汇算清缴所要进行的填报和申报事项。到第二年汇算清缴时，相关重组当事方，应该向主管税务提交书面情况说明，证明自己在重组后的12个月内，有关特殊性税务处理的条件没有发生改变。

当事方的其中一方在规定时间内发生生产经营业务、公司性质、资产或股权结构等情况变化，致使重组业务不再符合特殊性税务处理条件的，发生变化的当事方应在情况发生变化的30天内书面通知其他所有当事方。主导方在接到通知后30日内将有关变化通知其主管税务机关。

上款所述情况发生变化后60日内，应按照财税〔2009〕59号文件第四条的规定调整重组业务的税务处理。原交易各方应各自按原交易完成时资产和负债的公允价值计算重组业务的收益或损失，调整交易完成纳税年度的应纳税所得额及相应的资产和负债的计税基础，并向各自主管税务机关申请调整交易完成纳税年度的企业所得税年度申报表。逾期不调整申报的，税务机关可以按照《税收征收管理法》的相关规定处理。

还没完。适用特殊性税务处理的企业，在以后年度转让或处置重组资产（股权）时，应在年度纳税申报时对资产（股权）转让所得或损失情况进行专项说明，包括特殊性税务处理时确定的重组资产（股权）计税基础与转让或处置时的计税基础的比对情况，以及递延所得税负债的处理情况等。

由于特殊性税务处理采取了递延纳税的规则，这种递延纳税，有可能把税款递延到下次转让股权时，如果股权不再转让，税款就永远递延了。正是由于这个原因，国家税务总局对特殊性税务处理，制定了汇算清缴时进行专项申报、中途情况改变及时报告、次年提交情况说明、以后转让时提交专项说明等全过程、动态的税务管理和申报措施。

以上是特殊性税务管理的当事各方，需要履行的申报及报告手续。再来看下一般性税务处理，就简单多了：

一般性税务处理，在办理所得税年度申报时，不用专门报送与重组相关的资料，但需要完整地收集、保管相关资料，以备税务机关事后检查。如股权收购业务，就需要准备好下列资料，以供税务机关检查：当事各方所签订的股权收购、资产收购业务合同或协议；相关股权、资产公允价值的合法证据。

在重组日所属年度的企业所得税汇算清缴时，当事各方在填写企业所得税汇算清缴年度申报表时，当事各方应该填写相关的申报表并对税会差异进行纳税调整。具体的重组活动的信息，在“基础信息表”中予以填示申报；有税会差异需要纳税调整的，要在“企业重组及纳税调整表”中进行申报调整，关于涉及资产等摊销的调整，需要填写有关资产调整表进行纳税调整。

### ▶ 税务机关的管理

企业的重组事项，无论是一般性税务处理，还是特殊性税务处理，都属于企业所得税管理中的重大涉税事项，都是税务机关关注和管理的重中之重。

《国家税务总局关于加强企业所得税后续管理的指导意见》（税总发〔2013〕55号，以下简称55号文件）中强调，企业所得税管理中的重大事项包括企业重组、清算、股权转让等重点事项，这些事项交易过程复杂、交易方较多、交易信息不透明，应列为所得税管理的重点内容。

特殊性税务处理，不仅是企业所得税管理中的重大涉税事项，而且还属于高风险事项。55号文件还讲到，高风险事项是企业所得税管理中风险发生概率较高、易造成重大税款流失的事项，如适用特殊性税务处理的企业重组、上市公司限售股减持等交易事项。要将风险管理理念贯穿税源专业化管理全过程，选取体现税种特征的关键风险指标值，分地区、分企业规模、分行业类型建立风险预警指标体系、评估模型和风险特征库，通过分析识别和等级排序，将高风险事项纳入后续管理范围。

相比一般性税务处理，因为特殊性税务处理采取了计税基础的替代和结转，税务机关除了在重组环节对特殊性处理的审核外，还特别关注重组以后年度再次转让股权或资产时的税务处理，采用信息化比对、动态跟踪管理、台账登记、加强评估或检查等手段，确保上一环节递延的所得税能在下一环节补回来。

# 第38讲 为什么个人所得税没有特殊性税务处理？

前面我们用较大篇幅，集中讨论了企业所得税的特殊性税务处理。你心中也许早有这样的疑惑：同样是所得税，为什么企业所得税有特殊性税务处理规则，但个人所得税却没有特殊性税务处理规则？这是在处理股权收购、企业合并分立等业务中经常碰到的税务问题，也是许多专业人士经常在思考的一个问题。

## ▶ 从两个文件的比较说起

让我们先从已经熟悉的两个文件聊起。为解决企业和个人用非货币性资产出资没有足够现金缴税的问题，财税〔2014〕116号文件对企业非货币性资产出资出台了专门规定；财税〔2015〕41号文件对个人用非货币性资产出资出台了鼓励性政策。同样是非货币性资产出资的税收鼓励政策，却有不同的处理方法：

第一，递延方法不同。

个人所得税：纳税有困难的，个人可申请分5年缴纳个人所得税。个人所得税严格意义上称不上是递延政策，只是一种分期缴纳税款的方式。

企业所得税：企业用非货币性资产对外投资确认的非货币性资产转让所得，可在不超过5年期限内，分期均匀计入相应年度的应纳税所得额。企业所得税采用的是定期递延确认所得政策。

第二，确认新股权计税基础的表述不同。

个人所得税：财税〔2015〕41号文件解决的是个人用非货币性资产对外投资、换取被投资方股权的个税问题。但取得对方股权后，应该如何确认计税基础，却没有提及。

企业所得税：财税〔2014〕116号文件的表述：企业以非货币性资产对

外投资而取得被投资企业的股权，应以非货币性资产的原计税成本为计税基础，加上每年确认的非货币性资产转让所得，逐年进行调整。

第三，接受投资企业取得非货币性资产的计税基础表述不同。

个人所得税：财税〔2015〕41 号文件所指的接受投资方一般是指企业，但至于接受投资方应如何确认资产的计税基础，文件没有提及，一般意义的理解也是公允作价了。

企业所得税：被投资企业取得非货币性资产的计税基础，应按非货币性资产的公允价值确定。

从以上政策的对比中我们可以看出以下几点：

企业所得税已经具备较完备的计税基础确认和结转规则：上游确认了资产转让所隐含的所得，才能按公允价值确认取得新股权的计税基础。上游确认了资产转让所隐含的所得，下游才能按公允价值确认资产的计税基础。再看个人所得税，无论是新税法还是老税法，个人转让资产（股权）属财产转让所得，个人所得税中只有财产原值提法，没有资产的计税基础的说法，当然也没有资产计税基础的确认规则。在前面几讲中，我们都提到，特殊性税务处理都是以计税基础的结转和替代来实现的。所以要谈个人所得税的特殊性税务处理，为时过早。

企业和企业之间，可以作出“收购方拿到被收购资产的计税基础，以资产的原有计税基础来确认”规则。但两个不同的税种之间，如何确认计税基础转移规则？两个相对割裂的税种间，如何实现这种转移？

以上想表达的意思，个人所得税没有完整的计税基础确认规则，再加上二个所得税之间的计税基础转移没有明确，谈个人所得税的特殊性税务处理规则，似乎为时过早。

## ▶ 从个人所得税的税制设计和政策本身说起

个人所得税的税制设计和政策本身，决定了个人所得税如采取特殊性税务处理，需要考虑更多的因素。我国的企业所得税实行综合税制，企业取得的任何收入，除税法规定的优惠外，一律并入企业的所得、按同一税率计算缴纳企业所得税。特殊性税务处理，实质就是递延确认所得。在企业所得税中，上一环节暂不确认的所得，到最后还是脱离不了被征税这张“网”的，只是早征或迟征的问题。

反观个人所得税，以前的分类税制也好，现行的综合与分类相结合的税制也好，个人所得税采取列举征税的方式，不在列举范围内的，不属于个人所得税的征税范围。个人所得税的列举征税，不只是9大税目的列举，还有每个税目中征税范围的列举。个人转让非上市公司的股权，属于“财产转让所得”要缴纳个人所得税，个人转让上市公司股票，因股票不同的取得方式决定是否缴纳个人所得税。在上市公司重组中，上市公司采取定向增发等方式收购个人持有的非上市公司股权，如果个人所得税采取特殊性税务处理，极容易引起应税事件转化为不征税事件。

企业所得税是综合税制，特殊性税务处理只是一种时间上的递延，所得还是装在同一只筐中。个人所得税中的财产转让所得，是按次纳税的，如采取通过特殊性税务处理，就把本次纳税义务递延到下一次纳税，两次纳税两只筐，两只筐的内容有可能发生了变化。个人完全有可能通过特殊性税务处理，把两个按次纳税事项合并为一个纳税事项。

如某自然人投资了两家公司、持有两家公司的股权。其中一家公司的股权增值很大，一转让就面临高额的个人所得税；投资的另一家公司股权，由于经营不好，只能以远远低于投资成本的价格转让。由于个人转让股权是按次计税的，个人只能眼睁睁看着“缴税的缴税、亏损的亏损”。

如果个人所得税有特殊性税务处理，那情况就完全不一样了。个人把两个公司股权一起投资到关联公司去，换成了同一家公司的股权。哪怕等12个月，下次转让这家公司的股权时，就成为一次股权转让，实现了盈和亏的充分抵销，上次的盈和亏已经成为过往云烟。

同样，个人通过特殊性税务处理，也有可能把同一个纳税事项分拆为两个纳税事项，这也是个人所得税很难采取特殊性税务处理的原由。

个人所得税的"只对所得征税、亏损不予考虑"规则，也限制了特殊性税务处理。财产转让所得按次纳税，有所得要缴税、转让亏损不能相互冲抵和结转，这是个税的征税规则。个人所得税要引用特殊性税务处理，对亏损资产或股权的转让应该如何处理?如果允许递延的话，会造成个人将本次转让的损失结转到以后再次转让时"弥补"，这又是一个绕不开的话题。

以上是想表达的意思是，个人所得税要采用特殊性税务处理，要全面考虑个人所得税税制设计和税收政策。现有的税制设计和税收政策，都是绕不过的坎儿，这些问题不提前设想，会造成很大的避税空间。

### ▶ 从财务核算和征管因素说起

除了税制本身的因素外，个人的财务核算和税务机关的征管因素，决定了个人所得税采取特殊性税务处理的难度。特殊性税务处理，有两个层面的转移，一是转让方转让了资产，老资产（资产或股权）和新资产（股权）之间的计税基础转移，二是转让方和受让方之间的转移。这种同一纳税主体间的转移和不同纳税主体之间的转移，如没有当事各方持续、可靠的财务核算作基础，管理的难度可想而之。这也正是企业所得税特殊性税务处理，必须在报告表中如实申报资产"账面价值、公允价值、原计税基础"等情况的原因。相信现行个人的财务核算现状，是无法与特性税务处理相匹配的。

企业所得税的纳税主体，有一个稳定的注册地，有一个"稳定的主管税务机关"关注着你。不管企业持有的资产或股权如何转让，只要权益连续不中断，该缴的税还得在同一主管税务机关缴，这对税务机关来说，也减轻了特殊性税务管理的难度。但个人所得税纳税地点具有不确定性，以股权转让为例，个人投资了一家A地的公司，后来把这家公司股权转让给B地一家公司且拿到的是股权支付，以后个人想再转让B地公司的股权，纳税地点就是B市了。不仅仅是纳税地点和主管税务机关变更情形，还有诸如"财产原值"如何有效确认、不同税务机关如何衔接配合等等实际征管的问题。

到目前，个人的财产转让所得，实现了真正递延纳税的，只有个人用技术成果出资入股。由于个人没有与不定期递延纳税相吻合的核算制度以及管理措施，不得已，税务总局只能动用法人的力量来完成个税的递延管理。技术入股的相关文件中规定，个人以技术成果投资入股，以取得技术成果的企业为个人所得税扣缴义务人。被投资单位于取得技术成果并支付股权的次月15日内，向税务机关提交“技术成果投资入股个人所得税递延纳税备案表”及有关资料，办理备案手续。递延纳税期间，扣缴义务人应于每个纳税年度终了后30日内，向主管税务机关报送“个人所得税递延纳税情况年度报告表”，以便于税务机关动态地掌握个人递延纳税情况。你看，法人企业不但负责代扣代缴，还肩负着递延纳税备案、定期向税务机关报告的义务，只有依靠法人企业，才能实现个人所得税的“特殊性税务处理”。这是征管的现状和个人所得税的诚信纳税现状决定的。

以上是想表达的意思是，特殊性税务处理，要有当事各方持续、健全的财务会计核算作保证，要有相配套的税务征管措施和相应的征管手段作保证。否则，特殊性税务处理会陷入“管不了、管不住”的境地。

最后，还想表达一个意思。探讨个人所得税的特殊性税务处理，就是研究个人将资产装入公司、要不要给予特殊税收待遇的问题。其中最重要的因素是，个人资产装入公司后，资产披上公司的面纱、成为“被遮掩”的资产过程中和过程后，其中的避税和反避税问题。

说了这么多，还得总结下：设计个人所得税特殊性税务处理规则，远比企业所得税复杂，要综合考虑的因素很多：如两个所得税之间的协调；财务核算的基础；个人所得税本身的制度；税务机关的征管能力，反避税考虑，等等。

# 第五篇

# 股权转让与资产转让的税务处理

## 第39讲

# 股权收购当事方及税务事项

股权收购，是并购重组中运用最多的一种重组方式。股权收购具有交易灵活、交易速度快、手续简单、税负相对较轻等特点。

股权收购中，交易标的是股权。转让方一般只涉及企业所得税或个人所得税及印花税，收购方一般只涉及印花税。

财税〔2009〕59号文件从收购方的角度出发，给股权收购明确的定义：股权收购，是指一家企业购买另一家企业的股权，以实现对被收购企业控制的交易。收购企业支付对价的形式包括股权支付、非股权支付或两者的组合。

股权收购当事方有：收购方、被收购企业及被收购企业的股东——转让方。在股权交易中，转让方转让了持有的股权，要确认所得缴纳企业所得税或个人所得税，如果拿到的对价是对方支付的股权，还要确认新股权的计税基础。

被收购企业，也就是交易中的标的公司，对它来说只是自身的股东发生变更，一般情况下不涉及税务的处理。但是交易完成后，需要办理工商的股东变更手续。

收购企业取得了对方的股权，如果支付的是非货币性资产，需要对转移的非货币性资产确认所得，同时要对取得的股权确认计税基础。如果收购企业支付的对价是自身的股权，相当于增资扩股，还需要办理相应的工商变更手续。

企业重组中的股权收购，要求达到控制被收购企业的标准，也就是股权收购目的必须是有控股权。

“一家企业购买另一家企业的股权”，要求单个收购方必须达到控股的标准，实务中，有些股权收购案例中，收购主体往往不是一个，由多家企业组成收购联合体发起收购，这时收购方要按单个企业来判断。

如甲、乙、丙三家企业收购X公司100%的股权，收购比例分别为30%、30%、40%。则该案例中，没有一家能适用特殊性税务处理。

如上例中收购比例为：甲收购60%、乙和丙各收购20%，则甲符合条件可适用特殊性税务处理，乙和丙不能适用特殊性税务处理。

“一家企业购买另一家企业的股权”，只要收购股权的比例达到50%以上，而不需要考虑转让方是一家或多家，也不用考虑单个股权转让方的转让比例有无超过50%，只要考虑整个交易中收购比例达到50%以上。

## ▶ 股权收购中的税务风险

股权收购的一般性税务处理和特殊性税务处理，在前面我们已经用了较多案例进行介绍，这里不再赘述。在股权收购的税务处理上，还有两点需要提醒。收购方通过股权收购，成了被收购企业的大股东，虽然股东和投资企业是两个层面的税收主体，投资企业应该缴的税由投资企业缴，但最后买单的是投资企业的股东。在股权收购时，除了关注法律、财务、债务上隐藏的风险外，还要特别关注被投资企业税收上隐藏的风险。

讲两个真实的股权收购案例。有一家公司去收购一家开发陵园的公司，在做尽调时，发现标的公司90%以上的成本是没有发票的，仔细一算这些成本如果不能扣的话，最后得多缴上千万的税，在谈判的时候，以压低价格的形式把这部分暗藏的“损失”先补了回来。

还有一个案例，在政府主导下，一家国有企业以股权收购方式接手一家濒临破产的房地产公司，等接手后把该处理的债务处理得差不多了，忽然发现房地产公司因各种原因被豁免的债务，还要缴一道25%的企业所得税，将近5个多亿的税款啊，再去找政府，政府也是爱莫能助。

前一个案例，告诉我们要关注标的公司的“前生”税务风险；后一个案例，告诉我们也要关注标的公司“后世”税务风险。作为股权收购方，要考虑到收购中暗藏的风险，尽量提前识别出来。

## ▶ 股权收购的溢价问题

股权收购中，还特别要关注股权收购的溢价问题。股权收购和资产收购，同样能够达到控制对方业务的目标。通过股权收购，收购方做了对方的大股东，控制了对方的企业。资产收购中，收购了对方的大部分实质性经营资产，同样也能达到控制对方业务的目的。资产收购和股权收购，除了交易形式不一样外，其中税负的差别是最重要的。

甲企业是房地产项目公司，注册资本5000万元，当年拿了一块地，当时拿地成本为1亿元，该房地产公司的主要资产就是这块地，现在的评估价为5亿元。乙企业现在想取得这块土地的开发权，可以通过资产收购和股权收购两种方式。当然，我们这里不讨论甲企业能不能直接转让土地使用权问题。

在不考虑印花税等小税种前提下，直接转让土地使用权，甲企业要缴增值税、土地增值税和企业所得税，乙企业只要缴契税。通过卖股权方式，甲企业只要缴企业所得税，乙企业基本没有税收负担。我们大致来算一下，两种交易模式下双方的税负情况：

先看一下通过资产转让的方式，双方的税负情况：

转让方增值税。假设转让的是2016年4月30日前取得的土地，按照差额简易征税，增值税金额约为2000万元；转让方土地增值税，适用60%税率，约为2亿元。企业所得税，收入扣除1亿成本再扣除土地增值税后，转让土地的所得为2亿元，按25%税率，企业所得税约为5000万元。这样，转让方总的税负约2.7亿元。

收购方按适用税率缴纳契税。转让后，收购方取得了土地的使用权，可以在土地增值税上扣除的土地成本是5亿元，在企业所得税上，可以扣除的土地成本也是5亿元。

再来看一下通过股权转让的方式，双方的税负情况：

转让方不涉及增值税和土地增值税，企业所得税为1亿元。收购方取得股权后，土地使用权还在原公司名下，以原公司作为开发的主体，下次销售开发产品时，在土地增值税上可以扣除土地的成本1亿元，在计算企业所得税时，可以扣除的土地成本也只是1亿元。

乙企业的老板有一万个想不通，我明明付出了5亿元的真金白银，为什么税上我只能扣1亿元？还有4亿元到哪里去了？

由于采取的是股权收购的方式，还有4亿元趴在乙企业的长期股权投资账上。

这里面有没有税负转嫁的问题？不能扣除的4亿元下次还能找得回来吗？收购股权和收购资产的区别，股权收购中，因为标的公司的资产升值、高出账面价格而付出的股权收购溢价，不会在标的公司层面，抬高资产的计税基础。

其中的土地增值税，的确存在着税负转嫁问题。如果采用资产收购方式，甲企业在转让时应就增值的4亿元缴纳土地增值税，现在由于股权收购方式，实质上把上一环节的土地增值税转移到下一环节，虽然纳税人仍然是被收购企业，但最终承担这部分损失的是新股东乙企业。

其中的企业所得税。甲企业最终能在税前扣除的土地成本是1亿元，在甲企业层面会多产生所得额4个亿（不考虑多缴土地增值税后多扣除因素），造成多缴企业所得税。这只是算账算到开发公司层面。如果算账算到股东层面，股东在转让股权或企业清算时可扣的成本增加了4亿元，最后多出的4亿元最终找得回来，但得等到股权转让或清算的时候。实际上也没有多少意义了，有几个房地产开发公司会注销的，有多少企业的股东在清算时真正按规定足额缴税的。

## ▶ 股权收购溢价的消化

如何解决股权收购中的股权溢价问题？应该说没有合理合规的解决渠道。解决股权溢价的消化，就是解决土地增值税和企业所得税上成本的扣除问题，成本的扣除问题不就是“票”的问题吗。在目前“金三、金四”严格的征管环境和严打虚开发票的态势下，在发票上做文章，可谓风险极大。现在流行的一些简单粗暴的方式，最终是得不偿失的，你看网上的一些文章：“解决股权溢价的七种方法：拆迁补偿费、咨询费、建筑材料款，工程款”等，无不都是“无中生票”“虚构成本”的高风险手法。

真要想解决股权收购中的股权溢价问题，有一点可以做到，在以股权收购方式时，要算好税收这本账。以股权收购方式，收购方会多缴多少税，缴了税后收购方的真正利润还有多少。在做好测算基础上，把双方的税收成本，作为议价的一个重要筹码。

股权的溢价问题，在房地产公司的收购上体现的尤为明显，一是因为土地使用权的转让是受法律限制的，故房地产公司大都采用股权收购的方式，来作为拿地的重要途径。二是房地产开发销售产品时，有一个特殊的税种——土地增值税，而且土地的成本是土地增值税的非常重要的扣除项目，不但可以扣除，而且可以加计扣除。

在现实中见到过太多的案例，由于公司的财务和税务没有参与到投拓拿地的过程中，等真正签订了合同才让财务税务人员进行测算，这时已经为时已晚。到最后财务人员不但成了“背锅侠”，还要冒着巨大风险去“找票搞票”，一不小心可能栽到了监狱里。

写到这里，作者忍不住要表扬一下我们曾经的营改增工程。营改增工程，不仅改变了中国的税制，更改变了中国的税收征管环境。以前能轻轻松松拿到几张建安发票来抵税的日子，已一去不复返了。

## 第40讲 不公允增资的税收探讨

企业或个人想取得标的公司的股权，通常有两种途径，一是从标的公司的原股东手中买部分或全部股权；二是通过增资入股形式，对标的公司进行增资，同样也能取得部分股权的效果。公允的增资，一般只涉及资本的印花税和用非货币性资产出资时的税收问题。不公允的增资会不会有税务风险？让我们以这篇曾经刊登在《中国税务报》上的网红文章“消失的股权：一次增资运作让千万资产莫名消失”介绍的案例，来剖析其中的税收问题和不同观点之争。

## ▶ 不公允增资环节的税收争论

D公司为南京高新区一家设备制造公司，1991年成立时注册资本为75.77万美元，其中王某占40.89%，A有限责任公司占59.11%，2015年3月A有限责任公司对D公司增资2550万元人民币，增资完成后注册资本3036.78万元人民币，其中王某占6.55%，A有限责任公司占93.45%。

增资前D公司净资产为31403843.65元，王某应享有的净资产份额应当为：31403843.65×40.89%=12841032元。增资后，王某应享有的份额为：

（31403843.65+25500000）×6.55%=3727202元。

增资前和增资后，个人股东王某享有净资产份额减少了：12841032-3727202=9113830元

一次增资运作，怎么会让王某9113830元的投资资产莫名其妙消失了呢？再来看一下A公司在增资前和后的变化：

增资前，A公司享有的净资产份额：

31403843.65×59.11%=18562811.98元；

增资后，A公司享有的净资份额：

（31403843.65+25500000）×93.45%=53176641.89元；

增资前和增资后，A公司享有净资产份额增加了：53176641.89-18562811.98-25500000=9113830元。

看完上面的材料，问题来了。第一个问题是不公允的增资，法律允许吗？这其实不用担心。《公司法》第三十四条规定：公司新增资本时，股东有权优先按照实缴的出资比例认缴出资。但是，全体股东约定不按照出资比例分取红利或者不按照出资比例优先认缴出资的除外。

第二个问题，不公允的增资有没有利益输送的成份？增资前后，王某享有的净资产份额减少了911万元，A公司享有的净资产份额增加了911万元。通过一次不公允的增资，实现了股东间利益的转移。

第三个问题，对这种通过不公允的增资，导致的利益输送，能否在增资环节征收所得税？如果征收，应该对谁征收问题。

这里，就会出现很大的争论。第一种观点认为，在增资环节，应该视为股权的转让，对此征收所得税。持这种观点的，主要是部分税务机关人士。原宁波地税在2014年曾做过一个解答：

> 问：企业增资，尤其是不同比例的增资情形，引起原股东股本结构发生变化，经咨询工商部门，其认为该行为不是股权转让，个人所得税如何处理？
>
> 答：（1）对于以大于或等于公司每股净资产公允价值的价格增资行为，不属于股权转让行为，不征个人所得税。
>
> 上述行为中其高于每股净资产账面价值部分应计入资本公积，对于股份制企业，该部分资本公积在以后转增资本时不征收个人所得税；对于其他所有制企业，该部分资本公积转增资本时应按照“利息、股息、红利”税目征收个人所得税。
>
> （2）对于以平价增资或以低于每股净资产公允价值的价格增资行为，原股东实际占有的公司净资产公允价值发生转移的部分应视同转让行为，应依税法相关规定征收个人所得税。

在原宁波地税的口径中，增资股东按低于公司每股净资产公允价值的价格增资，在这种不公允的增资中，相当于王某向A公司股输送了利益，王某在公司占有的净资产的减少，视同转让股权，要缴纳个人所得税。

我们先不论个人所得税有没有视同转让的提法。企业所得税也好，个人所得税也好，对所得的征税，是建立在所得实现的基础上。没有实现的所得，也就是我们说的“浮盈”，对其征税是没有依据的。现行的增值税、企业所得税等税种的视同销售，是建立在企业发生了转让行为，但由于取得的对价虽不是现金流入，但确实实现了利益的基础上。

第二种观点，对王某而言，增资环节的股权稀释，不属于股权转让，对王某征税，法理上站不住脚。但对增资中这种利益输送行为，应该区分情况，如果确能提供正当的理由，对A公司也不能征税，如果双方提供不出正当的理由，税务机关可以对A公司以“接受捐赠所得”征收企业所得税。

这种观点的最大问题，还是税法能不能对未实现的所得进行征税的问题。对不公允增资中的“受益方”来说，他的“所得”仅仅是被投资账面上的净资产，如果这种“所得”可以征税，那么，只要被投资企业一产生利润，都可以对股东征收企业所得税或个人所得税。

税务机关有理由怀疑，通过不公允增资，有可能实现了被增资企业未分配利润的转移，从个人对股息红利的征税转换成了企业股东的免税待遇，也有理由怀疑不公允的增资为下一步个人转让股权打下埋伏。但这种怀疑不能成为征税的依据。

第三种观点，增资环节不能征税。就如这个案例中，对增资环节也没有征收个人所得税，税务机关的理由是：对于D公司本次增资活动，工商部门的登记信息没有股权转让事项，按照国家税务总局公告2014年第67号第三条的规定，王某没有发生股权转让行为，也就不存在纳税义务。

## ▶ 股权转让环节的税收争论

讨论完了增资环节税收处理的不同观点，我们再继续看这个案例：

2016年5月，自然人王某将其持有的D公司6.55%股权转让给自然人李某，转让价格为209万元，D公司财务主管主动来到高新区地税局代自然人王某申报个税，王某的原始出资额为1990465.19元。

申报印花税2090000×5÷10000=1045元，申报个税（2090000−1990465.19−1045）×20%=19697.96元。

对企业资料进行初步审核后，高新地税发现，根据企业提供的财务报表，2016年4月30日企业所有者权益净值为50331939元，王某占有的相应权益净值为50331939×6.55%=3296742元。根据国家税务总局公告2014年第67号第十二条第一款的规定，王某转让股权行为“申报的股权转让收入低于股权对应的净资产份额”，属于股权转让收入明显偏低的情形。且根据企业自行叙述，本次转让不符合67号公告第十三条规定之有正当理由的收入偏低情形。由此，高新地税对本次转让的收入根据净资产做了核定，核定本次转让收入为3296742元，王某需要缴纳个人所得税（3296742−1990465.19−1045）×20%=261046.4元，王某对此没有异议，愿意按照税务部门核定的金额申报纳税。

细心的税务人员在对企业过去3年相关资料进行审核时又发现了新疑点：一年前，由于不公允的增资，导致王某持有股权比例从原40.89%降到6.55%。

本次转让的收入税务机关已经核定为3296742元，双方不存在异议。但在成本认定方面，高新地税与企业出现明显分歧：王某和D公司认为，本次转让的成本就是王某的原始出资额1990465.19元，中间的增资环节与此无关。但是税务部门认为，在2015年的增资过程中，D公司的净资产发生变化，王某的股权比例也发生变化，所以本次转让不能无视中间环节的变化，本次转让成本应为：原始出资成本−2015年3月D公司增资时利益输出金额，也就是说2015年增资时点的利益输出不算转让收入，但是要冲减成本，计算过程如下：

本次转让成本为：1990465.19−9113830=−7123364.81元，

本次转让的应纳税所得额为：

3296742−(−7123364.81)−1045=10419061.81元

应纳税额为：10419061.81×20%=2083812.362元

换一个角度分析，我们可以计算王某自投资以来的投资增值部分，即（增资前净资产份额−原始出资额）+（核定的转让金额−增资后的净资产份额）=（12841032−1990465.19）+（3296742−3727202）=10419061.81元。两者的计算结果是一致的。也就是说，如果王某的构想实现，就会可能导致

1822765.962元的税款流失。

案例的结果是，税务机关通过调整股权转让的原始成本，把不公允增资环节的个人所得税，在股权转让环节补回来了。其结果和增资环节征税的结果一样，只是一种时间上的差异。

当然，也有许多人持不同意见，在股权转让环节，到底应不应该调整王某的股权原值。说到底，就是争论一个问题，不公允的增资，会不会产生避税行为。

## ▶ 不公允的增资，到底会不会导致税款流失？

继续以上面的案例进行分析：

因为不知道A公司当初的投资成本，我们假设为X：

（1）在公允增资情况下，王某应占有公司股权：

40.89%×3140÷（3140+2550）=22.6%

A公司应占有公司股权：77.4%

按照案例中5033万元转让股权：

王某应确认所得：5033×22.6%−199=938

A公司应确认所得：5033×77.4%−X−2550=1346−X

全部股东合计确认所得：2284−X

（2）在不公允增资情况下，按照案例中5033万元转让股权：

王某应确认所得：5033×6.55%−199=131

A公司应确认所得：5033×93.45%−X−2550=2153−X

全部股东合计确认所得：2284−X

通过上面的演算，我们可以得出如下结论：在不考虑股息红利的个人所得税和企业所得税差别化政策以及不考虑所得税率差异情况下，如果股东最终将持有股权转让，公允的增资和不公允的增资，他们的最终税负是相同的。因此，如果在增资环节视为股权转让征收个人所得税，或者在转让环节调减个人股权原值时，应该相应调增其他方股东的计税原值，否则会导致重复征税。

鉴于股息红利的个人所得税和企业所得税差别化政策，以及实务中很多税收筹划，意在以不公允增资方式达到规避个人所得税目的，且增资方以长期持有为目的，在个人转让股权环节调整其股权成本，不失为实务中一种有效的手段。

# 第41讲 资产收购的一般性税务处理和特殊性税务处理

资产收购，是指一家企业（受让企业）购买另一家企业（转让企业）实质经营性资产的交易。资产收购也是经常使用的一种重组方式。收购企业通过收购现有企业的现有资产，可以达到快速转换经营主业、提升资产质量的目的。

## ▶ 资产收购不等同于一般意义上的资产买卖

资产收购要和一般意义上的资产买卖区分开来。一般意义上的资产买卖，其出发点主要是为了拥有标的资产的所有权，如一个企业向另一个企业购买一幢工业厂房、购买一批机器设备。资产收购中，购买的标的，第一有数量上的要求，第二有质的要求。数量上要求，一般要收购比例达到50%以上，也就是转让方的大部分资产。质的要求，不是指资产的质量，而是指必须是实质经营性资产。什么是实质经营性资产？

国家税务总局公告2010年第4号对实质经营性资产的解释：实质经营性资产，是指企业用于从事生产经营活动、与产生经营收入直接相关的资产，包括经营所用各类资产、企业拥有的商业信息和技术、经营活动产生的应收款项、投资资产等。

并购重组中的很多概念和定义，是非常抽象和难以理解的。个人认为可从以下几个角度来理解：收购资产的本身，是转让方在利用这部分资产进行经营活动并能从中取得收益的资产，如工厂的一个车间，销售公司下属的一个分公司等。资产的意义，不单指实物资产，还包括与资产相关的无形资产、应收债权等。我们来看一个上市公司公告中，对转让资产的资产是如何进行描述的：

2020年4月27日，×××股份有限公司召开第十一届董事会第二十四次会议，审议通过了《关于公司资产转让的议案》，决定将标的资产转让给YY有限公司，转让价格为23亿元人民币。上述标的资产为公司数据中心的全部固定资产、经营所需的流动资产（《资产转让协议书》签署日后发生的应收账款等）、必要的维护运营人员、土地房产对应的资产租赁合同、必要的维护运营人员的劳动合同、电费水费合同，以及数据中心运营所需的全部前置审批等文件。

从其中我们可以看出，资产转让，不只是单纯资产的转让，更多意义上指的是与资产对应的业务的转让，包括实物资产、流动资产、业务对应的合同等。

## ▶ 资产收购的一般性税务处理和特殊性税务处理

资产转让中，包括两个当事方——转让方和受让方，平时也习惯把受让方叫作收购方。转让方转移了资产，要确认所得缴纳企业所得税。收购方付出了对价，要确认收购资产的计税基础，并在以后企业所得税前进行摊销或扣除。财税〔2009〕59号文件对资产收购给出了两种处理方式：一般性税务处理和特殊性税务处理。一般性税务处理的规则，视为一项正常的转让行为，转让方应当期确认资产转让所得或损失；收购方取得资产的计税基础应以公允价值为基础确定。

资产收购中，受让企业收购的资产不低于转让企业全部资产的50%，且受让企业在该资产收购发生时的股权支付金额不低于其交易支付总额的85%，可以选择按以下规定处理：

（1）转让企业取得受让企业股权的计税基础，以被转让资产的原有计税基础确定。

（2）受让企业取得转让企业资产的计税基础，以被转让资产的原有计税基础确定。

要适用特殊性税务处理，有一个重要条件是资产收购比例要达到50%以上。最初财税〔2009〕59号文件出台时，当时规定的比例为75%，后来在2015年，为了支持和促进并购重组、扩大特殊性税务处理的适用范围，把这个比例降低到了50%。

在计算资产收购的比例时，是以资产的账面价值来计算，还是以资产的公允价值来计算，这在重组的相关文件中没有写得特别清楚。从道理上来说，应该以资产的公允价值来计算，这是最合理的。可以这么想，如果以资产的账面价值来计算，有可比性吗？收购的一堆资产中，有上世纪建造的房屋，房屋的墙上刚装了一块大显示屏，几平方米显示屏的账面价值完全有可能高于几千平方米房屋的账面价值，这其中本没可比性可言，用账面价值来计算也没多少实质意义。这在国家税务总局公告2015年第48号的附表“企业重组所得税特殊性税务处理报告表（资产收购）”中，有具体的体现，该表中同时排列了三个指标：资产转让方全部资产的公允价值、资产转让方所转让资产的公允价值、所转让资产占资产转让方全部资产的比例。从表格设计的意思来看，应该以资产的公允价值来计算。不过，其中的问题是，在部分资产收购中，由于转让方没有转让全部的资产，所以不一定会对全部资产作一次评估，这时计算比例时会有点麻烦。

资产收购中的特殊性税务处理，也采用了计税基础的替代和结转规则。转让方暂时不确认转让所得，其拿到股权的计税基础以资产原有计税基础替代。受让企业取得转让企业资产的计税基础，以被转让资产的原有计税基础确定。

资产转让中，如企业所得税采取特殊性税务处理，对收购方而言，不一定是最有利的。购买资产后，资产的折旧或摊销可在所得税前扣除，资产的计税基础和公价价值偏差大的话，税前可扣除的金额越少，对收购方影响很大。因此，资产收购中，是否一定要采用特殊性税务处理，收购方应该进行权衡。

上面的讨论，都是基于资产的计税基础低于公允价值。也有一些特殊的情况，资产的计税基础高于公允价值，这是否能够适用特殊性税务处理？如果可以适用特殊性税务处理，这时可能会出现比较有意思的事情，转让方如采用一般性税务处理，发生的亏损可以在当前税前扣除。如适用特殊性税务处理，这时就相当于主动递延了这部分损失。而收购方，却在接下来的几年内，在所得税前多扣除了成本。

## 第42讲
# 资产收购中的债务承担

乙公司从事商场运营业务，旗下有两家经营的商场。甲公司想收购其中的一家商场。双方协商，被收购商场连同商场的资产、债务一并转让。转让商场资产的总评估价为1亿元，资产的计税基础6000万元，乙公司以商场为抵押的债务为3000万元。

在资产收购中，经常会发生这种情况，转让方连同资产、债务一并转让。这时会产生几个迷惑，一是收购总价按什么计算；二是收购方承担的债务，在计算股权支付比例时，属于股权支付还是非股权支付？三是在第二个问题明确的前提下，如何确认转让方的转让所得，收购方如何确认计税基础的问题。

### ▶ 收购总价确认

上面的案例中，乙公司转让商场的总价是1亿元还是7000万元？在资产收购中，这是一个必须要明确的问题，因为关系到转让方所得的计算以及股权支付比例的计算。这里可能有两种理解思路和观点。一种是总资产观点，转让总价是1亿元，收购方在支付7000万元的基础上，另外承担了3000万元的债务。第二种是净资产观点，思路是转让总价和收购总价都是7000万元，也就是按照净资产的价格来计算。

哪种理解正确呢？从常理上来理解，收购资产一般是以资产总的价格来衡量的。案例中，转让的商场公允价值为1亿，总资产价格也为1亿元，不能说商场本身带有债务，商场的公允价值就下来了。包括我们平时碰到的一些非货币性资产投资案例，也都是以总资产的价格作为出资金额的。

我们来看财税〔2009〕59号文件又是怎么规定的呢？财税〔2009〕59号文件对收购总资产还是净资产没有明确界定，但从该文件对股权支付和非股权支付的定义中，我们可以读出其中的意思：

> 本通知所称股权支付，是指企业重组中购买、换取资产的一方支付的对价中，以本企业或其控股企业的股权、股份作为支付的形式；所称非股权支付，是指以本企业的现金、银行存款、应收款项、本企业或其控股企业股权和股份以外的有价证券、存货、固定资产、其他资产以及承担债务等作为支付的形式。

财税〔2009〕59号文件，把收购方承担债务作为非股权支付的一种支付方式，也相当于间接表明了，收购中资产价格的定义是以总资产为基础的。也就是上面的第一种理解。

## ▶ 承债式收购中的股权支付比例

明确了收购资产是总资产的概念，新的问题又来了。转让方转让了1亿元资产，收购方支付了7000万元的股权，另外承担了3000万元的债务。在判断是否符合特殊性税务处理时，这里面的股权支付比例如何计算？

按财税〔2009〕59号文件，收购方承担债务属于非股权支付的一种。案例中资产转让的公允价值为1亿元，股权支付的金额为7000万元，股权支付比例为70%。按这个口径来计算，股权支付的比例达不到85%，从而不能适用特殊性税务处理了。

这的确是财税〔2009〕59号文件的意思。但在资产收购、企业合并或企业分立中，承接资产的一方同时承接债务，是一种非常普遍的做法。如果严格按照这个口径来计算，在这些重组模式下，只要债务占资产的比例超过15%以上，就不能满足特殊性税务处理的条件了。

很遗憾的是财税〔2009〕59号文件以及后来出台的企业重组的税收文件，对收购方承担债务，如何计算股权支付比例，没有相应作出更清晰的解释。实务中有几种操作思路可供参考：

有的地方口径认为，承担债务以外的股权支付比例，能够达到85%比例，就认可适用特殊性税务处理，实务中也有很多沟通成功的案例。有些地方严格按财税〔2009〕59号文件的意思，承担债务就属于非股权支付，这种情形下，只能在收购前，做一些债务的解除等，以符合股权支付比例的要求。

我们从理论上来探讨承担债务时的股权支付比例计算问题。如果承担债务算作股权支付，或者在计算股权支付比例时不把承担债务计算在内，会产生什么问题。如上面案例中，转让商场的公允价值为1亿元，当初转让方并没有做担保或融资。转让方希望在交易过程中拿到3000万元的现金，但又想通过特殊性税务处理暂时不缴企业所得税。这时可以构筑这么一个交易，收购方把3000万元给关联方丙，由乙企业用商场作担保向丙企业借款3000万元，从而转让方既拿到了部分现金，又使整个交易符合特殊性税务处理的条件。所以这里面其实还是有空间的，我想这也是国家税务总局在此问题上没有放开的主要原因。

其实，我们可以借鉴其他国家的一些成熟做法，如限定交易前某个时间段内的债务、规定债务必须是与转让资产不可分割的债务等，可以在计算股权支付比例时视为股权支付。这样既能保证并购重组中，真正有合理理由的债务承担不因债务转移而丧失特殊性税务处理的运用，又不至于造成太大政策空间。

## ▶ 承债式收购中所得与计税基础确认

接下来要研究的问题是，转让方是否需要确认所得以及计税基础的确认问题。还是以上面案例来进行讨论。

假如案例中，虽然收购方承担了3000万元的债务，但双方选择特殊性税务处理且征得了税务机关的同意。接下来有这么几个问题：

（1）转让方要不要当期确认债务部分对应的转让所得；

（2）转让方如何计算取得股权的计税基础；

（3）收购方如何计算收购资产的计税基础。

第一个问题，转让方要不要确认债务部分对应的资产转让所得。上面讲到，在判断特殊性税务处理的股权支付比例时，收购方承担的债务，可以适当从宽掌握，符合一定条件的可视为股权支付。在转让方是否要确认所得问题上，也会有不同观点，有人认为应该确认债务转移这部分的资产转让所得，也有人认为参照其他国家税法的规定，可以对债务转移部分，当期不确认所得，采取与股权支付部分相同的纳税递延方式。

在转让方是否需要就债务转移部分确认所得，个人更倾向于，这一部分对应的所得，不能采用和股权支付对应所得同等的特殊性税务处理规则，也就是说，不能采用不定期的递延纳税政策。主要理由是，转让方就债务的转移，拿到的不是对方的股权支付。只有股权支付才能符合特殊性税务处理。如果这部分可以采用不定期的递延纳税政策，会造成很严重的后果：后果一，不但在特殊性税务处理适用的条件上放宽了，又在应确认的所得没有确认上放宽了，其中的避税空间会更大；后果二，给收购方计税基础的确认，带来很大的不确定性。

个人更倾向于，转让方应该就债务转移部分当期确认所得，或者采用类似于非货币性资产出资或债务重组中的定期递延纳税规则，即考虑到纳税资金问题，可采用分五年分期计入所得的方法。

这里按转让方应该确认所得的思路进行探讨：

转让方确认所得＝（被转让资产的公允价值－被转让资产的计税基础）×（非股权支付金额 ÷ 被转让资产的公允价值）

转让方确认所得＝（10000–6000）×（3000 ÷ 10000）=1200（万元）

接下来看第二个问题，转让方如何计算取得股权的计税基础。

如果转让方确认了债务转移的所得1200万元，则：

转让方取得新股权计税基础＝被收购股权原计税基础－非股权支付额＋已确认所得

转让方取得新股权的计税基础=6000–3000+1200=4200（万元）

这里还有个有趣的话题值得讨论，在转让方对转移的债务确认所得的情形下，才能保证不会出现转让方取得新股权的计税基础为负数的情况，除非债务超过了资产总额，也就是净资产为负情况下，才会出现计税基础为负数情况。有兴趣的朋友可以自己体会下。

接下来看第三个问题，收购方取得资产计税基础如何确认，再来回忆一下以前提到过的公式：

收购方取得被收购资产计税基础＝被收购资产原计税基础＋确认所得

收购方取得被收购资产计税基础=6000+1200=7200（万元）

当然，以上内容的探讨，是建立在借鉴美国税法的规则下进行的讨论，对这种规则，美国有相当成熟的反避税条款加以限制。如非避税的目的；债务必须是与资产直接相关的负债，必须是历史性的负债，而不能是临时性的负债等。我们至今还缺少收购方承担债务下的税务处理规则。类似案例的具体操作，只能靠纳税人及各级税务机关自己的理解了。

# 第43讲 资产收购中收购对价的分摊

资产转让和收购中，由于转让的是整体资产，其中的“资产包”中会由各个类别的资产组成，如货币资金、原材料、固定资产、无形资产等。其中，各个类别资产中也会由各个单项资产组成。转让方和收购方是否要将收购总价，在各项资产中进行分摊？如果要分摊，应该采取何种分摊方式？这也是在资产收购中必须清晰的问题。

## ▶ 收购对价的分摊

我们从一个小案例来进行分析：甲企业收购乙企业的大部分资产，各项收购资产组成如表8所示，假设各项资产的计税基础等于其账面价值。

表8 单位：万元

| 资产 | 账面价值 | 评估价值 |
|---|---|---|
| 银行存款 | 100 | 100 |
| 交易性金融资产 | 200 | 200 |
| 存货 | 300 | 400 |
| 固定资产 | 800 | 900 |
| 无形资产 | 200 | 400 |
| 合计 | 1600 | 2000 |

在企业资产收购中，一般都会对标的资产进行评估，在评估价值基础上，双方就支付对价进行谈判。表8中，假设最后支付对价为2200万元，这时就会涉及收购总对价在各类资产中的分摊。

这种分摊，对转让方和收购方来说，都具有重要的税收意义，因为这直接关系到转让方和收购方的税收利益。转让方缴纳企业所得税时，虽然所得是并在一个筐里计算的，给哪类资产多分点少分点都无所谓。但在转让的资产中，有可能有免税、减半征收的技术资产等在内。所以，站在转让方角度，希望尽量分摊给有税收优惠的资产。

站在收购方来说，取得的资产，如原材料，投入使用后即可转入计税成本在税前扣除；如固定资产、无形资产等，在使用年限内进行折旧或摊销扣除。我国的企业所得税，资产在税前扣除或者摊销，是按不同资产类别规定不同的折旧年限或摊销年限。以固定资产为例，税法对不同类别固定资产，规定了不同的折旧年限：

> 除国务院财政、税务主管部门另有规定外，固定资产计算折旧的最低年限如下：
>
> （一）房屋、建筑物，为20年；
>
> （二）飞机、火车、轮船、机器、机械和其他生产设备，为10年；
>
> （三）与生产经营活动有关的器具、工具、家具等，为5年；
>
> （四）飞机、火车、轮船以外的运输工具，为4年；
>
> （五）电子设备，为3年。

所以对收购方而言，必须把收购总价分摊到每一项资产，从而才能确认其计税基础。对收购方最有利的分摊，当然是希望能尽量分摊给越早摊销的资产越有利。

收购对价的分摊，对于增值税来说，也具有一定意义。在资产转让中，如双方适用缴纳增值税的政策，由于我国现行增值税设置了不同档次的税率，转让方和收购方在此问题上，也会有不同的诉求。

转让方和收购方对收购对价的分摊存在不同考虑，这就要求税法上有一个明确规定，以保证国家税收利益。遗憾的是，目前我国税法对此没有明确的规定。实务处理时，大部分资产收购中，重组双方各自约定了不同资产的对价，税务机关也没怎么去关注其中的分摊问题。

这个问题上，我们可以借鉴国外的一些做法。如在有些国家，税务机关通常会尊重交易双方在收购协议中对收购对价的约定。如果没有特别的避税倾向，一般不会否定当事方确定的分摊结果。但当特殊情形下，税务部门可以否定收购双方的分摊方式，并应按税务机关确定的分摊方法进行分摊。税务部门认可的分摊方法一般是剩余价值分摊法，即把收购资产分为四大类：第一类现金、银行存款类，第二类为其他金融资产与应收账款，第三类为商誉以外的其他资产，第四类为商誉类。剩余价值分摊法确认了不同类别资产的分摊顺序，只有当前一类资产的价值得以分摊后，才能在后一顺序的资产中进行分摊。

## ▶ 收购方对资产计税基础的分摊

上面谈到的是收购对价的分摊问题。其实，在实务中，还有一个回避不了的问题。财税〔2009〕59号文件规定，在特殊性税务处理时，对交易中股权支付暂不确认有关资产的转让所得或损失，其非股权支付部分仍应在交易当期确认相应的资产转让所得或损失，并同时调整资产的计税基础。

上例中，假设双方最后谈成的交易价格就是2000万元，收购方支付对价是：股权支付1800万元，现金支付200万元。按照财税〔2009〕59号文件规定，转让方应该当期确认所得：（2000−1600）×10%=40（万元）。

同时收购方取得收购资产的计税基础为：1600+40=1640（万元）。

对转让方而言，这40万元的确认所得，需不需要在各类资产中进行分摊？好在我们国家对非股权支付应确认所得，采取的是整体确认方法，不区分单类资产和单项资产，也不需要明确具体的资产，是卖赚了还是卖亏了。不像有些国家做法，不允许亏损的资产实行递延纳税。所以转让方可以“偷个懒”，直接把40万元所得，打包申报纳税。

对收购方而言，如果是100%股权支付且适用特殊性税务处理情形下，直接把转让方的1600万元计税基础搬过来就行了，但现在的计税基础是1640万元，多出来的40万元，如何在各项资产中进行分摊？很遗憾，这又是在我国目前的税收规定中没有明确的。

# 第44讲
# 对赌协议的税务处理

对赌，是我们平时非正式的一种叫法，官方名称为估值调整机制。在上市公司的收购案例中，以及机构投资者的投资案例中，我们经常会看到对赌的影子。因为对赌，有人赚得盆满钵满，有人弄得倾家荡产。

## ▶ 为什么要赌？

在投资和并购重组交易中，为什么要采用对赌机制？

一是源于信息的不对称。张三公司要收购李四持有的一家公司的股权，虽然前期做了大量的尽调工作，但心里还是没底，这家企业到底有没有李四吹得那么好，前景有多么光明，每年能带来多少利润。为了保护自己的利益，张三公司要李四作出承诺，收购后标的公司要保证完成多少利润，如果完不成，李四作为原股东，要赔偿多少。

二是保护中小股东的权利。在上市公司的股权并购中，并购标的很多是上市公司大股东的关联公司，或者本身就是大股东控股的公司。大股东把自己控股的股权“高价”卖给上市公司，他自己倒赚了钱，但广大中小股民的利益受到损害了，基于这种考虑，国家允许在股权收购时设置对赌条款。

三是对标的公司管理层起到激励作用。在股权收购中，原有控制人及原经营团队有可能继续执行企业的经营管理。公司干得好、多赚钱，以前给你的钱就是你的钱；公司干得不好或者干赔了，以前给你的钱还得吐出来。通过对赌安排，把原股东的利益和标的公司利益捆绑在一起，起到激励作用。

## ▶ 正向对赌和反向对赌

对赌方式有正向对赌和反向对赌。上面案例中，双方最终约定，张三公司先付8000万元给李四，如果收购完成后三年内，标的公司每年都能完成对赌设定的业绩，张三公司再付2000万元给李四。这对情形就属于正向对赌，类似于“先付再加上追加支付”。

反向对赌中，约定张三公司支付股权转让款1亿元，如果标的公司完不成业绩指标，由李四负责补偿2000万元。反向对赌类似于“先付加返还”。

## ▶ 对赌税务处理的门派之争

有关对赌的税务处理，在国家层面的政策规定上，唯有个人所得税里有一条规定。国家税务总局公告2014年第67号中写道：纳税人按照合同约定，在满足约定条件后取得的后续收入，应当作为股权转让收入。也就是明确了，个人在转让股权时，哪怕是转让取得的后续收入，都要缴纳个人所得税。这条政策明确了后续收入要作收入，但没写清楚补偿的支出能不能退税的问题。

由于国家层面对于对赌税务处理政策的缺失，再加上对赌本身的复杂性，目前对于对赌的认识不同，观点迥异，门派很多，有“期权说”“价格调整说”“捐赠说”等。但占主流的两派是“期权说”“价格调整说”。

关于“期权说”。如上面张三公司和李四间的对赌，“期权说”认为，转让方李四在出售股权的同时，出售了一份看跌的期权；张三公司相当于买了这一份期权。如三年后标的公司业绩未达标，李四要进行赔付，李四相当于投资发生损失，支付的赔偿，可以在当期所得税前扣除。张三公司收到补偿，相当于取得了期权的投资收益，应该并入当期所得缴纳所得税。

关于"价格调整说"。"价格调整说"，更多把事后支付补偿的事项，和以前股权转让合并为同一个事项来处理。如几年后李四补偿给张三公司2000万元，这2000万元交易不是孤立的，是上次交易中的一个组成部分。因此，"价格调整说"，支持李四调减收入、张三公司调整股权的原计税基础。

在企业所得税的处理上，唯有海南省地方税务局曾经有个专门的批复。《海南省地方税务局关于对赌协议利润补偿企业所得税相关问题的复函》（琼地税函〔2014〕198号）：

> 依据《中华人民共和国企业所得税法》及《中华人民共和国企业所得税法实施条例》关于投资资产的相关规定，你公司在该对赌协议中取得的利润补偿可以视为对最初受让股权的定价调整，即收到利润补偿当年调整相应长期股权投资的初始投资成本。

可见，当年的海南地税也持"价格调整说"观点，但遗憾的是，在海南文件中，没有讲到支付方如何进行税务处理的问题。

由于现行税法对重组中的对赌业务没有明确的规定。下面结合平时比较常见的对赌模式，谈一下税务处理的思路。

## ▶ 股权收购中正向对赌的税务处理

正向对赌中，收购方先支付一部分款项，等对赌条件达到时，再支付一部分对价；若条件未完成，则不再支付款式。如在上海神开收购杭州丰禾案例中，总交易价格上限为2.16亿元。采取分期支付方式，第一期预付金额6000万元。第二期为达到设定的业绩条件时，再支付余下款项。

正向对赌中，如果支付的不是股权，税务上要关注的问题是，如何认定交易和交易的纳税义务时间问题。在现金支付情况下，主要考虑的是什么时候缴税问题。转让方如为企业法人，根据《企业所得税法》有关规定，如股权协议生效且完成股权变更时，转让方要一次性确认收入。如转让方为个人，按照国家税务总局公告2014年第67号规定，在收到钱、协议生效、成为实际股东等三个时间点上，哪个早按哪个时点申报缴税。

正向对赌的税务处理比较好操作。后一笔支付的交易会不会真实的产生，具有很大不确定性。只要合同签订时考虑得周全一点，极有可能做到先就确定的款式申报缴纳所得税。

我们再来讨论下，如果收购方支付的是股权的情形。当然，实务中这种案例不太多见。因为上市公司定向增发，涉及审批等手续，多次增发会涉及到多次手续。如果出现这种情况，和上面用现金支付情况相比，还要多考虑一个问题，就是如果采取特殊性税务处理，如何计算股权支付比例和股权收购比例的问题。这些税务处理，都是没有现成的税法加以明确的。

### ▶ 股权收购中反向对赌的税务处理

在大部分并购重组中的对赌条款上，一般都采取反向对赌方式。根据对赌补偿的当事人不同，有收购方与转让方之间的对赌补偿，有转让方与标的公司之间的对赌补偿，如图15所示。

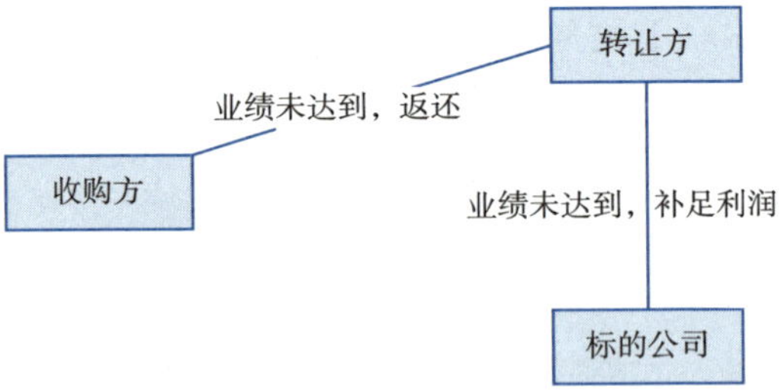


图15 反向对赌方式示意图

转让方先收到了1亿元的股权转让款，一般意义上，转让方就1亿元申报缴纳企业所得税或个人所得税，收购方按1亿元做了股权的计税基础。几年后转让方对赌失败，赔偿给收购方2000万元或赔偿给标的公司2000万元。

赔偿给收购方情形。收到钱一方，是应该就补偿款缴税，还是调整股权的计税基础，在实务中争论很大。按照原海南地税局的观点，可以作为对原有股权计税基础的调整，也就是把原来1亿元的计税基础，调整到8000万元，这对收购方而言，当然是最有利的处理方式。

实务中，大部分税务机关不认可这种做法，税务机关观点更倾向于确认收入计缴所得税。也有些税务局人士的观点，既然税法不明确，那就看企业的会计处理。收购方如果把补偿款计入到“营业外收入”“投资收益”等损益类科目，那就作所得处理缴纳企业所得税；如果收购方会计上没有计入损益，只是调整了长期股权投资的成本，或者计入资本公积等权益类科目，有些税务机关还是认可不作为所得缴纳所得税。

对付钱一方（一般是转让方）而言，税务上的处理又是一个难题。我们先来讨论下转让方是企业法人的情况。有人认为应视为捐赠支出不得在税前扣除，什么都往捐赠靠是没有道理的，本书不讨论这种观点。还有两种观点，无非就是作损失扣除还是调整收入的问题。作损失处理，只有在当期或以后的所得税年度扣除。作调整收入处理，如果调整以前年度的收入，那就会涉及退还企业所得税的情况，但按照企业所得税处理规则，要往前调以前年度的收入，几乎不太可能。那就调当年的收入，其结果和作损失扣除的结果基本是一致的。所以，转让方是法人话，问题不是很大。

如果转让方是自然人的话，问题就闹大了。对个人来说，股权转让所得是按次按项计算缴纳个人所得税的，冲当年收入和作当年的损失，对个人来说，没有实质意义。唯有调整转让当年的股权转让收入，才是解决问题之王道。可税法只规定了“后续的收入要作收入”，没规定“后续的返还可以调整当年的收入”。实务中，有个人申请退还个人所得税成功的案例，但只是极少数。

在谈到对赌个人所得税的退还中，还应该谈到两个文件。

第一个文件是《财政部 国家税务总局关于个人非货币性资产投资有关个人所得税政策的通知》（财税〔2015〕41号）。该文件中规定了个人用股权出资，可以适用分5年分期纳税的政策。如果个人当时申请了分5年缴税的政策，在对赌失败支付补偿时，可能税款没有缴纳入库，这种情况下沟通的余地相对来说大一点，因为这种情形下毕竟不是税款的退还。

还有一个文件是《国家税务总局关于纳税人收回转让的股权征收个人所得税问题的批复》（国税函〔2005〕130号）文件：

> 一、根据《中华人民共和国个人所得税法》及其实施条例和《中华人民共和国税收征收管理法》的有关规定，股权转让合同履行完毕、股权已作变更登记，且所得已经实现的，转让人取得的股权转让收入应当依法缴纳个人所得税。转让行为结束后，当事人双方签订并执行解除原股权转让合同、退回股权的协议，是另一次股权转让行为，对前次转让行为征收的个人所得税款不予退回。
>
> 二、股权转让合同未履行完毕，因执行仲裁委员会作出的解除股权转让合同及补充协议的裁决、停止执行原股权转让合同，并原价收回已转让股权的，由于其股权转让行为尚未完成、收入未完全实现，随着股权转让关系的解除，股权收益不复存在，根据个人所得税法和征管法的有关规定，以及从行政行为合理性原则出发，纳税人不应缴纳个人所得税。

国税函〔2005〕130号文件对没有履行完成的股权转让合同，通过一定途径解除合同后，视为原股权转让关系的解除，个人不应该缴纳个人所得税从而可以退还。

反向对赌中的第二种情形，转让方补偿给标的公司。对于转让方而言，尽管收钱的这一方不是收购方，但也可视为转让方把钱先补偿给收购方、收购方再支付给标的公司的行为，其中税务问题和第一种情形相差不大，无非就是作损失、调当年收入、调转让当年收入的问题。对于标的公司而言，税务处理又出现了新问题：

如果转让方没有完全卖完标的公司的股权，还存在持股的关系，那转让方和标的公司之间，还是股东与被投资企业的关系，按照《国家税务总局关于企业所得税应纳税所得额若干问题的公告》（国家税务总局公告2014年第29号）的规定，转让方对标的公司的补偿，可以视为收入处理，也可以视为权益性交易。只要标的公司将补偿款计入实收资本或资本公积科目，标的公司可以不视为企业所得税上的所得。

如果股权转让后，转让方和标的公司之间没有股权关系。这种情形下，要视为权益性交易，或让税务机关同意视为：实际是转让方补偿给收购方、再由收购方投入的权益性交易，是比较难做到的。对标的公司来说，只有缴税一条路了。

### ▶ 为什么对赌的税务处理很难制定统一的政策？

在投资和并购重组领域，设置对赌条款，是比较常见的一种交易安排。为什么总局层面至今未出台相关的税收政策？因为对赌这事不简单。

第一，如果要明确对赌的税务处理政策，势必要对现行的税收原理和政策有所改变和突破。如企业所得税中，如果允许对股权的计税基础进行调整，会涉及按历史成本计量的规则；允许冲减转让当年的收入，会涉及收入确认时间的规则。个人所得税中，如果允许退还转让方个人所得税，会涉及个人所得税的所得确认和按次纳税的规则等。

第二，对赌安排中真正的交易动机，是千差万别的。前面的讨论都是以"君子之心度君子之腹"，讨论的都是基于出于正常重组动机而安排的对赌行为。实务中，以对赌之名，行融资之实的案例比比皆是。在有些增资的案例中，通过设定不可能完成的"里程碑"事件，融资方以支付补偿名义，实际支付的是一个较为固定的投资回报；在有些股权转让中，通过股权转让之名，行"明股暗债"之实的案例，也是极常见的。

所以对赌的税务处理，还会涉及股和债两种不同融资工具的定性以及其中的税务处理。这其中的复杂，一是不仅仅有税务问题，还有很多法律事实的定性问题。二是如果针对对赌事项，贸然出台税收政策，可能会对债、股的税收处理规则带来混乱。如海南的规定，对收钱方视为计税基础的调整，支付方视为投资损失也好，视为收入调减也好，必然是在当期的所得额中作了扣除处理。一方作扣除，另一方不需要缴税，这种处理方式，在股权融资中还勉强适用，在债务融资中会有很大漏洞。

第三，对赌的税务处理，还会涉及避税的问题。任何一项政策的出台，都要考虑其背后有没有避税的空间。利用金融工具交易、有意制造损失进行避税，已是税收管理中的一大“怪胎”。对赌税收政策，如果制定得不够严谨，就会出现“三分钟节税几千万”的超级“神话”。本来还得利用金融工具这种常人碰不到的交易来做一些所谓的筹划，以后只需要通过一次增资、一次股权转让，便可以把企业的利润消失得无影无踪。

所以，在暂时说不清也拿不准的情况下，不如不去说清楚，让子弹继续飞吧。

# 第六篇

# 个人股权转让的税务问题

# 第45讲
## 股权转让的个人所得税

股权转让的个人所得税，一向是税务机关管理的重点，也是纳税人和税务机关容易引起争议的焦点问题。为什么股权转让的个人所得税那么难管理？股权转让中涉及税款金额较大，动不动就成百上千万元。相对于企业来说，个人的避税动机更加强烈，能省的钱，省下来都装进自己的腰包。有一段时间的搜索引擎，只要一输入“个人转让股权”，铺天而来的都是“股权转让合理避税、税收洼地保证税负3个点以下”之类的广告，让人感觉卖股权时不做点筹划很不好意思。

个人所得税，更多依靠的是支付人的代扣代缴方式，但股权转让中，虽然也规定了支付方代扣代缴的义务，但由于金额大，购买方为促成早日达成股权的成交，也有意愿配合转让方做一些文章。股权的交易，不像其他商品交易一样，价格具有一定的可参考性，特别是非上市公司的股权，没有一个可以参考的价格，也容易人为在交易价格上做文章。股权的交易，转让方和受让方之间，没有发票这个重要管理的载体。种种因素交集在一起，让个人转让股权，成为税收管理上的难点和焦点。

2014年，出台了关于个人股权转让的重磅文件，即《国家税务总局关于股权转让所得个人所得税管理办法（试行）》（国家税务总局公告2014年第67号）。该管理办法就股权转让范围、股权转让双方及被投资企业的权利义务、股权转让收入和股权原值的确认、纳税时点、税务机关征收管理、服务规范等问题进行了完善和重新明确。是目前个人股权转让中重要的税收文件，现将全文摘录如下。

## 股权转让所得个人所得税管理办法（试行）

### 第一章 总 则

第一条 为加强股权转让所得个人所得税征收管理，规范税务机关、纳税人和扣缴义务人征纳行为，维护纳税人合法权益，根据《中华人民共和国个人所得税法》及其实施条例、《中华人民共和国税收征收管理法》及其实施细则，制定本办法。

第二条 本办法所称股权是指自然人股东（以下简称个人）投资于在中国境内成立的企业或组织（以下统称被投资企业，不包括个人独资企业和合伙企业）的股权或股份。

第三条 本办法所称股权转让是指个人将股权转让给其他个人或法人的行为，包括以下情形：

（一）出售股权；

（二）公司回购股权；

（三）发行人首次公开发行新股时，被投资企业股东将其持有的股份以公开发行方式一并向投资者发售；

（四）股权被司法或行政机关强制过户；

（五）以股权对外投资或进行其他非货币性交易；

（六）以股权抵偿债务；

（七）其他股权转移行为。

第四条 个人转让股权，以股权转让收入减除股权原值和合理费用后的余额为应纳税所得额，按“财产转让所得”缴纳个人所得税。

合理费用是指股权转让时按照规定支付的有关税费。

第五条 个人股权转让所得个人所得税，以股权转让方为纳税人，以受让方为扣缴义务人。

第六条 扣缴义务人应于股权转让相关协议签订后5个工作日内，将股权转让的有关情况报告主管税务机关。

被投资企业应当详细记录股东持有本企业股权的相关成本，如实向税务机关提供与股权转让有关的信息，协助税务机关依法执行公务。

## 第二章 股权转让收入的确认

第七条 股权转让收入是指转让方因股权转让而获得的现金、实物、有价证券和其他形式的经济利益。

第八条 转让方取得与股权转让相关的各种款项，包括违约金、补偿金以及其他名目的款项、资产、权益等，均应当并入股权转让收入。

第九条 纳税人按照合同约定，在满足约定条件后取得的后续收入，应当作为股权转让收入。

第十条 股权转让收入应当按照公平交易原则确定。

第十一条 符合下列情形之一的，主管税务机关可以核定股权转让收入：

（一）申报的股权转让收入明显偏低且无正当理由的；

（二）未按照规定期限办理纳税申报，经税务机关责令限期申报，逾期仍不申报的；

（三）转让方无法提供或拒不提供股权转让收入的有关资料；

（四）其他应核定股权转让收入的情形。

第十二条 符合下列情形之一，视为股权转让收入明显偏低：

（一）申报的股权转让收入低于股权对应的净资产份额的。其中，被投资企业拥有土地使用权、房屋、房地产企业未销售房产、知识产权、探矿权、采矿权、股权等资产的，申报的股权转让收入低于股权对应的净资产公允价值份额的；

（二）申报的股权转让收入低于初始投资成本或低于取得该股权所支付的价款及相关税费的；

（三）申报的股权转让收入低于相同或类似条件下同一企业

同一股东或其他股东股权转让收入的；

（四）申报的股权转让收入低于相同或类似条件下同类行业的企业股权转让收入的；

（五）不具合理性的无偿让渡股权或股份；

（六）主管税务机关认定的其他情形。

第十三条　符合下列条件之一的股权转让收入明显偏低，视为有正当理由：

（一）能出具有效文件，证明被投资企业因国家政策调整，生产经营受到重大影响，导致低价转让股权；

（二）继承或将股权转让给其能提供具有法律效力身份关系证明的配偶、父母、子女、祖父母、外祖父母、孙子女、外孙子女、兄弟姐妹以及对转让人承担直接抚养或者赡养义务的抚养人或者赡养人；

（三）相关法律、政府文件或企业章程规定，并有相关资料充分证明转让价格合理且真实的本企业员工持有的不能对外转让股权的内部转让；

（四）股权转让双方能够提供有效证据证明其合理性的其他合理情形。

第十四条　主管税务机关应依次按照下列方法核定股权转让收入：

（一）净资产核定法

股权转让收入按照每股净资产或股权对应的净资产份额核定。

被投资企业的土地使用权、房屋、房地产企业未销售房产、知识产权、探矿权、采矿权、股权等资产占企业总资产比例超过20%的，主管税务机关可参照纳税人提供的具有法定资质的中介机构出具的资产评估报告核定股权转让收入。

6个月内再次发生股权转让且被投资企业净资产未发生重大变化的，主管税务机关可参照上一次股权转让时被投资企业的资产评估报告核定此次股权转让收入。

（二）类比法

1. 参照相同或类似条件下同一企业同一股东或其他股东股权转让收入核定；

2. 参照相同或类似条件下同类行业企业股权转让收入核定。

（三）其他合理方法

主管税务机关采用以上方法核定股权转让收入存在困难的，可以采取其他合理方法核定。

第三章　股权原值的确认

第十五条　个人转让股权的原值依照以下方法确认：

（一）以现金出资方式取得的股权，按照实际支付的价款与取得股权直接相关的合理税费之和确认股权原值；

（二）以非货币性资产出资方式取得的股权，按照税务机关认可或核定的投资入股时非货币性资产价格与取得股权直接相关的合理税费之和确认股权原值；

（三）通过无偿让渡方式取得股权，具备本办法第十三条第二项所列情形的，按取得股权发生的合理税费与原持有人的股权原值之和确认股权原值；

（四）被投资企业以资本公积、盈余公积、未分配利润转增股本，个人股东已依法缴纳个人所得税的，以转增额和相关税费之和确认其新转增股本的股权原值；

（五）除以上情形外，由主管税务机关按照避免重复征收个人所得税的原则合理确认股权原值。

第十六条　股权转让人已被主管税务机关核定股权转让收入并依法征收个人所得税的，该股权受让人的股权原值以取得股权时发生的合理税费与股权转让人被主管税务机关核定的股权转让收入之和确认。

第十七条 个人转让股权未提供完整、准确的股权原值凭证，不能正确计算股权原值的，由主管税务机关核定其股权原值。

第十八条 对个人多次取得同一被投资企业股权的，转让部分股权时，采用“加权平均法”确定其股权原值。

第四章 纳税申报

第十九条 个人股权转让所得个人所得税以被投资企业所在地地税机关为主管税务机关。

第二十条 具有下列情形之一的，扣缴义务人、纳税人应当依法在次月15日内向主管税务机关申报纳税：

（一）受让方已支付或部分支付股权转让价款的；

（二）股权转让协议已签订生效的；

（三）受让方已经实际履行股东职责或者享受股东权益的；

（四）国家有关部门判决、登记或公告生效的；

（五）本办法第三条第四至第七项行为已完成的；

（六）税务机关认定的其他有证据表明股权已发生转移的情形。

第二十一条 纳税人、扣缴义务人向主管税务机关办理股权转让纳税（扣缴）申报时，还应当报送以下资料：

（一）股权转让合同（协议）；

（二）股权转让双方身份证明；

（三）按规定需要进行资产评估的，需提供具有法定资质的中介机构出具的净资产或土地房产等资产价值评估报告；

（四）计税依据明显偏低但有正当理由的证明材料；

（五）主管税务机关要求报送的其他材料。

第二十二条　被投资企业应当在董事会或股东会结束后5个工作日内，向主管税务机关报送与股权变动事项相关的董事会或股东会决议、会议纪要等资料。

被投资企业发生个人股东变动或者个人股东所持股权变动的，应当在次月15日内向主管税务机关报送含有股东变动信息的《个人所得税基础信息表（A表）》及股东变更情况说明。

主管税务机关应当及时向被投资企业核实其股权变动情况，并确认相关转让所得，及时督促扣缴义务人和纳税人履行法定义务。

第二十三条　转让的股权以人民币以外的货币结算的，按照结算当日人民币汇率中间价，折算成人民币计算应纳税所得额。

第五章　征收管理

第二十四条　税务机关应加强与工商部门合作，落实和完善股权信息交换制度，积极开展股权转让信息共享工作。

第二十五条　税务机关应当建立股权转让个人所得税电子台账，将个人股东的相关信息录入征管信息系统，强化对每次股权转让间股权转让收入和股权原值的逻辑审核，对股权转让实施链条式动态管理。

第二十六条　税务机关应当落实好国税部门、地税部门之间的信息交换与共享制度，不断提升股权登记信息应用能力。

第二十七条　税务机关应当加强对股权转让所得个人所得税的日常管理和税务检查，积极推进股权转让各税种协同管理。

第二十八条　纳税人、扣缴义务人及被投资企业未按照规定期限办理纳税（扣缴）申报和报送相关资料的，依照《中华人民共和国税收征收管理法》及其实施细则有关规定处理。

第二十九条　各地可通过政府购买服务的方式，引入中介机构参与股权转让过程中相关资产的评估工作。

第六章　附　则

第三十条　个人在上海证券交易所、深圳证券交易所转让从上市公司公开发行和转让市场取得的上市公司股票，转让限售股，以及其他有特别规定的股权转让，不适用本办法。

第三十一条　各省、自治区、直辖市和计划单列市地方税务局可以根据本办法，结合本地实际，制定具体实施办法。

第三十二条　本办法自2015年1月1日起施行。《国家税务总局关于加强股权转让所得征收个人所得税管理的通知》(国税函〔2009〕285号)、《国家税务总局关于股权转让个人所得税计税依据核定问题的公告》(国家税务总局公告2010年第27号)同时废止。

# 第46讲 个人股权转让税收管理的三大法宝

前一讲中，讲到了个人转让股权是如何难管理。不过你不用担心，“只要思想不滑坡，办法总比困难多”。税务机关针对个人的股权转让税收，有几大利器，这几件利器，可谓是个人股权转让税收管理中的法宝。

## ▶ 纳税地点的唯一性和确定性

个人股权转让以被投资企业所在地税机关为主管税务机关。

为什么要先谈纳税地点的事情，因为这事在个人股权转让中很重要。个人的税收管理，不像企业一样。企业一般都有注册地，有一个稳定的经营地，并在当地办理税务登记，接受当地税务机关的管理。可是个人不一样，个人的税收管理，难在个人的流动性太强。新《个人所得税法》实施后，也只规定了个人有一个比较稳定的“综合所得”汇算清缴主管税务机关。

为什么说对个人股权转让，有一个明确纳税地点很重要。一是这个纳税地点必须是唯一的、指定的，不能有所选择。二是这个纳税地点必须是清晰的，不会引起争执。如果这两点做不到，后果会很严重。个人的所得，和企业产生的所得不一样。企业都是建立在持续经营前提下开展的，哪怕今天税漏了、少缴了，明天还得补回来。个人的所得就不一样，他是按次征收缴纳的，没有持续性可言。

个人转让股权，其纳税地点必须是清晰的。没有一个清晰的纳税地，就会引出很多事。曾经有人做过这么一个税收筹划，一个外省的自然人，投资在深圳的一家公司，后来想把这家公司的股权给卖了。算下来要缴好多税，这时有高人帮他策划。你老家不正是有名的税收洼地嘛，税缴回老家去，老家有税收返还，拿点个税返还，也相当于把税负给降下来了。于是就照高人的这个方案去操作了。结果这税自然没有在外省缴纳成功。反过来想想，个人转让股权的纳税地点，如果真的可以随意变动，那后果会是什么？

国家税务总局公告2014年第67号沿续了以前做法，规定了个人转让股权的唯一纳税地点——被投资企业所在地。不管你是哪里的人，不管是个人自己申报，还是受让方帮你代扣代缴，都必须在被转让股权的企业所在地缴纳。纳税地点的唯一性、指定性，断了很多人操作的空间，至少一般情况下，你不能把股权转让收入挪到别的地方去缴税了。

### ▶ 股权转让的前置管理

股权转让的前置管理，是个人股权转让税务管理的又一“杀伤性”利器。你想啊，哪个企业的股权被转让了，税务机关是很难知道和掌握的。如果没有前置的动作，事后要去把这笔税款追回来，得花多少精力，还不一定追得回。

前置到哪个环节，是最有效的？当然是办理股权变更的环节。其实在国家税务总局公告2014年第67号文件出台以前,《国家税务总局关于加强股权转让所得征收个人所得税管理的通知》(国税函〔2009〕285号)中规定:

> 股权交易各方在签订股权转让协议并完成股权转让交易以后至企业变更股权登记之前,负有纳税义务或代扣代缴义务的转让方或受让方,应到主管税务机关办理纳税(扣缴)申报,并持税务机关开具的股权转让所得缴纳个人所得税完税凭证或免税、不征税证明,到工商行政管理部门办理股权变更登记手续。
>
> 股权交易各方已签订股权转让协议,但未完成股权转让交易的,企业在向工商行政管理部门申请股权变更登记时,应填写《个人股东变动情况报告表》(表格式样和联次由各省地税机关自行设计)并向主管税务机关申报。

但国家税务总局公告2014年第67号中,只笼统提了一句:税务机关应加强与工商部门合作,落实和完善股权信息交换制度,积极开展股权转让信息共享工作。没有提到个人转让股权前置管理的问题。直至2018年新《个人所得税法》修改时,把这一管理措施写进了法里。个人所得税法第15条:个人转让股权办理变更登记的,市场主体登记机关应当查验与该股权交易相关的个人所得税的完税凭证。

至此,从法律上明确了个人转让股权的前置管理规定,也有了上位法的依据。据此,各地纷纷出台了个人股权转让的前置性管理规定。如北京市税务局和北京市市场监督管理局联合下发的管理办法:

> 国家税务总局北京市税务局　北京市市场监督管理局关于股权转让所得个人所得税管理有关工作的通告
>
> 国家税务总局北京市税务局通告2021年第3号
>
> 根据《中华人民共和国个人所得税法》及其实施条例、《中

华人民共和国税收征收管理法》及其实施细则、《股权转让所得个人所得税管理办法（试行）》（国家税务总局公告2014年第67号）相关规定，国家税务总局北京市税务局与北京市市场监督管理局对个人股权转让有关事项通告如下：

一、公司制企业、集体所有制（股份合作）企业（以下简称“被投资企业”）的股东转让股权申请变更登记时，转让方为自然人的，适用本通告。

二、个人转让股权办理变更登记的，应先持相关资料到被投资企业所在地的主管税务机关办理纳税申报，再到市场监管部门办理股权变更登记。

三、国家税务总局北京市税务局与北京市市场监督管理局实行个人股权转让信息交互机制。经查验已完成税款缴纳（纳税申报）的，市场主体登记机关依法为其办理股权变更登记。

四、本通告自2021年9月1日起施行。

特此通告。

国家税务总局北京市税务局

北京市市场监督管理局

2021年7月29日

“想过户、先缴税”，前置管理的最大好处，相当于设了一道关卡，通过不同部门的相互配合，从流程上保证个人对转让股权事项的及时纳税申报。

### ▶ 代扣代缴和自行申报相结合

国家税务总局公告2014年第67号公告中，对纳税人、扣缴义务人、被转让企业的义务作出了详细的规定。该文件其实对个人转让股权规定了两种不同的申报缴纳方式：一种是纳税人自我申报完税，另一种是由受让方代扣代缴税款。

> 第五条　个人股权转让所得个人所得税，以股权转让方为纳税人，以受让方为扣缴义务人。
>
> 第六条　扣缴义务人应于股权转让相关协议签订后5个工作日内，将股权转让的有关情况报告主管税务机关。
>
> 第二十条　具有下列情形之一的，扣缴义务人、纳税人应当依法在次月15日内向主管税务机关申报纳税……
>
> 第二十一条　纳税人、扣缴义务人向主管税务机关办理股权转让纳税（扣缴）申报时，还应当报送以下资料。
>
> 第二十二条　主管税务机关应当及时向被投资企业核实其股权变动情况，并确认相关转让所得，及时督促扣缴义务人和纳税人履行法定义务。

从67号公告的以上条款中，我们得出一个结论，在个人转让股权时，既可以由纳税人自行申报，也可以由受让方代扣代缴。为什么要作出这种规定?

我国现行的个人所得税，基本上由支付人代扣代缴税款，包括工资薪金的个人所得税，财产转让的个人所得税等。对个人所得税来说，在目前的征管形势下，代扣代缴方式是最便捷、最高效、最有利于征管的申报缴纳方式。

但个人股权转让和其他所得有所不同，个人转让股权所得，是要扣除其历史成本的。考虑到有些纳税人，不愿意将自己的历史投资情况告知受让人。因此，国家税务总局很开明地制定了这种独特的申报方式。其实一句话就足以表达其出发点：只要税不跑掉，谁来申报都可以。

话虽这么说，纳税人申报也可以，扣缴人申报也可以，但如果纳税人真的没有申报缴纳税款，扣缴义务人要不要负法律责任？我们来看一个案例：

> 国家税务总局××省税务局稽查局税务行政处罚事项告知书
>
> 吴××：
>
> 对你的税收违法行为拟作出税务行政处罚决定，根据《中华

> 人民共和国税收征收管理法》第八条、《中华人民共和国行政处罚法》第三十一条规定，现将有关事项告知如下：
>
> 一、税务行政处罚的事实依据、法律依据及拟作出的处罚决定：
>
> 根据《中华人民共和国个人所得税法》（中华人民共和国主席令第48号）第八条之规定，以支付给肖××7人股权转让所得的个人吴××为以上7人个人所得税扣缴义务人。
>
> （二）税务行政处罚的法律依据及拟作出的处罚决定：
>
> 根据《中华人民共和国税收征收管理法》第六十九条之规定，扣缴义务人应扣未扣、应收而不收税款的，由税务机关向纳税人追缴税款，拟对扣缴义务人吴××处应扣未扣、应收未收税款一倍的罚款46233090.00元。

个人也好，企业法人也好，作为股权的受让方，都负有法定的扣缴义务。如果没有履行这项义务，面临的是行政处罚。在个人股权转让中，股权购买方必须要有代扣代缴税款的意识。实务中，因为转让方没有申报完税，税务机关最容易找的就是扣缴义务人，毕竟他还是标的公司现在的股东，比找当初转让股权的个人，容易多了。如转让方没有纳税、扣缴人也没有扣缴，税务机关盯着扣缴人，转让方不配合不拿钱，也只有扣缴人自掏腰包了。当然税务机关不能要求扣缴人补缴税款，但可以进行行政处罚。一般对扣缴义务人的罚款都是1倍起步，意思也就是税款的钱不能少。

为维护自身利益，建议扣缴义务人从以下几方面着手：从自然人手中收购股权，必须在合同或协议里写明税款的有关条款；如果转让人提出自己申报完税，在股权转让合同里应该有一定的保证措施。在很多上市公司发布的公告里，我们都能看到这些具体的条款，如在付清最后一笔转让款之前，自然人应该提供相应的完税证明等保证措施等。

# 第47讲
# 股权转让收入的核定

上一讲中，讲到了在股权转让的个人所得税管理中，税务机关有三大法宝：规定纳税地点、把个税的申报缴纳放在股权变更环节前置管理、把纳税人和扣缴人捆绑管理三大工具。这三大工具只要落实到位，基本解决了个人转让股权中不进行纳税申报的痛点。但纳税人申报多少，申报的收入和成本是否真实，仅靠这三个工具无法解决。别急，对付不申报有办法，对付少申报也有办法。

## ▶ 什么情况下可以核定股权转让收入

国家税务总局公告2014年第67号（以下简称67号公告）规定了特定情形下，税务机关可以不采信纳税人申报的股权转让收入，有权进行核定：

> 第十一条　符合下列情形之一的，主管税务机关可以核定股权转让收入：
>
> （一）申报的股权转让收入明显偏低且无正当理由的；
>
> （二）未按照规定期限办理纳税申报，经税务机关责令限期申报，逾期仍不申报的；
>
> （三）转让方无法提供或拒不提供股权转让收入的有关资料；
>
> （四）其他应核定股权转让收入的情形。

67号公告对上述四种情形，赋予了主管税务机关核定股权转让收入的权利。对股权转让收入的核定，虽然不是67号文件的首创，但这种管理方式，绝对是67号文件的重点内容。

从税务机关公布的案例来看，在收入上做文章，是个人转让股权又一大顽症。在上市公司收购个人股权的交易中，因为要公开披露交易的信息，有“大众的眼睛”盯着你，而且上市公司一般来说风险防范意识较强，因此，在上市公司的收购案例中，配合个人一起作假的概率比较小。但在个人和个人的股权交易、个人和非公众公司的股权交易中，通过签订虚假的阴阳合同，以达到少缴个人所得税目的，这种情况还是比较常见的。

67号公告规定，对个人申报股权收入明显偏低，却又提供不出正当理由的，税务机关可核定其股权转让的收入。这条政策，起到了极大的告诫和警示作用，明白地提醒纳税人：你不要无视税务机关的存在。

## ▶ 什么是收入明显偏低

什么是收入明显偏低，67号公告中列举了六种情形，对这几中情形我们来进行分析：

第一种情形，申报的股权转让收入低于股权对应的净资产份额的。其中，被投资企业拥有土地使用权、房屋、房地产企业未销售房产、知识产权、探矿权、采矿权、股权等资产的，申报的股权转让收入低于股权对应的净资产公允价值份额的。

这种情形下的核定，是税务机关平时运用最多的一种。个人在申报股权转让收入时，一般不能低于对应的净资产份额。我们知道，企业最终是投资者和股东的，股东的财产权益体现在被投资企业的净资产上。所以不能低于净资产份额，是税务机关容忍的底线，否则税务机关有权对收入进行核定。

个人在申报股权转让收入时，税务机关会审查被投资企业资产负债表中的相关情况。这其中经常会出现的问题是，应该以什么时期的资产负债表为依据？是以股权转让前一期的报表为依据，还是以转让上一年度的报表为依据。67号公告中虽然没写清楚这一点，但大部分税务机关，一般都会以股权转让前一期的财务报表为依据。但在审核报表有关数据时，发现疑点的，也会审查前期的财务报表。

如果对应的被投资企业中，有股权、土地使用权、房产等七类资产的，税务机关不再以账面净资产来作为衡量标准，必须以净资产公允价值来作为衡量标准。股权、土地使用权等七类财产，相对来说容易增值，其账面价值与公允价值会有较大差别，所以要以公允价值来衡量。

第二种情形，申报的股权转让收入低于初始投资成本或低于取得该股权所支付的价款及相关税费的。

股权转让的收入一般不能低于投资的成本价，这又是一大底线。一般意义上低于投资成本转让，视为价格明显偏低。但也不是所有的低于成本就是不合理的转让，如被转让股权的企业，有可能资不抵债，只要个人提供出合理的理由并能让税务机关采信。

第三、第四种情形。申报的股权转让收入低于相同或类似条件下同一企业同一股东或其他股东股权转让收入的；申报的股权转让收入低于相同或类似条件下同类行业的企业股权转让收入的。

和同类企业的股权转让收入相比较，这种两个不同企业之间，一般不具有可比性。但对不同股东转让同一企业间的股权，不但具有可比性，税务机关也往往能够掌握其中的情况，特别是同一次股权收购中，同一收购主体从不同的转让人手中收购股权的交易情况。

第五、第六种情形，不具合理性的无偿让渡股权或股份；主管税务机关认定的其他情形。

## ▶ 有正当理由的情形

股权转让收入明显偏低时，什么情形下又属于有正当的理由呢？67 号公告列举了四种情形：

第一种情形，能出具有效文件，证明被投资企业因国家政策调整，生产经营受到重大影响，导致低价转让股权。对这情形，很容易理解，但实务操作时比较难判断。

说容易理解，只要三个条件同时符合即可：因国家政策调整；企业的生产经营受到重大影响；能提供有效文件。但实务中却很难判断。笔者在写这一讲的前几天，刚好有人来咨询，有人前几年投资了一家规模很大的校外培训机构，专门从事初中生的校外辅导，在本地还有一定知名度。今年以来，由于国家对校外培训进行严管，这名个人投资者想以较低价格出售股权。这种情形，属不属于因国家政策的调整，我想不同人会有不同观点；如果属于国家政策调整带来的影响，个人又应该出具什么样的有效文件呢，这是一个很纠结的问题。

第二种情形，继承或将股权转让给其能提供具有法律效力身份关系证明的配偶、父母、子女、祖父母、外祖父母、孙子女、外孙子女、兄弟姐妹以及对转让人承担直接抚养或者赡养义务的抚养人或者赡养人。

中国是一个家庭感很强烈的国家，个人和家庭的财产有时是很难区分的。67号公告对近亲属之间的股权转让，如果价格偏低，也视为有正当理由。当然，这种亲属之间转让，也是有范围限制的。往上数二代，自己的父母、祖父母及外祖父母。往下数二代，自己的子女、孙子女及外孙子女。中间加上自己的配偶和兄弟姐妹。

一般的亲属关系，很难做假，总不随便说他（她）是我的兄弟姐妹吧，得有依据。但配偶的关系，存在着变数。据说有些人为了达到少缴点个人所得税的目的，想出了“假离婚、假结婚”的办法。所以一个事情就如一枚硬币，总有它的两面，一面是为了顾及亲属间的正常的股权转移，另一面总会被一些人钻空子。

第三种情形，相关法律、政府文件或企业章程规定，并有相关资料充分证明转让价格合理且真实的本企业员工持有的不能对外转让股权的内部转让。

第三种情形，是企业员工之间的内部转让。这一情形也是容易理解但难以判断的一种情形。一般意义上理解，类似于这种情况下可以适用：有些企业内部的员工持股，不能公开对外转让，员工离职时，只能转让给内部员工。

第四种情形，属于兜底条款。股权转让双方能够提供有效证据证明其合理性的其他合理情形。

## ▶ 核定收入的方法

67号文件提供了三种收入的核定方法，分别是：

（1）净资产核定法。股权转让收入按照每股净资产或股权对应的净资产份额核定。

被投资企业的土地使用权、房屋、房地产企业未销售房产、知识产权、探矿权、采矿权、股权等资产占企业总资产比例超过20%的，主管税务机关可参照纳税人提供的具有法定资质的中介机构出具的资产评估报告核定股权转让收入。

6个月内再次发生股权转让且被投资企业净资产未发生重大变化的，主管税务机关可参照上一次股权转让时被投资企业的资产评估报告核定此次股权转让收入。

（2）类比法。①参照相同或类似条件下同一企业同一股东或其他股东股权转让收入核定；②参照相同或类似条件下同类行业企业股权转让收入核定。

（3）其他合理方法。主管税务机关采用以上方法核定股权转让收入存在困难的，可以采取其他合理方法核定。

以上三种收入的核定方法，是有先后顺序的，必须按文件规定的顺序进行核定。因此，净资产核定法是采用最多的核定方法。净资产核定法下，一般以被投资企业会计记载的净资产账面价值进行核定，如果土地使用权等7项资产超过企业总资产比例20%以上，税务机关可按照评估价进行核定。

这里的问题是，计算20%比例时，以企业账面净资产来计算，还是以评估后公允价来计算，这在实务中也容易引起争论。从可操作的层面来说，在评估之前，如果只有账面价值存在，应该按照账面价值来计算比例。

还有一个问题，应该由纳税人还是税务机关发起评估？实务中，有纳税人自己请评估机构进行评估的，有税务机关委托评估机构评估的，也有双方协商后在指定的机构进行评估的，各种情况都会存在。容易引起的一个争执是，如果纳税人请评估机构评估后，税务机关对该评估结果不予采信。这种情况下，税务机关有没有权力委托其他评估机构，重新进行评估。

讲完了什么情况下可以核定收入、怎么核定收入这两大问题。最后还得补充下，对自然人转让股权的收入核定，是基于税务机关不认可纳税人自行申报的收入，但又没有充分证据表明纳税人是虚假申报的情形下，采取的一种管理措施。因此，核定收入后，纳税人有申报完税的义务，但税务机关不能对纳税人进行罚款和加收滞纳金，也不能加收利息。

# 第48讲 个人股权转让的收入与成本

前一讲中，讲到了个人转让股权时，如转让价格明显偏低，且纳税人提供不出正当理由的，税务机关有权对收入进行核定。这一讲我们来讨论一下股权转让收入和成本的一些事情。

## ▶ 个人股权转让的收入

个人股权转让的收入，没有一个可靠的“账载”，没有一个可靠的第三方数据，全凭纳税人申报。国家税务总局公告2014年第67号文件规定，个人的股权转让收入，按公平交易价格确定。股权转让的收入，包括因股权转让而取得的现金收入、实物收入及其他形式的经济利益。同时，与股权转让相关的各种款项，包括违约金、补偿金，都要并入股权转让收入。对按照合同约定，转让人取得的后续收入，也并计股权转让收入。

总而言之，个人股权转让的收入，不论取得的形式是货币收入还是其他收入，不论取得的名目是股权款还是其他名目款项，不论取得时间是转让时还是转让后取得，只要与股权转让相关的收入，均“一网打尽”，全部并计股权转让收入款。这一规定，也是为了防止人为地拆分股权转让收入。实务中，尤其在个人与个人的交易中，利益的输送，比企业与企业之间、企业与个人之间，输送途径和渠道更加丰富多采。

### ▶ 个人转让股权的原值确定

说完了收入，再来说说成本。个人转让股权，属于个人所得税里的“财产转让所得”，以股权转让收入减除股权原值和合理费用后的余额为应纳税所得额。同理，个人的股权原值，和企业所得税不一样。企业所得税上，一般有持续的“账载”作为基础，在会计“账载”的基础上，进行纳税调整即为税收上的计税成本。但个人所得税中没有一个持续的记载。我们来看下国家税务总局公告2014年第67号文件第十五条是如何规定的：

> 个人转让股权的原值依照以下方法确认：
>
> （一）以现金出资方式取得的股权，按照实际支付的价款与取得股权直接相关的合理税费之和确认股权原值；
>
> （二）以非货币性资产出资方式取得的股权，按照税务机关认可或核定的投资入股时非货币性资产价格与取得股权直接相关的合理税费之和确认股权原值；
>
> （三）通过无偿让渡方式取得股权，具备本办法第十三条第二项所列情形的，按取得股权发生的合理税费与原持有人的股权原值之和确认股权原值；
>
> （四）被投资企业以资本公积、盈余公积、未分配利润转增股本，个人股东已依法缴纳个人所得税的，以转增额和相关税费之和确认其新转增股本的股权原值；
>
> （五）除以上情形外，由主管税务机关按照避免重复征收个人所得税的原则合理确认股权原值。

个人股权的股权原值确定，一般和企业所得税的成本确认是相同的，采取的是历史成本原则，当年出了多少钱，你的成本就是多少。以现金出资时，当年投了多少钱，不管计入实收资本还是计入资本公积，按投资的钱确认股权原值。如果当年用的是非货币性资产出资，相当于先转让资产再投资，期间可能采用了分5年计税的政策，按照税务机关认可的投资入股价格确认为股权原值。

还有几种特殊情况下的股权成本的确定。一种是个人在持有被投资企业股权期间，被投资企业用盈余公积、未分配利润（统称留存收益）转增股本的，还有一种是用资本公积转增股本的情况。在企业所得税上也好，个人所得税的处理上也罢，用留存收益转增股本，均视为先用税后利润进行分配、投资者再用分得钱进行投资的行为。因此都可以抬高股权的计税成本。区别是企业所得税属于免税的股息红利，而个人所得税一般不予免税。

被投资企业用资本公积转增股本，情况就复杂多了。在企业所得税上，按照国家税务总局公告2010年第79号文件规定，不征收企业所得税，也不属于免税的范围，因此企业所得税上，不能抬高计税基础。个人所得税上，用资本公积转增股本，是否缴纳个人所得税，争论就大了。按照国家税务总局公告2014年第67号文件，如果在资本公积转增股本环节，个人已经履行了个税的缴纳义务，就可以相应地抬高股权原值。

在企业合并分立中，如果在合并分立环节，自然人股东没有缴纳个人所得税。在下次股权转让时，应该以原有的股权原值来作扣除。

## ▶ 个人所得税中的税不重征规则

看到这里，我们似乎又多了一种人生的感悟：原来个人所得税也是链条税。个人当初投入的成本，就是以后可扣除的成本，持有期间“税”过的收入可以增加计税的成本。这只是个人所得税上的一个成本计算规则而已。真正的链条在后面呢。

按照国家税务总局公告2014年第67号文件，根据税不重征的原则确定个人股权转让的原值。

对亲属之间的无偿让渡股权行为，视为有正当的合理的理由，税务机关可以不核定其收入。同时，接受方拿到股权后，下次再出售时，以原持有人的原值为原值。这里实际上体现了两种税法上的逻辑。一种是对符合条件的亲属间的股权转让，给予的是一种视为不转让的行为，类似于一种内部的转移，所以可以用原持有人的原值来替代；另一种是税不重征的原则。

这里所说的税不重征的原则，体现在两个自然人之间。个人之间的税不重征，通过股权原值这个传导链条来实现，上家缴了税，上家的收入就是下一家的原值，即下次可以在税前扣除的成本。国家税务总局公告2014年第67号文件有一个非常有人性化的税不重征的体现：

> 第十六条　股权转让人已被主管税务机关核定股权转让收入并依法征收个人所得税的，该股权受让人的股权原值以取得股权时发生的合理税费与股权转让人被主管税务机关核定的股权转让收入之和确认。

张三转让股权给李四，张三按100万元申报股权转让收入，税务机关认为其申报收入明显偏低且没有正当理由，按净资产法核定张三的股权转让收入为200万元，张三按200万元缴了个人所得税。这时李四拿到股权的原值也调整为200万元。

这个规定中，更多从不重复征税的角度来考虑，但实际征管中会带来如下几个问题：一是张三的税如果是自己申报的，他不一定会把自己的纳税情况传递给李四。二是并非所有的纳税人提出的正当的低价理由，都会被税务机关采信，如这个案例中股权转让款就是100万元，税务机关最后核定为200万元。对李四来说，他成本就是只付出了100万元，这时李四持有股权原值调整为200万元，是明显不太合理的。三是个人转让股权过程中，收入被核定，可以抬高下游个人的原值，那如果下游是居民企业怎么办？也能抬高计税基础吗？当然，国家税务总局制定这一条的出发点是为了解决个人间不重复征税的问题。

# 第49讲 个人股权转让中有争议的两个问题

个人股权转让中的税收，一方面关系到国家的税款和利益，另一方面又是当事人直接的经济利益，而且涉及对高净值人群的税收管理及社会贫富差距的调节。国家税务总局公告2014年第67号文件（以下简称67号文件），规则中闪耀着人性的光辉，法理中蕴含着务实的品质，解决了不少的争议和问题。但67号文件也有一些不明确以及有争议的地方，这里就争议最大的分期收款的纳税时间以及认缴制下收入的核定两个问题进行讨论。

## ▶ 分期收款下什么时候纳税的问题

个人转让股权中，分期付款是常见的一种支付方式。67号文件对此又是如何规定的呢？

> 具有下列情形之一的，扣缴义务人、纳税人应当依法在次月15日内向主管税务机关申报纳税：
>
> （一）受让方已支付或部分支付股权转让价款的；
>
> （二）股权转让协议已签订生效的；
>
> （三）受让方已经实际履行股东职责或者享受股东权益的；
>
> （四）国家有关部门判决、登记或公告生效的；
>
> （五）本办法第三条第四至第七项行为已完成的；
>
> （六）税务机关认定的其他有证据表明股权已发生转移的情形。

从67号文件对纳税义务的规定来看，下列三个条件中：收到款项、协议生效、成为实际股东，只要一个时间点达到，纳税人就负有申报纳税的义务。

应该说，67号文件对个人转让股权的纳税义务时点的规定，和以前的文件规定相比，政策上是偏严的。在《国家税务总局关于纳税人收回转让的股权征收个人所得税问题的批复》（国税函〔2005〕130号）文件中写道：

> 根据《中华人民共和国个人所得税法》及其实施条例和《中华人民共和国税收征收管理法》的有关规定，股权转让合同履行完毕、股权已作变更登记，且所得已经实现的，转让人取得的股权转让收入应当依法缴纳个人所得税。

如果按照67号文件规定，纳税人只要收到一部分款项就要申报缴税。这时会有两个问题，一是缴不起税，收一部分钱，缴全部款项的税收，可能收到的钱用来缴税还不够；二是何时产生个人转让股权的纳税义务，会不会和《个人所得税法》有一定冲突，《个人所得税法》更倾向于，个人取得所得才发生纳税义务，特别是在支付方扣缴税款的情形下。

如何解决这个问题？有人建议把67号文件中“15日内向主管税务机关申报纳税”这句话，解读为“15日内向主管税务机关申报，发生纳税义务的纳税，没发生纳税义务的下次再纳税”。应该来说，这个理解契合个人所得税的规定，如果主管税务机关认可这种理解，可以积极和税务机关沟通，争取分期纳税。

在一些特殊的股权转让里，更要注意合同和协议的签订。

## ▶ 个人股东出资未到位时的股权转让

2013年《公司法》修订后，除特别规定的公司继续对注册资本实行实缴制外，一般的企业可以实行认缴制，也就是说，股东可以暂时不出资，公司的注册资本可以在公司章程规定的出资期限内由股东缴足即可。

由于新的出资方式，带来了一个新的税收问题。有些股东在未出资或少出资的情形下转让全部股权或部分股权，那么对于这种情形，股权转让时个人所得税如何处理。特别是67号文件明确表示，对转让价格明显偏低且没正当理由的，税务机关可以采取核定收入的方式。未实际履行出资义务情形下，收入偏低是否一定要核定其收入，如果核定的话，未出资股东对应的净资产应该怎么计算等问题，一直至今争论不休，没有一个官方的说法，民间说法也是各执一词。我们以经常讨论的一个案例来进行分析：

甲公司成立于2017年，注册资本100万元，自然人股东张三认缴60万元，占股权比例为60%；自然人股东李四认缴40万元，占股权比例为40%；截至2018年底公司净资产为260万元，其中实收资本60万元，全部为张三实际出资，李四实缴为0元，公司未分配利润200万元。2019年1月，李四将股权转让给自然人王五，李四向税务机关申报的股权转让收入为0元。这时，有几种不同的处理思路：

第一种思路，直接了当法。对李四来说，虽然其是甲公司的股东，甲公司成立时承诺认缴资本40万元，但实际上李四未真正履行股东的出资义务。虽说是股权转让，但李四转让的只是一个对甲公司的出资权利，不应该对其征收股权转让的个人所得税。这种情况下可理解为，股权转让的收入是0元，因此，对李四不征税。

第二种思路，简单粗暴法。李四按0元转让股权，属于67号文件中的转让价格明显偏低且无正当理由，可以按67号文件的相关条款进行收入的核定。按照67号文件，核定时首选净资产核定法：甲公司实收资本60万元，未分配利润200万元，净资产合计260万元。核定的股权转让收入为260×40%=108万元。

李四的股权原值为0，因此股权转让所得为108万元。

第三种思路，还原处理法。股权转让中，常见的也是现行规定比较明确的是股东出资到位的情况。在这个案例中，可以把李四出资未到位情形，还原成出资到位的情形下来分析其中的税务问题：

假如李四把40万元资本认缴到位，其股权转让收入核定为300×40%=120万元，同时允许其扣除40万元的原值。最终的转让所得为120−40=80万元。

第四种处理思路，情况分析法。对于股东出资未到位的情形下转让股权，要视具体情况进行分析。本案例中，甲公司对应的净资产由两部分组成，一部分是实收资本，另一部分是未分配利润。在对李四的股权转让收入进行核定时，对应的实收资本部分，李四不享有对应的权利，故不能核定为收入。未分配利润对应的部分，要视情况而定。如果双方股东在公司章程中约定，不管有没有实际出资，股东都享有对利润的分配权，这种情况下，对李四的股权转让收入核定为200×40%=80万元。如果双方股东在公司章程中约定，股东在没有实际履行出资前，不享有对利润的分配权，这种情况下，对李四的股权转让收入核定为0。

上述四种处理思路，各有各的道理，各有各的逻辑。其中第三、四种处理思路占主流观点。

# 第50讲
# 个人转让股权中的那些偏门

个人转让股权中的避税和反避税、逃税和反逃税，犹如一场永不落幕的游戏，一直在沿续着。本书旨在宣讲税法，讲清税法中的一些原理和规定，决不是避税和逃税的工具书。但对实务中流行的一些规避个税的做法，有必要做一些分析，厘清其中的税收政策是否有不明确之处，税收征管上是否有明显漏洞，这是本讲的核心出发点。

## ▶ 阴阳合同

在个人股权转让、个人二手房买卖中，通过阴阳合同或协议的方式，以一份桌下协议（即阴合同），约定真实的交易对价、双方权利义务等，以另一份桌上协议（也称阳合同），交由税务部门或相关权利登记机构办理备案登记。从而企图以较低价格纳税申报、达到少缴税的目的，是比较常见的一种做法。我们来看一份税务机关发的税务事项通知书：

林某某：（居民身份证号码：350***************）

事由：

我局于2019年8月5日起对你2014年1月1日至2015年12月31日期间涉税情况进行检查，经检查你以夏某某名义持有××市H房地产开发有限公司40%股权。

2014年1月24日，你以夏某某名义与××市Y投资有限公司签订《××市H房地产有限公司股权转让协议》，将夏某某名下你实际持有的40%××市H房地产开发有限公司股权转让给××市Y投资有限公司，股权转让价格为人民币8000.00万元，并于2014年2月26日办妥股权变更手续，××市Y投资有限公司当时实际控制人为何某某。福建省××市中级人民法院（201《民事判决书》）查明2015年7月25日你与何某某签订《补充协议》，确认原《股权转让协议》中40%股权转让的实际价款为14000.00万元。

依据：

1. 根据《中华人民共和国印花税暂行条例》第一、二、三条规定，你应补缴产权转移书据印花税30000.00元。

2. 根据《中华人民共和国个人所得税法》（中华人民共和国主席令2011年第48号）第一条第一款、第二条第（九）项、第三条第（五）项、第六条第一款第（五）项规定，《国家税务总局关于发布〈股权转让所得个人所得税管理办法〉（试行）的公告》（国家税务总局公告2014年第67号）第二条、第三条、第四条、第五条、第七条、第二十条规定，你应就将××市H房地产开发有限公司40%股权转让××市Y投资有限公司未申报所得6000.00万元申报缴纳2015年7月（税款所属期）个人所得税，补缴税款（60000000.00–30000.00）×20%=11994000.00元。

通知内容：

限你自收到本通知书之日起15日内到国家税务总局××税务局将上述税款及滞纳金申报缴纳入库，并按照规定进行相关账务调整。逾期未缴清的，将依照《中华人民共和国税收征收管理法》第四十条规定强制执行。

如你同我局在纳税上有争议，必须先依照本通知期限缴纳税款及滞纳金或者提供相应的担保，然后可自上述款项缴清或者提供相应担保被税务机关确认之日起六十日内依法向国家税务总局××市税务局申请行政复议。

阴阳合同果然魅力无限，几张纸就能省下上千万元的税款。但这其中的法律风险，可谓巨大。特别是随着税务机关对个人股权转让的监管力度加强，税务机关与银行等金融机构配合越来越密切，利用阴阳合同做文章的空间会越来越小。

阴阳合同要有交易双方的配合，对收购方来说，除了前几讲中讲到的未履行代扣代缴义务、面临行政处罚的风险外，还隐藏着另一个风险。如上面的案例中，作为收购方的Y投资有限公司，如果下次将标的公司股权再转让时，虽然实际付出的是1.4亿的收购款，但由于当初提供的是8000万元的合同，股权转让时也只能扣8000万元，哪一天标的公司注销了，在做清算时，也只能扣8000万元的成本，这会导致后续环节多缴不少的企业所得税和个人所得税。

在交易中，个人都是利益人，如果违法成本低，相信有人愿意选择阴阳合同的方式少缴税款。要想杜绝阴阳合同，唯有通过全社会纳税意识的提高，税收征管水平的提升，诚信社会的打造以及各监管部门的联动配合。

### ▶ 通过不公允增资稀释股权

在个人进行股权转让前，先通过不公允增资，稀释个人持有标的公司的股权，然后再进行股权转让，也是比较常见的规避股权转让个人所得税的方法。

在第40讲“不公允增资的税收探讨”中，我们详细介绍了在不公允增资上税务处理的不同观点。虽然通过不公允增资，最终如果在股权都转让情形下，一方暂时少缴的税，最终由另一方在转让股权时能补回来。但由于个人所得税和企业所得税，在股息红利的税收待遇上的不同，由于被稀释方转让股权在前、增资方是否转让股权具有不确定性等情况，笔者倾向于，在个人转让环节能把个人所得税补回来。

但这给税务机关提出了新的难题，第一个难题是如果增资稀释和转让股权间隔时间长的话，税务机关如何获取信息；第二个难题是通过调整收入还是调整成本的途径，来达到补征税款目的。不管采取何种途径，至少在税法上要有据可依。

### ▶ 通过合伙企业转让股权

由于个人转让股权纳税地点的确定性和唯一性，也有不少人利用合伙企业税收征管上的灵活性和地方政策的灵活性，通过合伙企业这种特殊组织形式进行所谓的税收筹划。

通常做法是在税收洼地，以原个人股东名义，设立合伙企业，再把个人持有标的公司股权转移到合伙企业名下，再接下来就是以个人转让合伙企业份额方式，或者以合伙企业名义转让股权方式，把对应的股权转让给下家。

这种操作手法要做成功，必须要过两个关口。第一个关口是将个人名下的股权转移到个人投资的合伙企业名下，其中的个人所得税问题。个人将股权转移到合伙企业名下，其实有两个深层次的问题：

第一个问题是个人把股权转移到合伙企业名下，属不属于股权转让的范畴，如果不属于转让的范畴，那这一环节就没有个人所得税的问题了。

第二个问题是，如果属于股权转让，属不属于67号文件规定的适用范围，如果属于67号文件的个人转让股权行为，转让收入明显偏低的话，主管税务机关有权进行收入核定。

个人把自己持有的股权，转让给自己的合伙企业，属不属于股权转让的范围，本身有较大的争议。假设这种情形属于股权的转让范围，我们再来看下这种情形，属不属于67号文件的适用范围：

> 第三条　本办法所称股权转让是指个人将股权转让给其他个人或法人的行为，包括以下情形……

67号文件第三条，将适用的范围界定为转让给其他个人或法人的行为，从文件的字面意思来看，转让给自己的合伙企业，不属于67号文件的适用范围。

这两个问题上的不确定性，或者说各地税务机关不同的解释口径，是直接导致这种操作能否成功的关键。

第二个关口是合伙企业所在地税收管理的力度和政策口径。相信在合伙企业设立时，已经对合伙企业的地点有所考虑。要么当地有财政返还，要么当地可以搞核定征收，总之，在合伙企业地转让股权，其实际税负远远低于个人直接转让股权的名义税负20%，否则也不用费这么大劲来折腾了。

利用合伙企业进行股权转让的筹划，其实是前端钻了政策不明确的空子，后端钻了地方性优惠和宽松税务管理的空子。

“再也不能这么搞”！《财政部　税务总局关于权益性投资经营所得个人所得征收管理的公告》（财政部　税务总局公告2021年第41号）“一声怒吼震山谷”：

为贯彻落实中央办公厅、国务院办公厅《关于进一步深化税收征管改革的意见》有关要求，深化“放管服”改革，现就权益性投资经营所得个人所得税征收管理有关问题公告如下：

一、持有股权、股票、合伙企业财产份额等权益性投资的个人独资企业、合伙企业（以下简称独资合伙企业），一律适用查账征收方式计征个人所得税。

二、独资合伙企业应自持有上述权益性投资之日起30日内，主动向税务机关报送持有权益性投资的情况；公告实施前独资合伙企业已持有权益性投资的，应当在2022年1月30日前向税务机关报送持有权益性投资的情况。税务机关接到核定征收独资合伙企业报送持有权益性投资情况的，调整其征收方式为查账征收。

三、各级财政、税务部门应做好服务辅导工作，积极引导独资合伙企业建立健全账簿、完善会计核算和财务管理制度、如实申报纳税。独资合伙企业未如实报送持有权益性投资情况的，依据税收征收管理法相关规定处理。

四、本公告自2022年1月1日起施行。

41号公告，宣告了股权转让核定征收的彻底终结，割除了股权转让税收征管上的最大毒瘤。41公告有几大值得关注的地方：

（1）令行禁止。41号公告的发文时间是2021年12月30日，文件开始执行日期是2022年1月1日。其中缘由，值得细细品味。

（2）斩钉截铁。文件明确，对个人独资企业、合伙企业转让权益性投资的，一律不能搞核定征收，没半点可以商量的余地。

（3）斩草除根。41号公告不仅规定了对合伙企业转让股权，不能再搞核定征收。为防止以多层嵌套方式规避政策，对合伙企业转让合伙企业份额的，41号公告规定也不能搞核定征收。

# 第七篇

# 企业合并、企业分立的税务处理

# 第51讲
# 企业合并的税务处理

企业合并是常见的一种重组方式。《财政部　国家税务总局关于企业重组业务企业所得税处理若干问题的通知》（财税〔2009〕59号）文件中的企业合并概念：合并，是指一家或多家企业（以下称为被合并企业）将其全部资产和负债转让给另一家现存或新设企业（以下称为合并企业），被合并企业股东换取合并企业的股权或非股权支付，实现两个或两个以上企业的依法合并。

企业所得税中的合并，包括两大类。一类是吸收合并，A企业吸收合并B企业，B企业注销，用公式表示：A+B=A。另一类是新设合并，A企业与B企业合并，A与B都注销，合并后成为一家新企业C，用公式表示：A+B=C。可见税收上的合并，必须有一家企业要注销的，这和《公司法》中的合并保持了一致的概念。《公司法》第一百七十二条规定“公司合并可以采取吸收合并或者新设合并。一个公司吸收其他公司为吸收合并，被吸收的公司解散。两个以上公司合并设立一个新的公司为新设合并，合并各方解散”。

会计上的合并概念，除了上述讲到的吸收合并和新设合并外，还包括控股合并。A企业从B企业的股东手里，收购了B企业的股权，达到了控股B企业的目的，在会计上属于控股合并。在财税〔2009〕59号文件的税收处理上，这属于股权收购。

企业合并是什么样的交易模式？财税〔2009〕59号文件有关合并的定义中，实际上包含了两个动作。第一个动作，资产转让。被合并企业把自身的资产和负债，100%转移给合并企业。第二个动作，清算分配。被合并企业拿到了合并企业的股权或其他对价，同时向自己的股东进行分配，他的股东最后拿到了合并企业的股权或非股权支付。因此，从财税〔2009〕59号文件的定义来看，企业合并是一种“整体资产转让+清算分配”的思路。企业合并的税务处理相对复杂，厘清交易的思路，有助于我们对一般性税务处理和特殊性税务处理，作出更加准确的判断。

需要提醒的是，这只是企业所得税上，对合并这种重组模式在交易性质上的判断。其他税种，如土地增值税和个人所得税等，不能完全按此思路进行分析，否则会陷入思考的“死胡同”。

企业合并涉及三方当事人：合并企业、被合并企业以及被合并企业股东。以吸收合并为例，图16中，甲企业吸收合并乙企业，重组后乙企业注销。

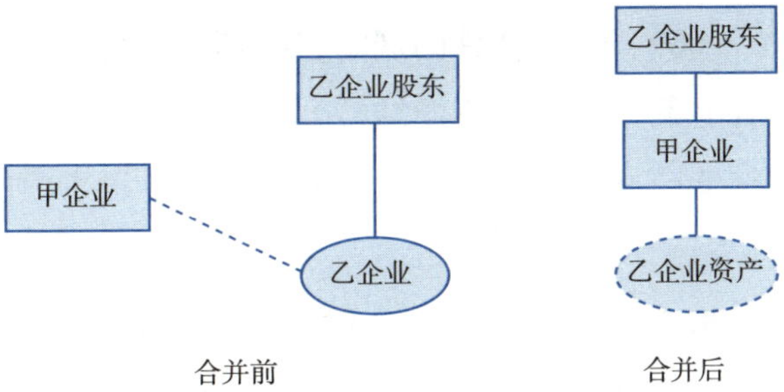


图16　吸收合并示意图

和其他重组模式相比较，企业合并有一个特点，企业合并前后，会涉及财政利益的转移。如图16中，合并方甲企业与被合并方乙企业，如不属于同一地的税务机关管理，合并后，乙企业注销，其相关的资产和业务转移给甲企业，资产和业务产生的税收也随之转移。所以在很多规模较大的合并业务中，我们会发现，被合并企业先通过设立子公司、把主要业务和资产先下沉到子公司，再采取合并方式，最后被合并企业原有的资产和业务继续留在原地，从而保证了当地财政和税收的利益不受合并的影响。

# 第52讲 企业合并的一般性税务处理

企业合并中，涉及三方当事人：被合并企业、被合并企业股东以及合并企业。举个简单的合并案例，当年东方航空吸收合并上海航空。合并后，上海航空所有的资产转移给东方航空，上海航空注销，上海航空的股东以换股的方式，取得东方航空的股票。三方当事人，在所得税问题上，存在着需要处理的以下几个问题：

被合并企业上海航空，有几个问题需要解决。一是公司最后要注销，需不需要按照财税〔2009〕60号文件的规定，办理所得税上的清算；二是公司注销时，有未弥补完的亏损，能不能结转到合并企业中继续使用；三是合并中的资产全部转移给合并企业，资产内含的其他所得税事项能否结转到合并企业。

被合并企业的股东，即上海航空公司的股东，也有几个问题需要解决。一是被合并企业的注销中，如果进行了公司的清算处理，那作为法人股东，按照财税〔2009〕60号文件，进行投资收回的税务处理，产生的投资收益，要缴纳企业所得税。个人股东，要按照财税〔2009〕60号及国家税务总局公告2011年第41号规定，作投资收回处理。二是企业合并后，被合并企业的原股东，以换股的形式取得了合并企业的股权或股票，对新取得的股权或股票，其计税基础如何确定。

对合并企业，即东方航空公司来说，一是在合并中，取得了被合并企业的全部资产，其资产的计税基础如何确认；二是转移过来的资产的税收属性，包括未弥补完的亏损能否结转过来继续使用；三是对合并企业来说，其在合并前，自身的未弥补亏损等事项，在合并后企业中如何处理等问题。

综上看，企业合并中，所得税的处理还是相当复杂的。

同样，财税〔2009〕59号文件，对企业合并也给予了一般性税务处理和特殊性税务处理两种不同的规则。符合条件的企业合并，可以选择特殊性税务处理，也可以选择一般性税务处理。这里先介绍下在一般性税务处理中，合并的当事三方如何进行所得税的处理。

## ▶ 被合并企业的所得税处理

在企业合并中，被合并企业转移了所有的资产和负债并要作法律上的注销手续。相当于被合并企业将所有资产转让给合并企业，并取得了合并企业支付的对价（股权或非股权），被合并企业要作清算的税务处理。具体的所得税处理有：

进行企业所得税的年度汇算清缴。在企业合并中，被合并企业应当办理年度汇算清缴手续。年度汇算清缴和清算的申报不是同一回事，前者是将合并当年的实际经营期发生的经营业务，视为一个完整的纳税年度进行申报，结清当年的所得税事项，有可能补税有可能退税，同时计算出到最后一个年度止，有多少未弥补的亏损。

结清各项税款。包括以前年度欠缴的企业所得税。

办理企业所得税清算手续。按照财税〔2009〕60号文件规定，计算出清算所得。把企业所有的资产，视为按公允价值变现处理，计算出整个经营期间的最后的所得，按照25%的适用税率，计算缴纳清算的所得税。

同时，由于资产的税收属性都已体现，与资产相关的所得税事项一般不能结转到合并企业中去，包括被合并企业的亏损，不得在合并企业结转弥补。

被合并企业原享受的税收优惠，在合并企业中能否享受？这里可能会有这么几类税收优惠，一类是从事农林牧渔的所得，可以免征或减半征收企业所得税的优惠。这类的优惠，政策的本意是为支持企业从事这类生产经营给予的照顾，不论何家企业从事这类业务，均可以享受。二是对一些定期的所得减免政策，如从事公共基础设施的“三免三减半”，从事环境保护、节能节水项目的“三免三减半”，免税和减税期没有到期，这类优惠，由于也是对企业从事这类经营的所得优惠，同时不能因为资产的转移，再给以重新计算。无论在企业所得税法还是企业重组的文件中，均明确合并企业可以在优惠期内继续享受。三是研发费加计扣除，被合并企业从事研发活动，在办理当年的所得税汇算清缴时，应足额享受研发费加计扣除政策。至于合并企业能否享受研发费加计扣除优惠，这需要从合并企业本身层面进行判断。四是被合并企业原持有投资的股权等，也随之转移给合并企业，只要是符合条件的居民企业之间的股息红利，合并企业可以享受免税待遇，不需要区分是何时取得。

这里要说明的是，企业合并的一般性税务处理和特殊性税务处理，在税收优惠的承继上，两者政策基本上一致。

### ▶ 被合并企业股东

在企业合并过程中，被合并企业注销并作清算处理。这时被合并企业股东相当于从原企业中收回了投资，按照财税〔2009〕60号文件规定，确认投资损失或所得。

被合并企业的原股东，取得合并企业的新股权，按公允价值确认计税基础。

### ▶ 合并企业

在合并中，合并企业取得了被合并企业的所有资产，应按公允价值确定接受被合并企业各项资产和负债的计税基础。

被合并企业的亏损，不得在合并企业结转弥补。合并企业原有的未弥补完的亏损，可以在合并后的企业中继续弥补。现行政策中不明确的一点是，对这部分亏损在弥补时，是否要作出限制？是用合并后所有的资产产生的所得来弥补，还是仅仅只能用原合并前资产产生的所得来弥补，财税〔2009〕59号文件及后续的政策都没有明确这一点。

# 第53讲
# 企业合并的特殊性税务处理

企业合并中，被合并企业的资产全部转移到合并企业，因此资产转移的比例不需要再考虑。被合并企业的股东，有可能部分取得的是现金对价，因此企业合并中，取得的股权支付比例不得低于其交易支付总额的85%。还有一类特殊的合并，一般发生在企业集团内部的整合，且不存在支付对价情况，称为同一控制下且不需要支付对价的企业合并。这些情形下的企业合并，可以选择特殊性税务处理。我们从所得确认和计税基础确认等三个层面，来进行所得税的特殊性税务处理分析。

## ▶ 所得确认和计税基础确认

在企业合并中，被合并企业要办理税务登记的注销。由于采取了特殊性税务处理，不需要做所得税清算，即不要做整个经营期的所得税清算。但合并当年度的所得税汇算清缴是必须要做的，只有通过汇算清缴，才能计算出当年及以前年度未弥补的亏损。

下面以一个简单案例来演示企业合并中一般性税务处理和特殊性税务处理的不同，以及特殊性税务处理的计税基础是如何进行结转和替代的。

乙企业有两个股东A企业和B企业，A占股权比例80%，投资成本800万元；B占股权比例20%，投资成本200万元。现甲企业要吸收合并乙企业，甲企业采取定向增发股份的方式，向A企业增发6400万元，向B企业增发1600万元。合并日乙企业的有关情况如表9所示：

表9　　单位：万元

| | 账面价值 | 公允价值 |
|---|---|---|
| 资产 | 6000 | 8000 |
| 实收资本 | 1000 | |
| 未分配利润 | 5000 | |

假设乙企业资产的计税基础和账面价值相等。

在一般性税务处理中，被合并企业要做企业所得税的清算。应确认的所得为：8000−6000=2000（万元），按25%税率计算企业所得税。

如采用特殊性税务处理，被合并企业不要做企业所得税的清算，也就不需要确认清算的所得。

一般性税务处理中，被合并企业的股东A企业和B企业，在进行清算分配时的税务处理如下（为了更直接说明问题，不考虑被合并企业层面清算环节实际缴纳的企业所得税）：

A企业确认的分回所得：6400−800=5600（万元）

B企业确认的分回所得：1600−200=1400（万元）

A企业和B企业分回的所得中，按照财税〔2009〕60号文件规定，可以确认对应的股息红利免税所得。为简化起见，这里按被合并企业原留存收益确认股息红利：

A企业可确认的免税所得：5000×80%=4000（万元）

B企业可确认的免税所得：5000×20%=1000（万元）

被合并企业股东，同时还要确认取得新股权的计税基础。

一般性税务处理中，被合并企业股东取得合并企业股权的计税基础，按公允价值确认。

A企业取得新股权的计税基础：6400万元

B企业取得新股权的计税基础：1600万元

特殊性税务处理中，被合并企业股东取得合并企业股权的计税基础，以其原持有的被合并企业股权的计税基础确定。A企业取得新股权的计税基础为800万元；B企业取得新股权的计税基础为200万元。

如果选择一般性税务处理，合并企业取得合并资产的计税基础以公允价值确认，则甲企业取得资产的计税基础为8000万元。如果选择特殊性税务处理，合并企业取得合并资产的计税基础以资产的原有价值确认，则甲企业取得资产的计税基础为6000万元。

我们列表来对比一下（见表10）：

表10 单位：万元

| | 一般性税务处理 | 特殊性税务处理 |
|---|---|---|
| 乙确认所得 | 2000 | 0 |
| 股东A和B确认所得 | 7000 | 0 |
| 股东A和B新股计税基础 | 8000 | 1000 |
| 甲取得资产计税基础 | 8000 | 6000 |

企业合并中的计税基础的替代和结转，和以前介绍的股权收购、资产收购有所同、有所不同。如资产收购中，转让方采用计税基础替代，从而实现了把当期未确认所得递延到下次股权转让时实现。这在企业合并中是同样的道理，被合并企业股东也采取替代规则，所得推迟到以后再确认。如上述案例中，被合并企业股东A和B适用特殊性税务处理，当期不确认所得7000万元，但拿到合并企业的股权计税基础也同时减少了7000万元。

同样是计税基础的替代，对被合并企业的股东来说，可能会存在免税和应税之间的转换。企业合并中，如选择一般性税务处理，被合并企业的法人股东，可以按财税〔2009〕60号文件的规定，对分回资产中，确认相应部分免税股息红利。如选择特殊性税务处理，免税的股息红利变成了对新股权"计税基础的减少"。如上述案例，一般性税务处理时，A企业分回的所得5600万元中，有4000万元可确认为免税的股息红利，但在特殊性税务处理时，A企业没有所得也就没有免税一说。如果下次A企业转让合并企业的股权时，又不能扣除对应的股息红利，这其中就会有免税和应税之间的转换。

和资产转让不同的是，资产转让中的计税基础结转，是转让方把计税基础结转给购买方。而企业合并中，是被合并企业把计税基础结转给合并企业。如上述案例中，适用特殊性税务处理，被合并企业乙，当期不确认清算所得2000万元，合并企业甲取得资产的计税基础也少了2000万元。

你可以感觉得到上述案例实际上有点“偷工减料”，怎么被合并企业全是资产，没有一分钱的负债。的确偷懒了，因为被合并企业有负债情况下，正如资产收购这一章节中讲到的，承债式的合并，还会涉及到股权支付比例、转让方是否确认所得、资产计税基础调整等一系列问题，但企业合并和资产收购中的许多原理是相通的。

不过在这里，我们可以探讨一个更深刻的问题，假设案例中，合并企业支付的对价中，90%是股权支付，余下10%支付的是现金。按照财税〔2009〕59号文件规定，支付的现金部分，应该当期确认所得。这在股权转让和资产转让中，都没有问题，由转让方确认所得即可。但在企业合并中，应该由被合并企业确认所得，还是由被合并企业股东确认所得；在确认所得的同时，资产的计税基础应该如何调整，这些问题，财税〔2009〕59号文件都没有给出明确的答案。

## ▶ 亏损的结转

企业合并如适用特殊性税务处理，被合并企业的亏损可结转到合并企业继续弥补。但不是所有的亏损都可以在合并企业弥补，财税〔2009〕59号文件给出了一个可以弥补的限额：

> 可由合并企业弥补的被合并企业亏损的限额=被合并企业净资产公允价值×截至合并业务发生当年年末国家发行的最长期限的国债利率。

对这个公式的理解，可从以下几方面去把握：

为什么要对亏损的弥补作出限制？按理说，被合并企业的资产都已转移到合并企业，未弥补的亏损作为一个重要的所得税事项，理应全部结转过去才对。对结转的亏损作出限制，这实际上是一个类似于反避税条款，是为了防止有些纳税人恶意利用这一规则。在企业重组中，盈利企业为了消化自己的利润，人为安排收购亏损大的企业，以达到少缴企业所得税目的。这种对亏损弥补的限制，其意图主要是为了防止利用被合并企业亏损的不合理安排。

怎么样作出这种限制呢？财税〔2009〕59号文件用被合并企业净资产公允价值，乘以最长的国债利率来计算可弥补亏损的限额。这个公式表达的意思，在合并前，被合并企业有这么多数量的净资产，企业合并后，资产转移过来了，亏损也转移过来了。但你带过来的亏损，必须用你自己产生的利润或所得来弥补。企业合并后，资产和经营全混在一起，怎么算出被合并企业产生的所得？只能人为作出一个计算的公式，用你的净资产来衡量你产生的所得。净资产的基数有了，但能产生多少所得？这好办，国家不是在发国债嘛，国债的利率不是有规定嘛。最长期限的国债利率，某种程度上代表了一个国家当前的社会平均资产回报率。这就是这个公式的由来。

也有人会经常提及这个问题，这个公式计算出来的可弥补亏损，是每一年可弥补的亏损，还是所有年度可弥补的亏损？这可以从公式中找到答案，公式用的是国债利率，国债利率都用年利率来表示，所以公式中的限额是指每年的可弥补亏损的限额。

除了受公式中亏损金额的限制以外，结转的亏损还受到亏损年限的限制。所有企业发生的亏损，其可弥补的期限都是有限制的，税法不允许毫无休止地弥补亏损，为此规定了最长的可弥补亏损期限。我国现在根据不同企业作出了不同亏损弥补时间，一般企业5年，中小科技型企业和高新技术企业10年。假如被合并企业和合并企业都是一般的企业，亏损只能用5年。被合并企业的亏损，是发生在前面两个年度的，已经占用了两年的指标，无论是否弥补过，在企业合并后，在被合并企业最多只能再弥补三年。所以，亏损的结转，除了亏损金额的结转，其亏损可弥补期限也是随同合并一起结转的。这也是现行企业所得税年度申报表中，弥补亏损的那张申报表搞得如此复杂的一个原因。

亏损的结转中还有一个比较有趣的话题——被合并企业当年发生的亏损如何弥补和结转的问题。甲企业吸收合并乙企业，合并基准日为2020年9月30日。根据企业所得税年度申报规则和企业重组中的有关规则，哪怕采取特殊性税务处理，乙企业也要就合并当年的生产经营所得，进行一个“不是完整年度”的年度所得税汇算清缴。假如合并当年乙企业1—9月算出的所得为负数，亏损100万元。

这个亏损能不能放在合并企业的2020年度进行弥补？我们知道，所有亏损的结转和弥补，是要通过“企业所得税年度纳税申报表”及相关的附表来实现的。我们来看下“企业所得税弥补亏损明细表”的格式（见表11）：

表11　企业所得税弥补亏损明细表

| 行次 | 项目 | 年度 | 当年境内所得额 | 分立转出的亏损额 | 合并、分立转入的亏损额 | | 弥补亏损企业类型 | 当年亏损额 | 当年待弥补的亏损额 | 用本年度所得额弥补的以前年度亏损额 | | 当年可结转以后年度弥补的亏损额 |
|---|---|---|---|---|---|---|---|---|---|---|---|---|
| | | | | | 可弥补年限5年 | 可弥补年限10年 | | | | 使用境内所得弥补 | 使用境外所得弥补 | |
| | | 1 | 2 | 3 | 4 | 5 | 6 | 7 | 8 | 9 | 10 | 11 |
| 1 | 前十年度 | | | | | | | | | | | |
| 2 | 前九年度 | | | | | | | | | | | |
| 3 | 前八年度 | | | | | | | | | | | |
| 4 | 前七年度 | | | | | | | | | | | |
| 5 | 前六年度 | | | | | | | | | | | |
| 6 | 前五年度 | | | | | | | | | | | |
| 7 | 前四年度 | | | | | | | | | | | |
| 8 | 前三年度 | | | | | | | | | | | |
| 9 | 前二年度 | | | | | | | | | | | |
| 10 | 前一年度 | | | | | | | | | | | |
| 11 | 本年度 | | | | | | | | | | | |
| 12 | 可结转以后年度弥补的亏损额合计 | | | | | | | | | | | |

甲企业2021年初在办理所属年度为2020年的企业所得税汇算清缴时，有两种方法可以选择：第一种做法是想弥补乙企业当年的亏损。由于“可弥补的亏损”都是上年度及以前年度结转下来的亏损。要想弥补被合并企业的亏损，申报表没有可以填写的行次。有一种变通的办法，将乙企业2020年形成的亏损，作为“本年度”的“前一年度”来看待，这样，就相当于把乙企业2020年的亏损视为了2019年的亏损。造成的直接结果是2020年的亏损少弥补一年。还会造成另一个结果，2019年及以前的亏损也会随之类推、提前一年，也会减少一年的可弥补期限。

第二种做法，又要选择在当年弥补，又要保证不减少可弥补的期限。甲企业2021年初在办理所属年度为2020年的所得税汇算清缴时，把乙企业2020年发生的亏损，连同2019年发生的亏损，合计后填写在“本年度”的“前一年度”，这样好处是2020年的亏损可放在当年弥补，但坏处是2020年度也占用了一个亏损的年度指标。当然，这种做法最大好处是，2019年及以前年度的亏损，不会由于申报表的填写，从而导致在结转过程中，少了一年的可弥补亏损期限。

从企业所得税相关规定来推导这个问题。《企业所得税法》第五十三条规定，“企业在一个纳税年度中间终止经营活动，使该纳税年度的实际经营期不足十二个月的，应当以其实际经营期为一个纳税年度。”我们理解，如上述案例，在企业合并中，作为被合并企业，2020年是一个所得税上的纳税年度，且在办理这个年度的所得税汇算清缴时，已经作为一个单独的弥补亏损年度，可以弥补前5个年度的所得税亏损。因此在企业合并的亏损结转中，被合并企业当年汇算清缴发生的亏损，一是可以在当年弥补，二是作为当年的“上一年度”结转弥补。三是以前年度的亏损，由于当年被弥补了一次，从而减少了一年的弥补期限，填表格时，依次往前推一年，即2019年的亏损填在前二年度，2018年的亏损填在前三年度。这种亏损的结转方式是最合理的。既保证了合并当年的亏损可以在当年度弥补，也保证了合并以前年度发生的亏损，不因为填表的原因，导致实际弥补期限被人为拉长情况发生。当然这有待国家税务总局的明确。

亏损弥补中还有一个问题，合并企业自身发生的亏损弥补，受不受限制？从财税〔2009〕59号文件对被合并企业的亏损弥补来看，59号文件本意是合并企业和被合并企业的亏损“谁的债谁来还”，合并企业的亏损理应也由合并企业净资产产生的所得来弥补。但59号文件虽然体现了这层意思，但没有具体条款的规定，个人理解，合并企业自带的亏损，不受比例的限制，实务中也大都是这么操作的。

由亏损弥补带来的另一个问题是亏损企业是否可以合并盈利企业。我国《公司法》等都没有限制亏损企业不能合并其他企业。昨天的亏损，不代表以后永远亏损，尤其像从事互联网行业的企业，有好多公司由于前期投入大，虽然前面发生了亏损，但前期的亏损都沉淀在研发投入或营销推广上，资产质量是相当的高。目前重组文件中对此也没有作出限制，但部分税务机关在执法时，以“不具有合理的商业目的”来否定亏损企业合并盈利企业适用特殊性税务处理，这是值得商榷的。

## ▶ 同一控制下不需要支付对价的合并

财税〔2009〕59号文件还规定了一种可以适用特殊性税务处理的特殊的合并方式：同一控制下不需要支付对价的合并。国家税务总局公告2010年第4号文件对“同一控制”解释为：同一控制，是指参与合并的企业在合并前后均受同一方或相同的多方最终控制，且该控制并非暂时性的。能够对参与合并的企业在合并前后均实施最终控制权的相同多方，是指根据合同或协议的约定，对参与合并企业的财务和经营政策拥有决定控制权的投资者群体。在企业合并前，参与合并各方受最终控制方的控制在12个月以上，企业合并后所形成的主体在最终控制方的控制时间也应达到连续12个月。

具体什么是同一控制下不需要支付对价的合并，现行税收法规对此没有规定。一般意义上理解，同一控制下不需要支付对价的合并，通常发生在集团内部的母子公司之间的合并、子公司和子公司之间的合并。我们就不同情形来进行讨论。

第一种情形，母公司合并全资子公司。对母公司合并全资子公司，是不是属于同一控制下不需要支付对价的合并，是不是符合特殊性税务处理条件，目前还存在着极大争论。主要有以下三种观点：

第一种观点，母公司合并全资子公司，属于同一控制下不需要支付对价的合并，可以适用特殊性税务处理。母公司合并全资子公司，从形式上看，母公司同时作为合并企业和被合并企业的股东，交易中不能自己支付给自己，所以这是一种本身就不需要支付对价的交易，完全符合同一控制下不需要支付对价的合并，可以适用特殊性税务处理。

第二种观点认为，母公司合并全资子公司，是一种100%股权支付的合并方式，可以适用特殊性税务处理。主要理由有：其一，有人认为母公司合并全资子公司，不是一种真正意义上的企业合并，是子公司的清算。这种观点站不住脚。法律从来没有限制母公司不能合并全资子公司。其二，母公司合并全资子公司的过程中，子公司交回了资产，母公司作为交换的条件，交出了自己持有的股权，然后子公司把交回股权进行注销，这实际上也是一种股权的支付方式，而且是100%的股权支付，理应符合特殊性税务处理。

第三种观点认为，母公司合并全资子公司，这种行为就是子公司的注销和清算，不能适用特殊性税务处理。企业合并中有三方当事人：合并企业、被合并企业和被合并企业股东，但在母公司合并子公司中，合并企业和被合并企业股东相互重叠。这种合并，本身不是真正意义上的合并，故不符合同一控制下不需要支付对价的合并。

也有人担心，如果母公司合并全资子公司可以走特殊性税务处理，那所有全资子公司的注销，都不需要走清算的程序，会存在税收管理上的漏洞，这和企业重组中的税收中性原则相违背。这种观点，更多站在税收管理的角度。

实务中，有大量的母公司合并全资子公司适用特殊性税务处理的案例。

第二种情形，母公司合并非全资子公司。甲公司和乙公司为A公司股东，分别持有A公司80%、20%的股权，现甲公司拟吸收合并A公司，如图17所示：

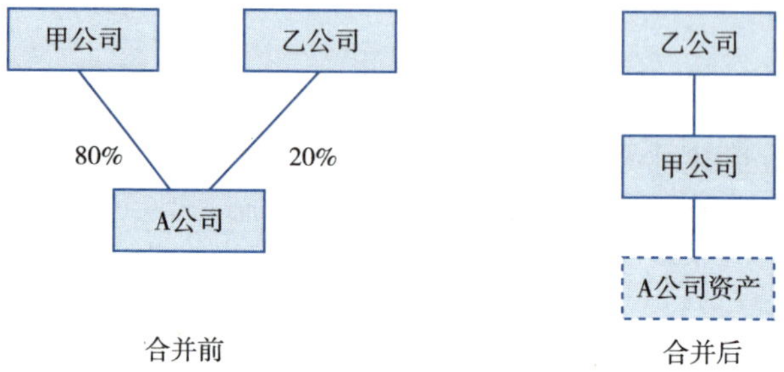


图17 母公司合并非全资子公司示意图

在这个重组中，甲公司要支付给乙公司自身的股权或者现金，这种交易一般不属于同一控制下不需要支付对价的合并。但能否适用特殊性税务处理呢？具体要看股权的支付比例是否达到85%的要求。在计算股权支付比例时，假设乙公司没有取得除股权以外的对价，此时又有两种观点，一种观点是甲公司原持有A公司的股权比例算作股权支付，那案例中股权支付比例为100%，就满足特殊性税务处理的股权支付条件。另一种观点是甲公司原持有的股权比例不能算作股权支付，就不满足特殊性税务处理的股权支付条件。

第三种情形。全资子公司合并母公司，如图18所示：

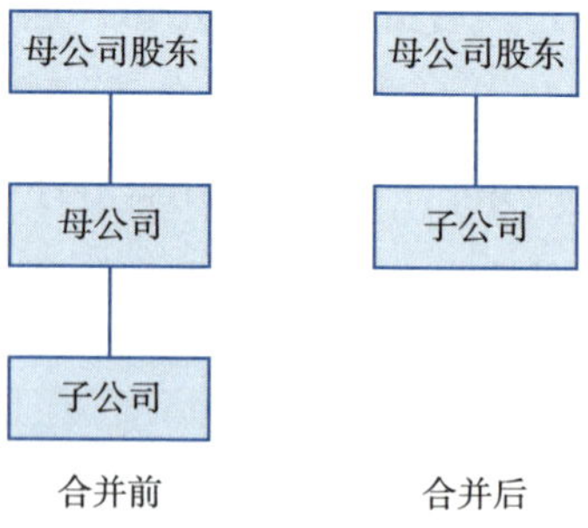


图18 全资子公司合并母公司示意图

合并方全资子公司和被合并方母公司，在合并前，均受同一方或相同多方的控制，这种合并下，一般不需要支付对价，符合同一控制下不需要支付对价的合并，从而可以适用特殊性税务处理。

第四种情形，子公司合并子公司。两个子公司，受同一家企业或相同多家企业的控制，其合并业务能否适用特殊性税务处理。我们来分析一下，如图19所示。

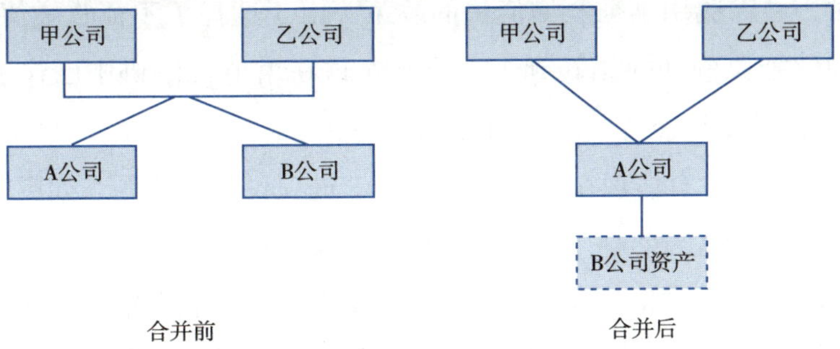


图19　子公司合并子公司示意图

合并前，A公司和B公司受甲、乙的共同控制，合并后，B公司的资产全部合并到A公司。在这种合并中，股东甲和乙没有取得任何的实物或货币补偿，应该符合财税〔2009〕59号文件讲到的同一控制下不需要支付对价的合并。

# 第54讲 企业合并的其他税种处理

在企业合并中，被合并企业的资产随之转移到合并企业，这其中会涉及增值税、土地增值税及契税等税种的处理。被合并企业的股东有可能是自然人，这会涉及个人所得税的处理。下面我们来讨论下这些税种如何进行处理。

## ▶ 企业合并的增值税处理

国家税务总局公告2011年第13号和2016年营改增文件，对企业合并中，涉及货物、不动产等转移，都作出了增值税不征税的规定。因此，企业在进行合并时，可以适用不征收增值税的政策。由于选择了不征收增值税政策，增值税的留抵税额如何结转到下一家呢？这在增值税一讲中已作了详细介绍。在增值税处理上，有三点还要引起注意：

一是要考虑没有体现在留抵税额里的“进项税额”问题。如甲房地产企业吸收合并乙房地产企业，乙公司取得的一块土地尚处于开发阶段。因为没有到达交房的时点，故土地对应的“进项税额”还没能在销售额中抵减。如果甲企业合并了乙企业后，对应的土地价款中包含的“进项税额”能否抵减销售额？这在政策中是不明确的，需要提前做好规划。

二是结转到合并企业的留抵税额，合并企业能否作为新增的进项税额，在符合其他条件的情况下，申请办理留抵税额的退还问题。从目前情况来看，政策是不支持的。但是，如果双方选择了征收缴纳增值税，转移方开具增值税专用发票，合并企业作为正常的进项税额抵扣，符合条件的可以申请退还留抵税额。

三是在同一项企业合并中，被合并企业能否选择部分的货物转移缴纳增值税，部分的货物转移采取不征收增值税的方法。实务中的确有部分企业有这种诉求，但从增值税的重组原理和现行规定来看，可能会有相当大的难度。

## ▶ 土地增值税的处理

企业合并过程中，涉及房屋建筑物、土地使用权的转移，目前适用的政策是财税〔2021〕21号：

> 按照法律规定或者合同约定，两个或两个以上企业合并为一个企业，且原企业投资主体存续的，对原企业将房地产转移、变

更到合并后的企业，暂不征土地增值税。

企业合并中的土地增值税政策，是一个什么性质的政策？是一个免税的优惠政策？还是其本身就不属于征税范围？关键的问题是，企业合并中涉及到不动产、土地使用权的转移，是不是属于土地增值税的征税范围。

有不少学者提出，企业合并是合并方购买了被合并企业的净资产，然后向其股东支付对价，企业合并不是购买被合并企业的资产，因此，企业合并中，涉及不动产、土地使用权转移到合并方名下时，不属于土地增值税的征税范围。

对这个问题的认识，似乎在朝着更加清晰的方向发展，我们来看一下这些年来关于企业改制重组中土地增值税政策演变的“心路历程”。

“心路历程”之一：从“暂免征收土地增值税”向“暂不征收土地增值税”的转换：

（1）财税字〔1995〕48号：

> 关于企业兼并转让房地产的征免税问题
>
> 在企业兼并中，对被兼并企业将房地产转让到兼并企业中的，暂免征收土地增值税。

（2）财税〔2015〕5号：

> 按照法律规定或者合同约定，两个或两个以上企业合并为一个企业，且原企业投资主体存续的，对原企业将国有土地、房屋权属转移、变更到合并后的企业，暂不征土地增值税。

此后的财税〔2018〕57号和财税〔2021〕21号文件，均沿续财税〔2015〕5号文件“暂不征收”的提法。

“心路历程”之二：从“税收优惠政策”向“税收政策”的转换：

（1）财税〔2018〕57号：

> 企业在申请享受上述土地增值税优惠政策时，应向主管税务机关提交房地产转移双方营业执照、改制重组协议或等效文件，相关房地产权属和价值证明、转让方改制重组前取得土地使用权所支付地价款的凭据（复印件）等书面材料。

（2）财税〔2021〕21号：

> 纳税人享受上述税收政策，应按税务机关规定办理。

从财税〔2021〕21号文件的提法中，似乎放弃了税收优惠的提法。这也表明，企业合并中的土地增值税，似乎正朝着“本不属于土地增值税征税范围”的理解过渡。但让人难以理解的是，如果改制重组中的房屋建筑物转移，本不属于土地增值税的征税范围的话，那就没有理由限制房地产行业适用该项政策了。

企业合并的土地增值税中，还有一个问题是合并企业以后再转让时可以扣除的成本的问题。21号文件规定：改制重组后再转让房地产并申报缴纳土地增值税时，对取得土地使用权所支付的金额，按照改制重组前取得该宗国有土地使用权所支付的地价款和按国家统一规定缴纳的有关费用确定。所以对改制重组的土地增值税政策，实际上是一种递延纳税政策：合并环节暂时不征收，下次再转让时，以原有成本作为扣除成本，相当于在下次转让环节补征回来。

还有一个问题是，企业合并中，要求原投资主体存续，投资主体存续是指原企业出资人必须存在于改制重组后的企业，出资人的出资比例可以发生变动。

## ▶ 个人所得税的处理

在企业合并中，被合并企业的股东，可能部分或全部是自然人股东。这种情况下，能适用特殊性税务处理吗？我们以被合并企业股东全部是自然人为例进行讨论，如图20所示。

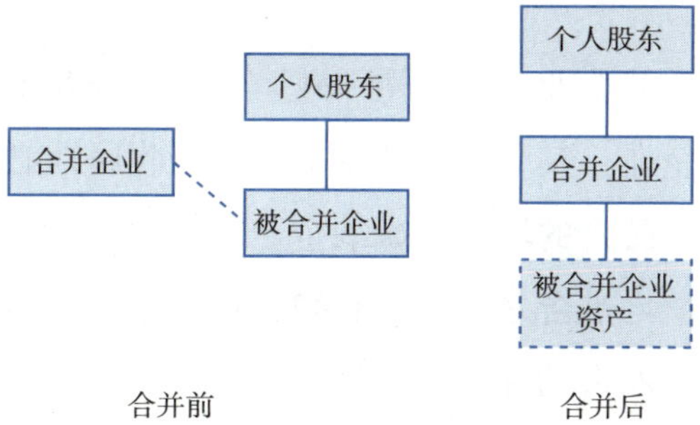


图20 被合并企业股东全部是自然人的企业合并

企业合并后，被合并企业的资产转移给合并企业，个人股东取得100%股权支付。

利益连续性考量。合并前，个人股东直接持有被合并企业的股权；合并后，个人股东因为取得了合并企业的股权，间接持有了原来的资产。通过股权这个纽带，个人股东对原有资产的利益得到保持，因此符合利益连续性要求。

营业连续性要求。企业合并后，被合并企业的资产转移给合并企业，合并企业承诺不改变资产的原经营活动，因此，营业的连续性也能得到保证。

在符合特殊性税务处理条件下，唯一要解决的是当事各方如何保持一致性处理的问题。特殊性税务处理中，要求采取一致性处理的原则，即要求当事各方在税务处理上必须保持一致，要么都采用一般性税务处理，要么都采用特殊性税务处理。我们知道，个人所得税的政策，没有特殊性税务处理一说，那在企业合并中，如何保持这种一致性呢？

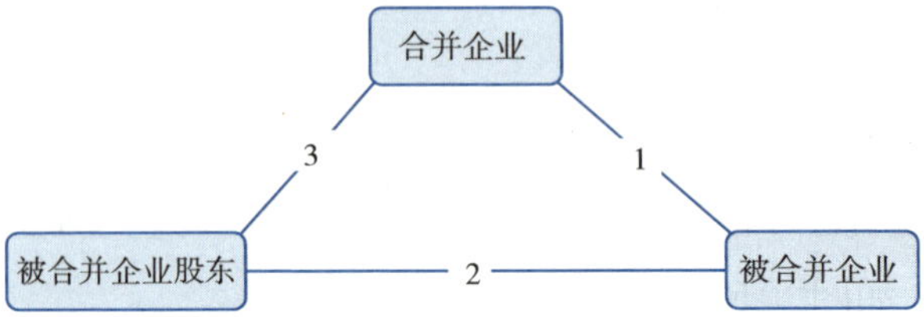


图21 企业合并主体之间关系示意图

被合并企业和合并企业应该保持一致。在企业合并中，被合并企业的资产最后转移到合并企业，其资产的计税基础及税收属性必须要予以明确。被合并企业确认了资产隐含的增值并缴纳企业所得税，合并企业才可按公允价值确定计税基础；反之被合并企业没有确认资产隐含的增值，合并企业拿到资产的计税基础，以原有的计税基础确认。这种被合并企业和合并企业间的一致性必须得到保证，也就是图21中所示1保持一致。

被合并企业的股东——案例中的个人股东，是否需要和被合并企业保持一致？被合并企业的个人股东，是否需要与合并企业保持一致？图21中所示2、3是否要保持一致？也就是说，如果个人股东确认了所得，会不会影响整个交易的特殊性税务处理？

这实际上是两个税种、三个主体之间的税务关系处理。国内对这一块研究几乎是空白。不过有一点可以肯定，个人股东确认了所得、缴纳了个人所得税，不影响合并企业和被合并企业适用特殊性税务处理，也不会破坏整个交易的适用特殊性税务处理条件。

所以，如果被合并企业和合并企业选择特殊性税务处理，不会影响个人股东如何纳税的问题。但需要解决的是，在企业合并中，如何解决个人没有纳税必要资金的问题。能否借鉴个人所得税中一些现行做法，给予个人股东一些特殊的政策。

财税〔2016〕101号文件对个人用技术成果投资入股制定了相关的税收优惠政策：个人以技术成果投资入股到境内居民企业，被投资企业支付的对价全部为股票（权）的，企业或个人可选择继续按现行有关税收政策执行，也可选择适用递延纳税优惠政策。选择技术成果投资入股递延纳税政策的，经向主管税务机关备案，投资入股当期可暂不纳税，允许递延至转让股权时，按股权转让收入减去技术成果原值和合理税费后的差额计算缴纳所得税。

我们也看到部分地方，针对企业合并中，个人股东没有纳税必要资金的考虑，给了一定的税收政策，下面是当年宁波市地方税务局的解答口径：

> 问：甲企业吸收合并乙企业，企业所得税处理符合特殊性重组的条件。其中，乙企业股东全部为自然人，合并后乙企业的自然人股东按照净资产公允价值的比例持有合并后企业的股权。请问合并之前乙企业的留存收益是否需要缴纳个人所得税？
>
> 答：对甲企业吸收合并乙企业，如企业所得税处理符合特殊性重组条件，乙企业自然人股东所取得甲企业股权按历史成本计价的，暂不征收个人所得税。

应该说，当年宁波市地方税务局的解答，是非常值得赞赏的。在企业合并中，如果个人股东拿到的全部是股权，个人股东没有纳税资金。当然这种暂不征个人所得税，是以取得合并企业股权按历史成本计价为代价的。

这和财税〔2016〕101号文件的处理有异曲同工之妙。

### ▶ 企业合并的契税处理

企业合并中，如涉及不动产、土地使用权的转移，合并企业要办理相关的登记手续，会涉及契税问题。目前，有关改制重组的契税有效文件是财税〔2021〕17号文件。17号文件对企业合并的契税政策规定：

> 两个或两个以上的公司，依照法律规定、合同约定，合并为一个公司，且原投资主体存续的，对合并后公司承受原合并各方土地、房屋权属，免征契税。

契税是一种行为税，没有计税成本的说法，当然也就没有递延纳税的说法。这环节免了税，不会影响到下一个环节征多少税。同时17号文对企业合并中免征契税，还强调一个条件“企业合并前的投资主体必须存续”，这是指被合并企业的原股东必须存在于重组后的企业，但投资人的出资比例可以发生变动。

## 第55讲 企业分立的税务问题

企业分立，是一种常见的重组方式。企业分立的原因和动机多种多样。在传统版本的讲解中，分立主要是为了避免企业不同的股东从成立时的“同心协力”到公司做大后的“同床异梦”，直至走向“同室操戈、同归于尽”的“四同效应”。在现代版本的讲解中，企业分立的主要目的是出于公司战略的考虑，如出于资本运作的需要，最典型的是上市公司的分拆上市；出于融资的目的；出于转让资产目的，先分立资产为下一步交易打下基础等。

现行《公司法》对分立是如何定义的？《公司法》第175条、176条规定：公司分立，其财产作相应的分割。公司分立，应当编制资产负债表及财产清单。公司应当自作出分立决议之日起十日内通知债权人，并于三十日内在报纸上公告。公司分立前的债务由分立后的公司承担连带责任。但是，公司在分立前与债权人就债务清偿达成的书面协议另有约定的除外。

《公司法》对什么是分立、分立的类型有哪几类，没有给出一个明确的定义。原国家工商总局在《关于做好公司合并分立登记支持企业兼并重组的意见》（工商企字〔2011〕226号）中讲到，公司分立可以采取两种形式：一种是存续分立，指一个公司分出一个或者一个以上新公司，原公司存续；另一种是解散分立，指一个公司分为两个或者两个以上新公司，原公司解散。因分立而存续或者新设的公司，其注册资本、实收资本数额由分立决议或者决定约定，但分立后公司注册资本之和、实收资本之和不得高于分立前公司的注册资本、实收资本。

再来看一下税法上的分立。财税〔2009〕59号文件，对企业分立的定义是，分立是指一家企业（称为被分立企业）将部分或全部资产分离转让给现存或新设的企业（称为分立企业），被分立企业股东换取分立企业的股权或非股权支付，实现企业的依法分立。

59号文件中提到的将资产分离转让给新设的公司，这很容易理解，也是我们一般意义上的分立，原企业一分为二。但59号文件讲到的把资产分离转让给现有企业，就让人难以理解了。实际上，这种行为属于现有企业向现有企业的增资行为，不能称得上企业的分立。所以，税法和公司法上的分立，一般只限于两种情况：

一种是存续分立，也称派生分立，指一个现有公司分出一个或者一个以上新公司，原公司存续。存续分立也有两种情形：

情形1：股东不分家型存续分立（见图22）

情形2：股东分家型存续分立（见图23）

另一种是新设分立，也称为解散分立，指一个现有公司分为两个或者两个以上新公司，原公司解散。新设分立也有两种情形：

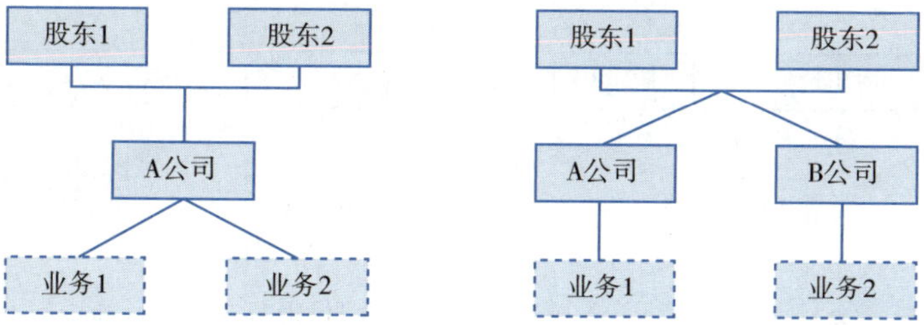


图22　股东不分家型存续分立示意图

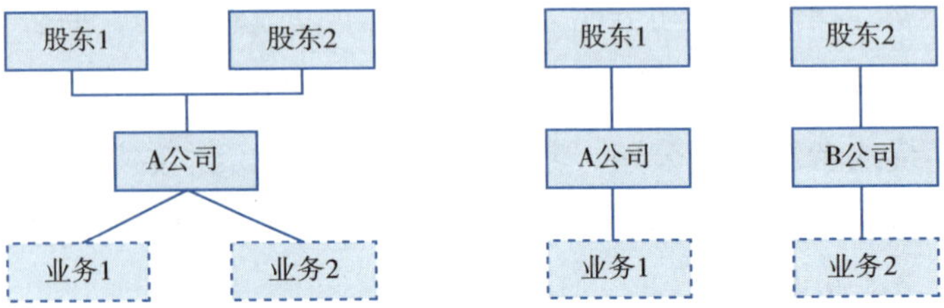


图23　股东分家型存续分立示意图

情形1：股东不分家型新设分立（见图24）

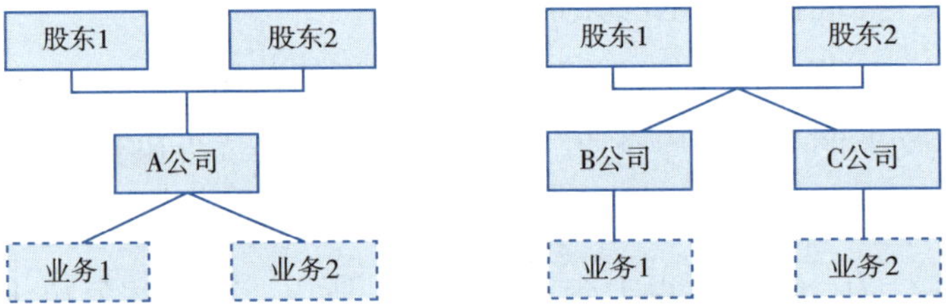


图24　股东不分家型新设分立示意图

情形2：股东分家型新设分立（见图25）

在企业分立的类型上，本书没有采用让产分股式分立、让产赎股式分立、股本分割式分立等分类叫法。主要原因是这种分类是基于欧美等国家商事法上一种分类，我们国家的商事法和别的国家有所不同。其次，这种分类的方法，因为没有一个明确的定义，很容易让人引起不同理解。因此，入乡随俗，按照通俗又可以理解的方法，把分立类型分为以上四类。

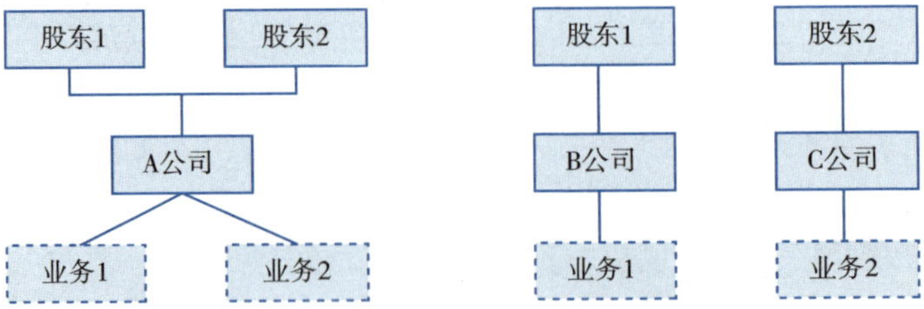


图25　股东分家型新设分立示意图

怎么理解公司的分立活动？我们可以从两种交易的路径来考虑这种交易的实质。第一种路径：被分立企业把要分立的资产，以减资的方式返还给企业股东，企业股东再拿这部分资产投资成立一家新的企业。第二种路径：被分立企业把要分立的资产，投资设立新公司，取得新公司的股权，再把新公司的股权以减资的方式返还给股东，从而股东取得了新企业的股权。

当然，这也是从 59 号文件对企业分立的定义，给出的企业所得税上的交易路径。同样道理，其他税种，如土地增值税和个人所得税，不一定按此思路进行分析。

# 第 56 讲 企业分立的一般性税务处理

企业分立中，涉及三方当事人：被分立企业、被分立企业的股东和分立企业。这三方分别要作什么税务处理呢？

对被分立企业来说，在分立的重组过程中，有可能只是将部分资产转移给分立企业，被分立企业继续存在。这种存续分立下，被分立企业是否要确认资产转让的所得。在分立的重组过程中，也有可能分立企业把资产全部转移给分立企业，被分立企业不再继续存在。这种新设分立下，被分立企业是否要按财税〔2009〕60 号文件规定做所得税上的清算。

对分立企业来说，在重组过程，分立企业接受了被分立企业转移的资产，如何确认转移资产的计税基础。转移过来的资产，其税收属性（包括亏损），是否可以结转到分立企业来。

对被分立企业股东来说，分回资产再投资也好，分回新企业的股权也好，都面临这么几个问题：分回的资产是否需要确认所得，取得新股权的计税基础如何确认，对被分立企业的股权是否需要调整计税基础。

财税〔2009〕59号文件，对企业分立给出了两种不同的所得税处理方法，一般性税务处理和特殊性税务处理。不符合特殊性税务处理条件的，就只能适用一般性税务处理；符合特殊性税务处理条件的，也可选择适用一般性税务处理。59号文件对一般性税务处理的规定是：

> 被分立企业对分立出去资产应按公允价值确认资产转让所得或损失。
>
> 分立企业应按公允价值确认接受资产的计税基础。
>
> 被分立企业继续存在时，其股东取得的对价应视同被分立企业分配进行处理。
>
> 被分立企业不再继续存在时，被分立企业及其股东都应按清算进行所得税处理。
>
> 企业分立相关企业的亏损不得相互结转弥补。

我们还是从被分立企业、被分立企业股东、分立企业三个维度来分析下一般性税务处理的思路：

### ▶ 被分立企业的税务处理

存续分立中，被分立企业的主体还保留着，只是将部分资产转移给分立企业。被分立企业对分立出去资产，应按公允价值确认资产转让所得或损失。

59号文件中写道“其股东取得的对价应视同被分立企业分配进行处理”。这里，59号文件的表述似乎不够清晰。分配的一般含义，是指被投资企业把实现的税后利润向股东进行分配。而企业分立中，向股东返还的企业资产，其中可能部分是税后利润，部分可能是股东当初的资本性投入，因此在存续分立中，股东取得资产应该视为减资更合适。

为什么要讲这个问题？这对被分立企业的税务处理来说，影响不大，进行分配也好，进行减资也好，对被分立企业来说，资产转移出了法人内部，都要视同销售确认所得。但对股东来说，分配和减资有着不一样的处理方式。按照国家税务总局公告2011年第34号规定，减资中取得资产，股东按收回成本、股息红利、投资所得的“三分法”进行处理，能免税的仅仅是留存收益对应的股息红利部分。

新设分立中，被分立企业将全部资产转移给分立企业，被分立企业随之注销。按照财税〔2009〕59号文件规定，被分立企业及其股东都应按清算进行所得税处理。当然了，在清算过程中，被清算企业要视同资产按公允价值变现，计算出资产的增值所得。被分立企业的股东，视同投资收回确认所得，缴纳企业所得税或个人所得税。

被分立企业如有未弥补完的亏损，在一般性税务处理时，不能结转到分立企业去弥补。

在存续分立中，被分立企业要不要随着资产的分离，相应的调减未弥补完的亏损，这在59号文件及其他文件中都没有明确。59号文件只用了一句非常笼统的话：企业分立相关企业的亏损不得相互结转弥补。

个人认为，在适用一般性税务处理时，59号文件已经限制了亏损的转移和结转，因此被分立企业不需要调减其未弥补完的亏损，其亏损可以继续在被分立企业的规定期限内弥补。主要理由有：

第一个理由，如果被分立企业要调减亏损，那相应的文件中应该给出一种按什么口径调减的依据，但59号文件及后续的所有文件中都没有给出这种依据。如要调减亏损，按资产的净资产比例还是按总资产的比例，这些都没有明确的规定，纳税人是很难执行的。

第二个理由，企业的资产剥离有多种方法，如把资产投资出去、把资产转让出去、把资产划转出去，以上这些资产转让的过程中，如采用一般性税务处理，现行税法都没有规定，转出方要进行亏损的调减。企业分立这种重组模式，实际上也是一种资产剥离的过程。从这个层面来理解，被分立企业的亏损不一定要调减。

第三个理由，亏损的调减，都是通过所得税申报表来实现的，现行所得税申报表对一般性税务处理，如何进行亏损的调减，都没有提及，只对特殊性税务处理进行了说明。“企业所得税弥补亏损明细表”对“分立转出的亏损额”列次的说明：第3列“分立转出的亏损额”：填报本年度企业分立按照企业重组特殊性税务处理规定转出的符合条件的亏损额。分立转出的亏损额按亏损所属年度填报，转出亏损的亏损额以正数表示。

新设分立中，被分立企业解散并作企业所得税上的清算，其未弥补的亏损，同样不能结转到分立企业弥补。

企业所得税的优惠事项处理。如果是新设分立，被分立企业在所得税上视为清算处理，优惠享受主体不复存在。在存续分立中，被分立企业的税收优惠事项，应该如何处理？我们来讨论下分立中常见的税收优惠的处理方法。

高新技术企业的优惠。存续分立中，如被分立企业为高新技术企业，参照国科发火〔2016〕195号文件的规定，企业分立属于认定条件发生重大变化。应在发生之日起三个月内向认定机构报告，在“高新技术企业认定管理工作网”上提交“高新技术企业名称变更申请表”，并将“高新技术企业名称变更申请表”与相关证明材料报认定机构，由认定机构负责审核企业是否仍符合高新技术企业条件。

存续分立和新设分立中，有可能新设立的公司承接了被分立企业绝大部分的业务和人员，新设立的公司符合高新技术企业条件。但形式上，他们都是新设立的公司，是否可以参照上述做法，经认定机构审核后直接认定为高新企业，这只能看各地的规定和实际操作的口径。

有关生产经营所得的项目优惠，如从事农林牧渔所得的免征或减半征收所得税，这类优惠，政策的本意是为支持企业从事这类生产经营给予的照顾，不论何家企业从事这类业务，均可以享受。

从事公共基础设施项目所得的“三免三减半”优惠，如果对应的资产和业务没有分离出去，继续保留在被分立企业内部，被分立企业当然可以在有效期限内继续享受相关的税收优惠。如果对应的资产和业务分立给分立企业，根据《企业所得税法实施条例》89条的规定，资产在减免税期限内转让的，受让方自受让之日起，可以在剩余期限内享受规定的减免税优惠；减免税期限届满后转让的，受让方不得就该项目重复享受减免税优惠。

### ▶ 被分立企业股东的税务处理

存续分立中，被分立企业股东视为从企业减资，取得了实物、现金等资产，按照减资的税务规定进行处理。新设公立中，视为被分立企业注销清算，股东按收回投资进行税务处理。

同时，由于被分立企业股东已经对分回的资产确认了所得，可以按照公允价值确认分立企业股权的计税基础。

还有一个问题需要明确，在新设分立中，被分立企业注销，股东对其的计税基础也已烟消云散。但在存续分立中，被分立企业股东确认了对应的撤资部分所得，同时确认了对分立企业的新股权计税基础。这其中是否要调整对被分立企业的股权的计税基础呢？ 59号文件虽然没说到这一点，从企业所得税的原理来说，被分立企业股东应该调整其计税基础。

### ▶ 分立企业的税务处理

分立企业取得了被分立企业的资产，且被分立企业已经对这部分资产确认了隐含的所得。分立企业取得资产的计税基础按照公允价格确认。

无论是存续分立还是新设分立，被分立企业的亏损，都不能结转到分立企业进行弥补。

最后得透露一个小秘密。分立的一般性税务处理不一般，远比分立的特殊性税务处理复杂多了。

# 第57讲
# 企业分立的特殊性税务处理

财税〔2009〕59号文件，对企业分立中特殊性税务处理的条件和如何进行税务处理进行了明确的规定：

> 企业分立，被分立企业所有股东按原持股比例取得分立企业的股权，分立企业和被分立企业均不改变原来的实质经营活动，且被分立企业股东在该企业分立发生时取得的股权支付金额不低于其交易支付总额的85%，可以选择按以下规定处理：
>
> 1. 分立企业接受被分立企业资产和负债的计税基础，以被分立企业的原有计税基础确定。
>
> 2. 被分立企业已分立出去资产相应的所得税事项由分立企业承继。
>
> 3. 被分立企业未超过法定弥补期限的亏损额可按分立资产占全部资产的比例进行分配，由分立企业继续弥补。
>
> 4. 被分立企业的股东取得分立企业的股权（以下简称"新股"），如需部分或全部放弃原持有的被分立企业的股权（以下简称"旧股"），"新股"的计税基础应以放弃"旧股"的计税基础确定。如不需放弃"旧股"，则其取得"新股"的计税基础可从以下两种方法中选择确定：直接将"新股"的计税基础确定为零；或者以被分立企业分立出去的净资产占被分立企业全部净资产的比例先调减原持有的"旧股"的计税基础，再将调减的计税基础平均分配到"新股"上。

## ▶ 企业分立特殊性税务处理条件

企业分立要适用特殊性税务处理的条件，除了具有合理的商业目的、股权支付比例85%的要求、分立后不改变实质性经营活动等条件以外，和其他重组模式相比，还有一个比较特别的要求：分立企业所有股东必须按原持股比例取得分立企业的股权。这个条件应该怎么理解？这个条件背后隐含的目的是什么？

企业采取存续分立、只分立出一家企业时，股东按原持股比例取得分立企业的股权，这时很好理解，也不会发生理解上的差异。如甲企业有两个股东A和B，两个股东的持股比例为60%和40%，甲企业采取存续分立，分立出一家新企业，A和B必须对新企业的持股比例为60%和40%，不得改变原来的持股比例。

但企业采取存续分立时，分立出两家或两家以上企业时，或者企业采取新设分立时，这时分立企业有两家或两家以上，“股东按原持股比例取得分立企业的股权”这句话，容易让人产生不同的理解。如新设分立中，A企业的两个股东甲和乙，分别持有A公司60%和40%的股权，A分立出B和C两家企业。这时对股东按原持股比例取得分立企业的股权，可能有两种理解，一种理解是股东甲必须按原持股比例分别持有B公司60%股权和C公司60%的股权。还有一种理解，股东甲只要保证对分立公司B和C的股权总比例为60%即可，至于甲对B和C的具体持股比例，不一定要保证每家都是60%。

我们猜测，当初制定文件时，必须按原持股比例取得分立企业的股权的含义，很大可能性是上面讲到的第一种理解。这个条件背后隐含的目的，是为了防止企业在分立过程中，不但企业分立了，股东也分了家。在上面的第二种理解中，被分立企业的股东可以做到这一点：既按原持股的比例持有分立企业股权，又实现一个或若干个股东持有其中一家分立企业100%的股权的目的。

分立中还有一个非常重要的问题，对分立的资产有没有50%的限制。59号文件规定的特殊性税务处理五大条件之一是：被收购、合并或分立部分的资产或股权比例符合本通知规定的比例。在对各种重组模式的特殊性税务处理进行分别规定时，讲到了资产收购、股权收购必须有75%的比例限制，对企业合并和分立这两种重组方式，没有提到资产的比例应该达到多少。在财税〔2014〕109号《关于促进企业重组有关企业所得税问题的通知》中，也只提到资产收购和股权收购比例调整为50%：

> 1. 关于股权收购
>
> 将《财政部　国家税务总局关于企业重组业务企业所得税处理若干问题的通知》（财税〔2009〕59号）第六条第（二）项中有关“股权收购，收购企业购买的股权不低于被收购企业全部股权的75%”规定调整为“股权收购，收购企业购买的股权不低于被收购企业全部股权的50%”。
>
> 2. 关于资产收购
>
> 将财税〔2009〕59号文件第六条第（三）项中有关“资产收购，受让企业收购的资产不低于转让企业全部资产的75%”规定调整为“资产收购，受让企业收购的资产不低于转让企业全部资产的50%”。

对于企业合并，我们容易理解，合并中被合并企业解散，被合并企业所有的资产都转移到合并企业，所以不需要对合并资产再作出规定。但对于企业分立而言，为什么没有分立资产的比例要求呢？其中主要原因是：企业分立形式有新设分立和存续分立。对于新设分立，其本身资产分立的比例为100%，无非两家分立企业中，哪家多一点哪家少一点，没有需要对此作出规定；存续分立中，如果规定了分立资产的比例，因为留在被分立企业资产和分立出去的资产，两者是个跷跷板关系，哪怕规定了资产分立要达到99%的比例，纳税人完全可以在被分立企业和分立企业之间进行调节，规定了比例也相当于形同虚设。

对于分立资产，既没有作出数量的要求，也没有质量的要求（有些国家对分立资产的质量要求是：必须是一个积极的营业或业务），会有一定弊端。有一些企业，人为地利用分立这种模式进行资产剥离、为下一步以股权转让方式转售资产创造条件。虽然中间要间隔12个月，但仍有一定的操作空间。我们经常看到的一些分立案例，都是为了卖资产而分立，这不应该是企业重组税收政策的鼓励对象。

企业分立特殊性税务处理的条件中，还有一个有趣又会有争论的话题。取得股权支付的原主要股东，在重组后连续12个月内，不得转让所取得的股权。无论是存续分立还是新设分立，主要股东不能12个月内卖掉新公司的股权，这不会有争论。有争论的是，在存续分立后，主要股东可不可以12个月内卖掉被分立企业的股权。

政策有争论，就会有空间。实务中经常会遇到这种案例，有些企业把想出售的资产，留在被分立企业内，把自己要用的资产，装在新设的分立企业内。企业分立后，转身就卖被分立企业的股权，规避了12个月的时间限制。

## ▶ 当事三方所得确认和计税基础的确认

企业分立中，涉及三方当事人，所得税处理相对来说比较复杂。我们以一个简化的案例，来说明一下特殊性税务处理下的规则，并比较其和一般性税务处理的不同：

甲企业注册资本1000万元，有两个股东A企业和B企业，A投入600万元，占股权比例60%，B企业投入400万元，占股权比例40%。现甲企业拟采用存续分立方式，分设成立乙企业。

甲企业分立基准日资产如表12所示：

表12 单位：万元

| | 账面价值 | 公允价值 |
|---|---|---|
| 资产 | 2000 | 2500 |
| 净资产 | 2000 | 2500 |
| 实收资本 | 1000 | |
| 未分配利润 | 1000 | |

新设企业乙取得资产的账面价值600万元，公允价值900万元。假设资产的计税基础等于账面价值。先来看一下一般性税务处理的情况：

如采用一般性税务处理，甲企业要确认所得300万元。被分立企业股东A企业和B企业，按照国家税务总局公告2011年第34号有关减资的规定进行税务处理：

A企业取得对价=900×60%=540（万元）

B企业取得对价=900×40%=360（万元）

同时，A公司对乙企业股权的计税基础为540万元；B公司对乙企业股权的计税基础为360万元。

分立企业乙，取得资产的计税基础为900万元。

再来看一下特殊性税务处理的情况：

如采用特殊性税务处理，甲企业不需要确认资产转让所得300万元。被分立企业股东A企业和B企业，也不需要确认相关的所得。分立企业取得分立资产的计税基础，按原计税基础600万元确认。

特殊性税务处理中，如何确认股东对老股和新股的计税基础？59号文件给出了两种不同解决方法，不论是哪种处理方式，最终股东对分立前后的股权计税基础，其合计数不会发生变化。比较一下两种处理方式下的税负和计税基础的转移（见表13）。

表13 单位：万元

| | 一般性税务处理 | 特殊性税务处理 |
|---|---|---|
| 被分立企业确认所得 | 300 | 不确认 |
| 分立企业取得资产计税基础 | 900 | 600 |
| 股东确认所得 | 300 | 不确认 |
| 股东持有股权计税基础合计 | 1300 | 1000 |

企业分立中，如适用特殊性税务处理，被分立企业股东采取了计税基础替代的规则，分立当期不确认所得，通过计税基础的替代，把所得递延到以

后确认。

被分立企业和分立企业之间，被分立企业当期不确认所得，通过计税基础结转规则，分立企业持有资产计税基础以原资产的计税基础来确定，从而保证企业分立中，不论是采取何种方式，总体税负不会发生变化。

## ▶ 亏损的结转

在特殊性税务处理中，被分立企业没有超过规定弥补期限的亏损，可以结转到分立企业继续弥补。结转的限额按分立资产占全部资产的比例进行分配。为什么以资产的比例来进行分摊亏损？相对来说，资产是产生所得和亏损最直接的影响因素。59号文件虽然没说按资产账面价还是按资产公允价来进行分割，但一般意义上都理解，应该按资产公允价确定。

存续分立中，随同亏损的转移，被分立企业需要调减未弥补完的亏损。国家税务总局公告2015年第48号所附的“企业重组所得税特殊性税务处理报告表”（企业分立）中，要求填报“被分立企业未超过法定弥补期限的亏损额”“分立企业可弥补的被分立企业尚未弥补的亏损额”等数据。在办理分立所属年度所得税汇算清缴时，被分立企业在年度申报表的“企业所得税弥补亏损明细表”中，调整其未弥补的亏损。为此“企业所得税弥补亏损明细表”中专门设计了“分立转出的亏损额”列次。

存续分立中，被分立企业继续存在并且不做所得税的清算。对被分立企业来说，如何调减其可弥补的亏损额？59号文件只是笼统地提了一句话：被分立企业未超过法定弥补期限的亏损额可按分立资产占全部资产的比例进行分配，由分立企业继续弥补。按照59号文件的意思和申报表的设计，以一个简单例子来说明一下：

A企业采取存续分立方式，分出个a企业。2020年度为分立年度，A企业2018、2019年的未弥补亏损分别为20万元和30万元。a企业取得分立资产占全部资产的比例为40%。

被分立企业A在办理所属年度为2020年的汇算清缴时，应该在“企业所得税弥补亏损明细表”中的“分立转出的亏损额”列次，转出对应年度的可弥补亏损额：2018年度转出8万元；2019年度转出12万元。

分立企业a在办理所属年度为2020年的汇算清缴时，应该在“企业所得税弥补亏损明细表”中的“合并、分立转入的亏损额”列次，申报填写转入对应年度的可弥补亏损额：2018年度转入8万元；2019年度转入12万元。

对存续分立方式下的亏损结转，要注意几点：

1. 可以结转的亏损，是分立年度的以前年度的可弥补亏损，被分立企业分立当年的亏损不得相互结转。

2. 哪一年的亏损，转到哪一年；哪一年的亏损，按资产的比例，各自结转到哪一年。

新设分立的亏损结转，因为被分立企业解散并做所得税上的汇算清缴，相对来说，亏损的结转会更加复杂。其中有关的做法和观点，具体可以参考企业合并中的相关讲解。

# 第58讲 企业分立的其他税种

企业分立中，还可能会涉及增值税、土地增值税、契税、个人所得税等其他税种，在这里我们就这些税种的处理进行简单探讨。

## ▶ 企业分立的增值税

对企业重组中涉及增值税的主要文件是国家税务总局公告2011年第13

号和2016年的营改增文件。这两份文件，对企业分立中涉及货物、不动产等转移，作出了增值税不征税的规定。因此，企业在进行分立时，可以适用不征收增值税的政策。

企业分立的增值税政策中，有几个点特别需要关注。

一是留抵税额的结转。国家税务总局公告2012年第55号中写道，增值税一般纳税人在资产重组过程中，将全部资产、负债和劳动力一并转让给其他增值税一般纳税人并按程序办理注销税务登记的，其在办理注销登记前尚未抵扣的进项税额可结转至新纳税人处继续抵扣。

在存续分立中，由于被分立企业没有注销，相应的留抵税额也不能结转到分立企业。

在新设分立中，被分立企业要办理注销税务登记手续，按文件意思看是可以办理留抵税额结转的。但其中问题是，留抵税额如何在两家或两家以上的分立企业中进行分配的问题。对此，国家税务总局层面没有规定，只能参考各地相应的规定了。

这里要明确的一点，留抵税额能不能结转到下一家企业，和企业重组中是否采取不征收增值税政策没有关系。即：如果在资产重组中，不管选择了征收增值税政策还是选择不征收增值税的政策，只要符合留抵税额转移的条件，企业都可以结转留抵税额。

也有不少人会担心，对于企业重组中，上游不征收增值税，下游又结转了留抵税额，其中的增值税链条会不会断裂，会不会有避税的空间？这种担心，其实是多余的。要准确区分进项税额的传递和留抵税额的结转二者间不同的含义。

进项税额传递，是一种链条式的传递，其传递的基础是上游缴了增值税。

留抵税额的结转，也可以看作是一种链条式的传递，但其传递的基础是确保上游不再抵扣。企业账上的留抵税额，本来就是企业花钱买来的，相当于企业的一项资产，或者相当于国家欠企业的钱。留抵税额的结转，只要管上游不抵扣，不需要管上游缴不缴税。

还有一个问题，上游选择了不征收增值税政策，要不要作进项税额转出？对企业重组的增值税政策，是不征收增值税，相当于不属于增值税的征税范围，因此不需要进项税额转出。增值税中的免税和不征收，是两个完全不同的概念。增值税中哪些进项税额要转出，目前税法采取了正例举的形式。如果用于不征税项目的进项税额，增值税条例等都没有要求作进项转出。

增值税中还有一个问题，如果双方选择了征收增值税，那对应的实物资产等就可以开具增值税专用发票，通过增值税专用发票这个载体，把进项税额传导给下一家。其中问题是，总的交易金额如何在各个单项实物中进行分配？这个问题有点类同于企业所得税中交易价格的分摊。目前税法对此也是空白，交易双方可各自协商分摊的方法。

## ▶ 企业分立的土地增值税

有关改制重组的土地增值税的有效文件，目前有效的是财税〔2021〕21号。对于企业分立的土地增值税，21号文件是这样表述的：

按照法律规定或者合同约定，企业分设为两个或两个以上与原企业投资主体相同的企业，对原企业将房地产转移、变更到分立后的企业，暂不征土地增值税。

对于企业分立中的土地增值税问题，和企业合并中的问题相类似。其中的核心问题是，到底属不属于现行土地增值税的征税范围。有人认为，在企业分立中，接受对价的不是被分立企业，不能理解为是一种资产的实际转让，因此不属于土地增值税的征税范围。我们期待着以后的土地增值税立法和文件中，能够明确这些有争议的问题。

当然，如果在企业分立环节，适用了暂不征收土地增值税的政策，分立企业在以后转让时，相应的成本还是按照原来的成本扣除。

企业分立中土地增值税的暂不征税政策，还有一个重要条件：分立前原来的投资主体必须存续在新设立的分立企业。也就是说，企业原来有几个股东，分立后这些股东必须在，但他们的持股比例可以发生变化。

和企业所得税的特殊性税务处理条件相比较，企业所得税要求分立后，原股东必须按原持股比例持有分立企业的股权，且分立后的主要股东在12个月内，不能转让分立企业的股权。相比较而言，土地增值税的条件没有像企业所得税那么严苛。很多企业的分立，是为了解决分立又分家的问题，在税收处理上，如果只想解决土地增值税和契税的问题，可以在分立后立即进行股东间的换股；如果又想解决企业所得税的问题，只有以时间换空间，等满12个月后再进行第二步的操作。

## ▶ 企业分立的个人所得税

企业分立中，被分立企业的股东有可能是自然人。国家税务总局公告2015年第48号中，对企业分立中存在个人股东情况，作了如下规定：分立中被分立企业的股东，可以是自然人，自然人应按个人所得税的相关规定进行税务处理。

48号公告关于个人股东的表述，表达的意思是：个人股东的存在，不影响整个分立的交易可以判断为特殊性税务处理。

个人股东在企业分立中，有关个税的政策，国家税务总局层面没有特别的规定。个人股东取得分立企业的股权，到底属不属于现行个人所得税的征收范围？有部分专家学者认为，如果企业分立中，个人股东取得的仅仅是分立企业的股权，这类似于“切水果”游戏，个人把原有的一个苹果，一切为二，这本不属于个人所得税的征税范围。

也有人认为，企业分立中，个人股东不管是取得了分立企业的股权，还是取得了现金等支付，都应该缴纳个人所得税。有些地方对此有明确的规定，如大连市地方税务局在《关于加强企业注销和重组自然人股东个人所得税管理的通知》（大地税函〔2009〕212号）中讲到：

> 企业分立后，被分立企业存续的，其自然人股东取得的对价

> 应当视为被分立企业的分配，在扣除投资成本后确认为所得，按“利息、股息、红利所得”项目计算征收个人所得税。
>
> 企业分立后，被分立企业不存续的，被分立企业应当按照清算进行所得税处理，其自然人股东的个人所得税管理按照本通知第一条规定执行。
>
> 对按照《财政部 国家税务总局关于企业重组业务企业所得税处理若干问题的通知》(财税〔2009〕59号)规定，企业分立选择特殊性税务处理的，以被分立企业分立前的企业期末留存收益、资本公积和非股权支付对应清算所得和损失之和，按股东所占股份比例计算的部分确认为应纳税所得额，计算征收“利息、股息、红利所得”项目个人所得税，应纳税所得额=[企业期末留存收益+企业期末资本公积+(被转让资产的公允价值-被转让资产的计税基础)×(非股权支付金额÷被转让资产的公允价值)]×股东所占股份比例。

笔者认为，个人所得税目前没有特殊性税务处理的规则。在国家层面，应该制定对企业分立的个人所得税相关政策，在政策制定中，要考虑到以下几点：

企业分立中，对个人股东按照取得的对价是分立企业的股权还是其他经济权益，制定个人所得税政策。如果个人股东取得的是全部股权或部分股权，应该对股权部分给予一定的递延纳税政策。具体可参考财税〔2016〕101号的相关处理规则。

在制定个人所得税递延纳税的政策时，同时要对企业分立中个人股权原值的分摊和确认，作出相应的规定。

### ▶ 企业分立的契税

企业分立中，如涉及不动产、土地使用权的转移，分立企业要办理相关的登记手续，会涉及契税问题。目前，有关改制重组的契税有效文件是财税〔2021〕17号文件，对企业分立的契税政策规定：公司依照法律规定、合同约定分立为两个或两个以上与原公司投资主体相同的公司，对分立后公司承受原公司土地、房屋权属，免征契税。

契税是一种行为税，没有计税成本的说法，也没有递延纳税的说法。这环节免了税，不会影响到下一个环节的征多少税。同时17号文，对企业分立中免征契税，还强调一个条件：企业分立前的投资主体必须存续。

# 第八篇

# 资产（股权）划转与债务重组的税务

# 第59讲
# 划转的企业所得税：一般性税务处理

划转是一种非常具有特色的重组方式和工具。国务院国有资产监督管理委员会在《企业国有产权无偿划转管理暂行办法》中明确，国有产权的无偿划转，是指企业国有产权在政府机构、事业单位、国有独资企业、国有独资公司之间的无偿转移。

## ▶ 企业所得税上的的划转

为促进兼并重组市场的健康发展，财政部、国家税务总局2014年下发了《关于促进企业重组有关企业所得税处理问题的通知》(财税〔2014〕109号，以下简称109号文件)，在税收文件中第一次明确划转这种特殊模式的企业所得税处理。先来看一下109号文件的相关规定：

> 对100%直接控制的居民企业之间，以及受同一或相同多家居民企业100%直接控制的居民企业之间按账面净值划转股权或资产，凡具有合理商业目的、不以减少、免除或者推迟缴纳税款为主要目的，股权或资产划转后连续12个月内不改变被划转股权或资产原来实质性经营活动，且划出方企业和划入方企业均未在会计上确认损益的，可以选择按以下规定进行特殊性税务处理：
>
> 1. 划出方企业和划入方企业均不确认所得。
>
> 2. 划入方企业取得被划转股权或资产的计税基础，以被划转股权或资产的原账面净值确定。

> 3. 划入方企业取得的被划转资产，应按其原账面净值计算折旧扣除。

如何理解109号文件中明确的划转业务的企业所得税政策的核心和规则，我们从以下几个维度来展开讨论：

首先，我们讨论的划转，是指资产在不同法人主体之间的一种转移行为。这和平常所说的资产调拨要区分开来。资产调拨，一般意义上指的是同一企业内部的资产转移行为，如从这个分公司调拨到另一分公司，从甲车间调拨到乙车间。企业所得税属于法人所得税制度，资产在同一法人主体内部的转移，不征收企业所得税。这一点在《国家税务总局关于企业处置资产所得税处理问题的通知》（国税函〔2008〕828号）中讲得非常清晰：

> 企业发生下列情形的处置资产，除将资产转移至境外以外，由于资产所有权属在形式和实质上均不发生改变，可作为内部处置资产，不视同销售确认收入，相关资产的计税基础延续计算。
>
> （一）将资产用于生产、制造、加工另一产品；
>
> （二）改变资产形状、结构或性能；
>
> （三）改变资产用途（如，自建商品房转为自用或经营）；
>
> （四）将资产在总机构及其分支机构之间转移；
>
> （五）上述两种或两种以上情形的混合；
>
> （六）其他不改变资产所有权属的用途。

正是因为划转是一种资产在不同法人主体间的转移行为，哪怕划出方没有收取相应的对价，一般在企业所得税上，也应视为销售的行为缴纳企业所得税。

其次，有关划转的企业所得税政策，不仅限于国有资产的划转。在传统的思维中，划转只适用于政府与国有企业、国有企业之间的资产往来，更像是国有资产的调配和重新配置。109号文件，显然立意更高，没有把企业所得税的特殊性税务处理政策局限在传统的认识中：划转主体上，不论是国有企业还是民营企业；划转客体上，不论是国有资产还是非国有资产，只要符合相应的条件，均一视同仁，只要符合相应的条件、都可以享受文件中明确的政策。国家税务总局在相关文件解读稿中也讲到，这一政策不仅适用于国有企业集团，也适用于其他企业集团内部的股权或资产划转交易，保证了不同所有制性质的市场主体在同一税收政策起跑线上公平竞争，有利于引导非公有制经济健康发展。

实践也已证明，划转业务的企业所得税政策清晰后，有越来越多的上市公司和民营企业集团，利用划转这一工具，进行集团内的组织架构重整以及资源的重新配置。有兴趣的朋友，可以关注一下上市公司的公告，几乎每隔几天，就有上市公司发布资产划转的公告。

最后，划转的企业所得税政策，在某种程度上可视为对法人税制的突破。2008年实施的《企业所得税法》，与以前相比，更具有法人税制的特征。对企业或单位法人征收企业所得税，在同一法人内部的资产流转，不需要征收企业所得税。这种精神在国税函〔2008〕828号文件中体现得淋漓尽致，资产在总、分机构之间的移送，无须确认所得缴纳企业所得税；内部改变资产的用途，无须确认所得缴纳企业所得税。归纳起来，只要资产还在法人内部流转、没有转移到法人外部，就不需要缴纳企业所得税。当然，资产从一个法人转移到另一个法人，就要确认所得。财税〔2014〕109号文件的特殊性税务处理，可以理解为，在同一集团内部的法人之间，如果这两个法人具有特定的权属关系，那么，这两个法人之间的资产转移，视为一种集团内的转移，不需要在单个法人层面确认所得缴纳企业所得税。从这个角度来理解，109号文件的特殊性税务处理，在某种程度上可视为对现行法人税制的突破，也是对企业所得税集团纳税制度的一种有益尝试。

### ▶ 划转的一般性税务处理

财税〔2014〕109号文件对符合一定条件的划转，可以选择适用特殊性税务处理，言下之意，不符合特殊性税务处理条件以及符合特殊性税务处理条件但不选择适用的，都应该适用一般性税务处理。

一般性税务处理的规则，按照《企业所得税法》及其暂行条例、国家税务总局国税函〔2008〕828号文件规定，企业将资产移送他人的，因资产所有权属已发生改变而不属于内部处置资产，应按规定视同销售确认收入。也就是说，对划出方来说，要视同销售确认所得，对接受资产的划入方来说，一般意义上视为接受捐赠处理，同时按公允价值确认资产的计税基础。因为划转业务部分发生在有股权关系的企业之间，有些划出方和划入方同属一集团内部、但不一定有股权关系，我们分情形来进行讨论：

情形1：母公司向子公司的无偿划转资产。母公司向子公司无偿划转资产，在一般性税务处理上，可以有几种处理方式。一种方式是，母公司视同销售处理，确认资产的转让所得；子公司按接受捐赠处理，在所得税上计入当期收入，同时按公允价值确认资产的计税基础。

母公司向子公司无偿划转资产，在一般性税务处理上，还可以有一种税务处理方式。我们来看一下《国家税务总局关于企业所得税应纳税所得额若干问题的公告》（国家税务总局公告2014年第29号）中，对有股权关系的划转的税务处理：

> 企业接收股东划入资产的企业所得税处理：
>
> 企业接收股东划入资产（包括股东赠予资产、上市公司在股权分置改革过程中接收原非流通股股东和新非流通股股东赠予的资产、股东放弃本企业的股权，下同），凡合同、协议约定作为资本金（包括资本公积）且在会计上已做实际处理的，不计入企业的收入总额，企业应按公允价值确定该项资产的计税基础。

29号公告针对股东对所持股公司的资产划转，给出另一种处理思路：划入方会计上计入实收资本或资本公积处理的，可以不视为接受捐赠处理，不并计企业的收入，同时按公允价值确认资产的计税基础。

29号公告规定的这种处理方式，实际上定性为权益性交易，划入方只能记入所有者权益科目：实收资本或资本公积，表明这个交易，是一种股东向被投资企业的投资行为。当然，作为接受投资方，划入方收到的是资本性投入，不需要缴纳企业所得税。但29号公告没有写清楚的地方是，股东层面应该如何进行税务处理。一般意义上理解，股东进行非货币性资产投资，在企业所得税上视同销售，应该确认所得。从上面分析来看，29号规定的这一种处理方式，也是一种一般性税务处理方法，无非他只是界定了划入方是一种类似于接受投资的权益性交易。

情形2：子公司向母公司的划转。由于母子公司之间的持股关系，子公司向母公司划转资产，企业所得税处理上，除了子公司视同销售处理，确认资产的转让所得；母公司按接受捐赠处理，在所得税上计入当期收入，同时按公允价值确认资产的计税基础外，企业所得税的处理上，还可以视为子公司对母公司的股息红利的分配。当然，在视为股息分配情况下，划转资产的金额受子公司未分配利润金额的限制，毕竟公司的利润分配是受《公司法》限制的。在视为分配的情况下，子公司对划出资产视同销售确认所得；母公司接受资产，可以按股息红利免征企业所得税，同时按公允价值确认划入资产的计税基础。

母公司接受子公司的划入资产，也可按《关于企业所得税若干问题的公告》（国家税务总局公告2011年第34号）中撤资减资的规定处理。对划入资产按“三分法”区分为：收回投资成本、按比例确认股息红利、确认投资所得。同时对划入资产按公允价值计算计税基础。对子公司来说，相当于用非货币性资产收回自己的股权，应该按照公允价值确认资产转让的所得。

情形3：没有股权关系的公司之间（含子公司与子公司之间）的划转。没有股权公司的不同法人之间的划转，划出方应该按视同销售处理，确认资产的所得；划入方按接受捐赠处理，同时按公允价格确认资产的计税基础。

# 第60讲
# 划转的企业所得税：特殊性税务处理

财税〔2009〕59号文对债务重组、股权收购、资产收购、合并、分立等几种重组模式，制定了较为完善的特殊性税务处理规则；财税〔2014〕109号文件对实际业务中普遍存在的划转，制定了特殊性税务处理规则。对划转业务制定特殊性税务处理，是对原有并购重组所得税政策的又一补充和完善，更加丰富了特殊性税务处理的适用范围。

## ▶ 特殊性税务处理条件

划转的企业所得税处理，也分为特殊性税务处理和一般性税务处理。109号文件中明确，符合规定范围和符合规定条件的企业，对资产或股权的划转，可以选择特殊性税务处理。

特殊性税务处理的适用范围，我们会在下讲中专门介绍。这里，我们先来讨论一下特殊性税务处理的条件。

划转的特殊性税务处理，其原理和财税〔2009〕59号文件一致，其条件也和财税〔2009〕59号文件基本类同。

（1）具有合理商业目的、不以减少、免除或者推迟缴纳税款为主要目的。税法鼓励企业利用划转这种手段，进行资源的重新整合和配置，不能单纯地以少缴税款、迟缴税款为主要目的。

（2）利益的连续性。财税〔2014〕109号文件和国家税务总局2015年第40号文件出台后，大家对划转适用特殊性税务处理，其中是否有利益连续性的要求，多有争论。作者认为，和59号文件中利益连续性有所不同，109号文件对利益连续性的考量，扩大到整个企业集团内部。

59号文件的利益连续性，是基于转让方在重组过程中，取得了购买方规定比例以上的股权支付，从而保证了转让方对转让的资产或股权从实质上还维持着利益的连续性，尽管这种利益的连续是间接的利益连续。与59号文件中的利益连续性不同，109号文件规定的划转，其适用范围在100%控股关系的企业之间，或者是同一控制下的企业之间，资产或股权的划转，哪怕没有一点点的股权支付，其利益的连续也足以得到保障。

（3）营业的连续性。资产（股权）划转后连续12个月内，不能改变被划转资产或股权的原来实质性经营活动。

除了以上相同点外，划转的特殊性税务处理还有一些特殊的条件。

会计上不确认损益。和59号文件中的特殊性税务处理的条件相比较，划转中要求双方都不能确认所得或损益，这个条件是划转政策中单独规定的。其实，不止是109号文件强调了划转的双方均不确认损益，在国家税务总局公告2015年第40号中，对划转的4种模式的会计处理，都作了详细规定，其中的意思，只能通过实收资本或资本公积等权益性科目进行会计核算，不能走损益类科目。这还不够，在进行特殊性税务处理专项申报时，必须详细说明交易双方没有在会计上确认损益的情况，并在“居民企业资产（股权）划转特殊性税务处理申报表”上申报双方的会计处理。

为什么划转的特殊性税务处理，如此看重会计上不确认损益和划转双方的会计处理？我想主要是基于以下几个方面考虑：

一是划转的企业所得税特殊性税务处理，在一定程度上改变了法人税制的特征。对集团一定范围内的资产转移，视为同一法人主体内部的资产转移，划出方不确认所得，划入方按原有计税基础进行扣除。哪怕已经限定了划转政策特殊性税务处理的适用范围，但在这种范围内，完全还可能通过划转来进行避税操作。

同一集团内最担心的是“贫富不均”，如母公司盈利很大、子公司亏损很多。子公司把值钱的几项资产划到母公司，子公司就产生大量的所得。为防止这种特定关联企业间的利润转移和关联方的避税，除了对划入方和划出方的关系予以限定以外，的确很有必要再给这种划转在交易模式上有一定的限制。什么样的交易，可以适用特殊性税务处理？税法上这时很难用“股权性交易”“权益性交易”这种概念来涵盖划转中的交易模式，用“股权性交易”涵盖不了无偿划转这种模式，用“权益性交易”又涵盖不了两个全资子公司之间的划转。这时唯有依靠会计的语言，会计的语言是交易模式和交易实质的最直接体现。

二是特定关系企业间的交易，有时很难考量资产是否已经真正划转了。也只有依靠会计的处理，双方在会计上做了账，认；会计上没做账，不认。

三是和59号文件规定的适用特殊性税务处理的交易相比较，59号文件可以适用特殊税务处理的交易，都是有对价的交易，而且这种对价必须是股权的支付，才能适用特殊性税务处理。59号文件的特殊性税务处理，是以转让方拿到新股权的计税基础以老资产的计税基础来替代，从而实现所得税的递延纳税的。

但划转中的特殊性税务处理，除了母公司向全资子公司的增资中，可能有股权的支付外，其他几种交易是没有支付任何对价的。有股权支付的交易下，完全可以依靠监控下次的股权转让，把递延的税款补回来。但是划转中没有股权的支付，需要监控的是划转当时，划转双方对同一项业务，处理是否一致。这种业务的处理，最好的体现也是在会计处理上，双方必须“平出平进”。

其实，这种依靠会计处理来进行税务判断的情况，不是划转中的首创。像国家税务总局公告2014年第29号讲到的，股东对被投资企业的利益投入，如会计上确认计入实收资本或资本公积的，可以判断为股东对企业的权益性投入，不视为接受捐赠处理，不征收企业所得税。

## ▶ 特殊性税务处理的所得确认和计税基础确认

企业选择特殊性税务处理，划出方对资产转移不确认所得，划入方对划入资产也不确认所得。

划入方取得被划转股权或资产的计税基础，以被划转股权或资产的原计税基础确定。和59号文件处理相同，资产划转的特殊性税务处理中，也采用了计税基础结转的规则。由于划出方没有对资产隐含的增值确认，划入方取得被划转股权或资产的计税基础，以被划转股权或资产的计税基础确定。

理解资产划转的特殊性税务处理，最简便方法，把企业集团视为一个企业所得税的纳税主体。这时的资产划转，相当于在同一纳税主体内部转移，所以既不确认资产的转让所得，又不能改变资产原有的计税基础。

理解资产划转的特殊性税务处理，还要和59号文件的特殊性税务处理区别开来。59号文件的特殊性税务处理，是建立在有偿转让的基础上，不过这种有偿转让取得的对价，是一种特殊商品——股权。而资产或股权的划转中，除母公司向子公司的增资为有偿的交易外，其他的划转是没有支付对价的。因此，无偿的划转中，划出方没有取得支付的对价，是没有计税基础的替代的。

## ▶ 特殊性税务处理的管理

同一项划转业务，要么大家都按一般性税务处理，要么大家都按特殊性税务处理。在二者之间，只能选择其中一种处理方法，具有唯一性。在一般性税务处理和特殊性税务处理都适用的划转中，当事方有自由选择的权利。符合特殊性税务处理条件的，重组的当事各方也可以选择一般性税务处理。

这种唯一性，还体现在划转后12个月内，如果当初的特殊性税务处理条件破坏且已不适用特殊性税务处理的情况下，当事各方应该及时调整处理的方式，改按一般性税务处理。这里，税法也强调一致性和唯一性，不能只是当事一方的改变。

划转各方如果选择特殊性税务处理，必须在办理所属年度所得税汇算清缴时，进行特殊性税务处理情况的申报并作纳税调整。

在专项申报时，划转各方应该向主管税务机关报送“居民企业资产（股权）划转特殊性税务处理申报表”和相关资料，需准备报送的相关资料有：

（1）股权或资产划转总体情况说明，包括基本情况、划转方案等，并详细说明划转的商业目的。

（2）交易双方或多方签订的股权或资产划转合同（协议），需有权部门（包括内部和外部）批准的，应提供批准文件。

（3）被划转股权或资产账面净值和计税基础说明。

（4）交易双方按账面净值划转股权或资产的说明（需附会计处理资料）。

（5）交易双方均未在会计上确认损益的说明（需附计处理资料）。

（6）12个月内不改变被划转股权或资产原来实质性经营活动的承诺书。

从上面需要报送的资料可以看出，税务机关对特殊性税务处理的主要关注点在于：划转行为是否有合理的商业目的；划转资产的计税基础情况；双方的会计处理是否符合相关的规定等。

划转的业务，一般只发生在同一集团内部，而且一般只涉及划入方和划出方，因此对划转的特殊性税务处理，没有规定谁是主导方。

除了报送"企业所得税特殊性税务处理报告表"以及申报资料外，在办理企业所得税汇算清缴时，当事各方还应将"发生资产（股权）划转特殊性税务处理事项"等信息在"基础信息表"中予以填示申报。同时，如果重组交易有税会差异需要纳税调整的，要在"企业重组及纳税调整表"中进行申报调整，涉及资产等摊销的调整，需要填写有关资产调整表进行调整。

以上是划转所属年度的专项申报及汇算清缴所要进行的填报事项。到第二年汇算清缴时，划转的当事各方，应该向主管税务机关提交书面情况说明，证明自己在划转完成日后的12个月内，没有改变原来的实质性经营活动。

交易一方在股权或资产划转完成日后连续12个月内发生生产经营业务、公司性质、资产或股权结构等情况变化，致使股权或资产划转不再符合特殊性税务处理条件的，发生变化的交易一方应在情况发生变化的30日内报告其主管税务机关，同时书面通知另一方。另一方应在接到通知后30日内将有关变化报告其主管税务机关。

上款所述情况发生变化后60日内，应按照一般性税务处理的规则，进行税务事项的调整，同时交易双方应调整划转完成纳税年度的应纳税所得额及相应股权或资产的计税基础，向各自主管税务机关申请调整划转完成纳税年度的企业所得税年度申报表，依法计算缴纳企业所得税。

由于划转特殊性税务处理采取了计税基础结转的规则，国家税务总局对特殊性税务处理，制定了汇算清缴时进行专项申报、中途情况改变及时进行报告、次年提交情况说明等管理措施，实行动态的税务管理方式。

## 第61讲 划转特殊性税务处理的适用范围

财税〔2014〕109号文件对划转特殊性税务处理的适用范围给出了非常狭窄的界定：对100%直接控制的居民企业之间，以及受同一或相同多家居民企业100%直接控制的居民企业之间的划转，才能适用企业所得税的特殊性税务处理。简短的三四十个字，把适用范围界定得相对清晰。按照上述文件的表述，我们来做个测试，下面10种情形，是否符合划转的特殊性税务处理范围。

情形1：境外非居民企业A，把资产划转给100%控股的境内子公司B（见图26）。

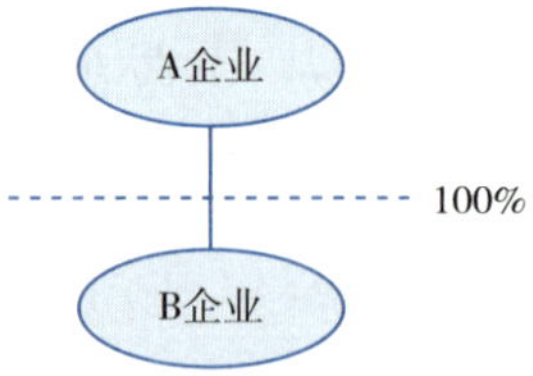


图26 划转情形1示意图

情形2：甲企业和乙企业都是居民企业，同受A企业（居民企业）、B企业（非居民企业）控制，甲企业把资产划转给乙企业（见图27）。

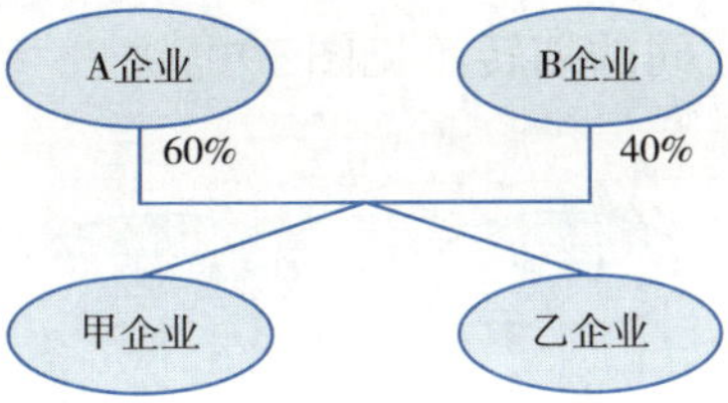


图27　划转情形2示意图

情形3：A、B、C三家均为居民企业。A企业100%控股B企业，B企业100%控股C企业。A企业把资产划转给C（见图28）。

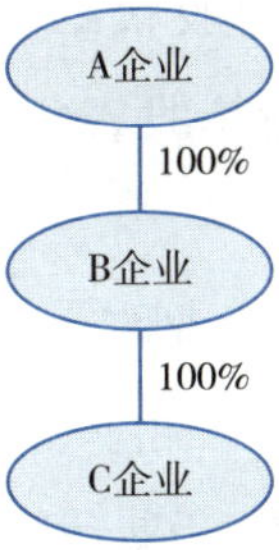


图28　划转情形3示意图

情形4：A企业100%持有B企业股权，B企业持有C企业60%股权，A持有C企业40%股权。A企业把资产划给C企业（见图29）。

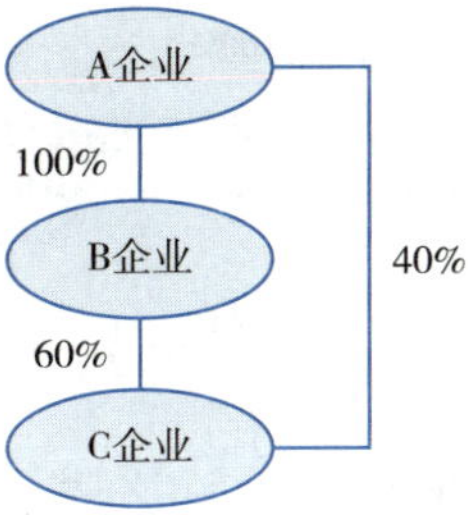


图29　划转情形4示意图

情形5：A、B、甲、乙均为居民企业。甲企业的股权结构：A企业持股60%，B企业持股40%。乙企业的股权结构：A企业持股60%，B企业持股40%。甲企业和乙企业之间的划转（见图30）。

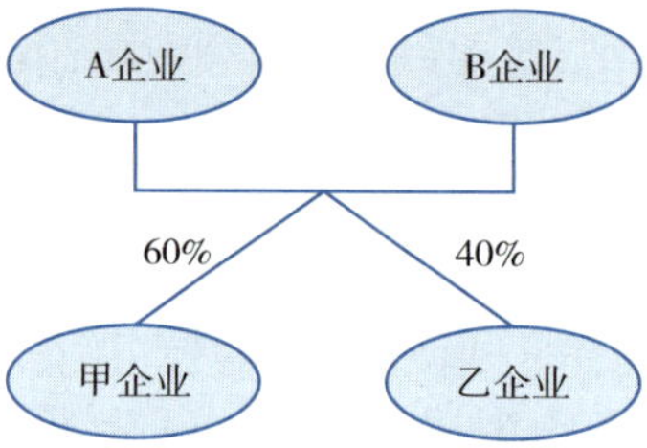


图30　划转情形5示意图

情形6：情形5中，甲企业的股权结构：A企业持股60%，B企业持股40%。乙企业的股权结构：A企业持股70%，B企业持股30%。甲企业和乙企业之间的划转。

情形7：把上述情形5中的A企业改为A个人。甲、乙企业的股权结构相同。甲企业把资产划转给乙企业。

情形8：情形5中，A企业把资产划转给B企业。

情形9：A企业和B企业同受某国资委100%控股，A企业把资产划给B企业（见图31）。

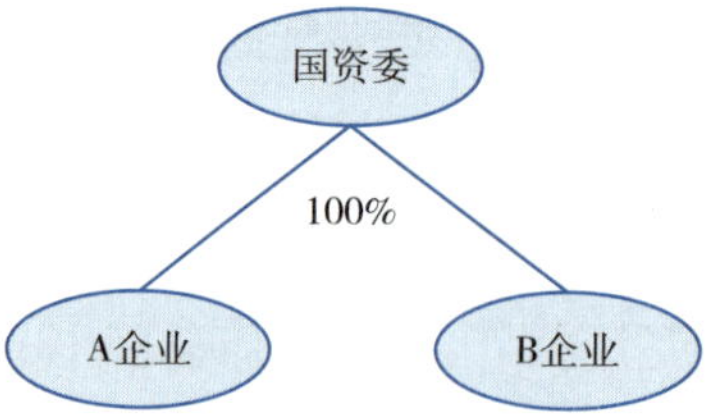


图31　划转情形9示意图

情形10：A企业100%控股甲企业和乙企业，乙企业100%控股丙企业。甲企业把资产划转给丙企业（见图32）。

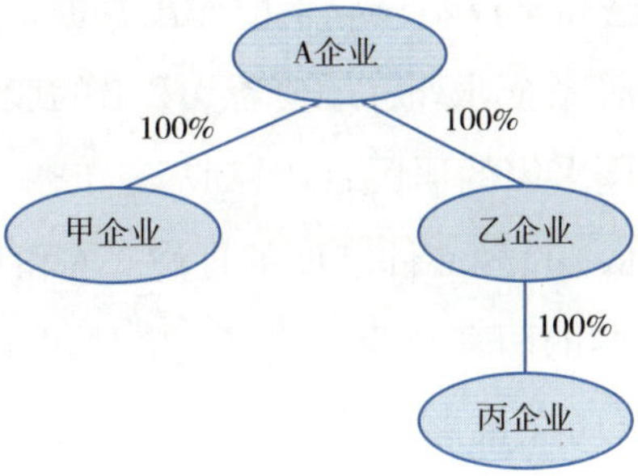


图32　划转情形10示意图

公布答案：

情形1：不适用划转的特殊性税务处理。财税〔2014〕109号文件的划转范围，仅限于居民企业和居民企业之间的划转。

情形2：不适用划转的特殊性税务处理。虽然划出方甲企业和划入方乙企业都是居民企业。但109号文件要求划出方和划入方的股东也必须都是居民企业。

情形3：不适用划转的特殊性税务处理。109号文件规定的划转，仅适用100%直接控股的企业之间。如情形3中A划给B，B划给A，B划给C，C划给B，这些情形下符合100%直接控股的条件。但A和C之间属于间接持股，不属于100%的直接控股情形。

情形4：不适用划转的特殊性税务处理。虽然A企业直接加间接持有C企业100%股权，但109号文件强调条件是必须100%直接持股。

情形5：甲、乙二家企业受相同二家居民企业100%直接控制，适用划转的特殊性税务处理。

情形6：不确定是否适用划转的特殊性税务处理。甲企业和乙企业虽然受相同的A企业和B企业的控制，但持股比例不同，能否适用划转的特殊性税务处理，没有充分的文件依据。

情形7：不适用划转的特殊性税务处理。109号文件要求划入方和划出方的股东必须是居民企业，不能有个人股东。

情形8：不一定。已知条件不充分不能作出判断。A企业把资产划给B企业，除了A和B必须是居民企业外，还要看A和B的股东是不是居民企业、A和B是不是受同一或相同多家的居民企业控股。

情形9：有争论。从109号文件字面的理解，A和B必须同时受居民企业的控制，国资委直接控制的两家企业，不属于受居民企业的控制。

国家税务总局稽查局在税总稽便函〔2017〕165号文件中讲到，《财政部　国家税务总局关于促进企业重组有关企业所得税处理问题的通知》（财税〔2014〕109号）第三条规定：对100%直接控制的居民企业之间，以及受同一或相同多家居民企业100%直接控制的居民企业之间按账面净值划转股权或资产，凡具有合理商业目的、不以减少、免除或者推迟缴纳税款为主要目的，股权或资产划转后连续12个月内不改变被划转股权或资产原来实质性经营活动，且划出方企业和划入方企业均未在会计上确认损益的，可以适用特殊性税务处理。因国资委并不是企业，国资委100%控股企业间的股权无偿划拨的情况，不适用这一政策。

但实际工作中，国资委控股下的企业间划转情形非常多见。

情形10：不适用特殊性税务处理。109号文件要求的划转，要么是母子公司之间划转，要么是同一层级之间的子公司之间划转，也就是亲兄弟之间的划转，甲企业和丙企业属于“叔侄”之间划转。

甲企业把资产划转给丙企业，想享受特殊性税务处理，可分两步划转，先由甲企业把资产划转给乙企业，再由乙企业把资产划转给丙企业。

你全做对了吗？短短的几十个字竟然包含了这么多的内容。

做个总结。从上述讲解中得出结论，企业所得税中划转的特殊性税务处理，适用范围是非常狭窄的。划转的政策只是为了解决一些特定范围内资产转移的税务处理。划转的适用范围虽然狭窄，但如果一旦适用，划转的资产比例就不受限制，划单项资产也可，划转1%的股权也可以，不需要像股权收购、资产收购中，收购的比例必须达到50%以上。这是划转政策和重组中股权收购、资产收购的最大区别。

### ▶ 为什么对划转的适用范围规定得如此严苛？

划转的两个主体——划出方和划入方，必须是居民企业。这种限制很容易理解，如果一方是非居民企业，其税收的管辖权不同，对划转资产的征税权也不同，没必要也不可能制定跨国划转政策。

既然已经限制了划转当事方必须是居民企业，为什么还要限制他们的股东必须也是居民企业？资产的划转业务，看似是划出方和划入方之间的交易，其实背后还隐藏着他们的股东。有些划转业务，如子公司和子公司之间划转，实际上是股东对一子公司的减资和向另一子公司的增资行为。我们知道，股东的减资中，涉及股东的股息红利等税务处理。如果这时股东是自然人或者非居民企业，他们的股息红利税收待遇，和居民企业的税收待遇完全不一样。再加上，我国现行重组税收制度，对自然人没有特殊性税务处理政策，对跨境的重组，也只给予了少得可怜的几种模式。因此，在划转的特殊性税务处理上，必须对划转方的股东身份加以限制。

为什么要对划转方的层级作出规定，除母子间划转外，只允许亲兄弟之间的划转，不允许“叔侄”之间的划转？划转的特殊性税务处理，属于特殊中的特殊，网撒得太大，网格会显得越大，其中可钻的漏洞也越大。看完后面的讲解，您一定也会有这种感觉。

## 第62讲
## 划转的四种具体情形

划转企业所得税政策的最大特点，是规定了划转的范围、划转的途径。

在列举范围之外的划转，都不能适用特殊性税务处理。国家税务总局公告2015年第40号，规定了四类适用特殊性税务处理的划转类型，我们来逐一分析每种划转的类型并对其中要注意地方进行提示。

## ▶ 第一种划转：母对子的有偿划转

40号公告第一种划转形式表述为：

> 100%直接控制的母子公司之间，母公司向子公司按账面净值划转其持有的股权或资产，母公司获得子公司100%的股权支付。母公司按增加长期股权投资处理，子公司按接受投资（包括资本公积，下同）处理。母公司获得子公司股权的计税基础以划转股权或资产的原计税基础确定。

无论在国资委的划转规范及我们的认识中，划转一般都是无偿的资产转移行为。但40号公告规定的第一种方式，实际上是一种有偿的划转。母公司在向子公司划入资产同时，增加对子公司的长期股权投资，取得了股权的对价，类似于母公司向全资子公司的增资行为。对子公司来说，在增加资产的同时，要增加实收资本或者资本公积。如果子公司全部或部分记入实收资本，这实际就是一种增资行为，需要到工商办理注册资本的变更手续。但40号公告并不强调一定要记入实收资本，全部记入资本公积也可。这种处理下，相当于母公司向全资子公司增资，不再需要走烦琐的增资程序。

甲公司直接持有乙公司100%股权。同时甲公司持有A公司30%股权，投资成本300万元（假设计税基础相等），公允价值500万元。现甲公司把A公司30%股权划转给乙公司。

甲公司如果想做有偿划转，按照划转的所得税规定，甲乙双方均不能确认损益：

甲公司会计处理：

借：长期股权投资——乙公司　　300
　贷：长期股权投资——A公司　　300

乙公司会计处理：

借：长期股权投资——A公司　　300
　贷：实收资本（资本公积）　　300

如果甲公司确认了股权划转的损益：

借：长期股权投资——乙公司　　500
　贷：长期股权投资——A公司　　300
　　投资收益　　200

或者，乙公司确认了股权划转的所得：

借：长期股权投资——A公司　　500
　贷：营业外收入　　500

上述第一种情形，甲公司确认了股权转让所得，相当于转让方确认了资产隐含的增值，双方不能适用特殊性税务处理；第二种情形，乙公司对划转资产计入了损益科目：营业外收入，对交易的定性已经发生改变，也不能适用划转的特殊性税务处理。

40号公告也同时明确，如不符合特殊性税务处理条件的，划出方和划入方都要调整为一般性税务处理。划出方母公司应按原划转完成时股权或资产的公允价值视同销售处理，并按公允价值确认取得长期股权投资的计税基础；子公司按公允价值确认划入股权或资产的计税基础。

如上述案例中，乙公司在12个月之内把A公司的股权转让了，划出方和划入方不能再适用特殊性税务处理，改为一般性税务处理。

甲公司：确认股权转让所得200万元，并调整划转完成年度所得税的年度申报表，申报相应的所得。同时，甲公司对乙公司的计税基础也调增200万元。

乙公司：调整对A公司股权的计税基础为500万元。如果当初划转对象是实物资产、无形资产等，乙公司已按原计税基础计提折旧或摊销，可以按公允价值补提折旧或摊销，并在所得税申报表中进行相应调整。

这里有一个问题，划出方和划入方改按一般性税务处理时，双方能否选择适用财税〔2015〕116号文件政策，即非货币资产投资分5年确认所得的政策。从企业重组的相关文件中我们可以得出一个结论，当一项重组业务符合两种或两种以上的处理规则时，只能选择其中的一种方式进行处理，一经选择后不能再适用其他的特殊政策。因此，改为一般性税务处理后，一般不能再适用分5年确认所得的政策。

## ▶ 第二种划转：母对子的无偿划转

40号公告第二种划转形式表述为：100%直接控制的母子公司之间，母公司向子公司按账面净值划转其持有的股权或资产，母公司没有获得任何股权或非股权支付。母公司按冲减实收资本（包括资本公积）处理，子公司按接受投资处理。

40号公告中第二种划转是一种典型的无偿划转形式，母公司划出资产时，没有取得任何经济利益。但这种划转方式比较难以理解的是，母公司要冲减实收资本或资本公积。母公司冲减实收资本或资本公积，这不是母公司在作减资处理？如果作减资处理，必然关系到股东的层面，母公司的股东又怎么进行处理呢？ 40号公告没有讲清这一问题。

有不少学者对40号公告规定的第二种划转模式，其背后隐含的交易实质，给出了不同解释。有人认为这是一种“分立+增资”交易；也有人认为这是一种“减资+投资”交易。

对接受划入资产的子公司来说，按接受投资处理，即计入实收资本或资本公积。

还是以前面案例来讲，甲公司直接持有乙公司100%股权。同时甲公司持有A公司30%股权，投资成本300万元（假设计税基础相等），公允价值500万元。现甲公司把A公司30%股权无偿划转给乙公司。

按照40号公告中规定的第二种划转方式，双方的会计处理为：

甲公司会计处理：

借：实收资本（资本公积） 300

　　贷：长期股权投资——A公司 300

乙公司会计处理：

借：长期股权投资——A公司 300

　　贷：实收资本（资本公积） 300

同理，划出方不能确认所得，划入方也不能计入“营业外收入”等损益类科目从而确认损益。

这种母对子的无偿划转，其中有一个很大的“坑”在里面。资产或股权划出时，母公司一方面冲减了对划出资产的账面价值，一方面却没有增加母公司对子公司的长期股权投资。说得直白点，如案例中，划转后甲公司凭空丢掉了300万元的计税基础。计税基础丢了，后果很严重。下次甲公司转让乙公司的股权时，由于少掉了一部分对乙公司的计税基础，那么甲公司就会额外多出一笔企业所得税。所以在做母公司对子公司的无偿划转时，一定要注意这个点。

当然，实务中也有不同观点，认为这种母公司对子公司的无偿划转，整个交易是可以判断为权益性交易，子公司已按照接受投资处理，相应的母公司也应该增加对子公司长期股权投资的计税基础。这个观点，国家税务总局是否支持呢？我们看下40号公告：

如不符合特殊性税务处理条件的，划出方和划入方都要调整为一般性税务处理。母公司应按原划转完成时股权或资产的公允价值视同销售处理；子公司按公允价值确认划入股权或资产的计税基础。

注意：对比划转的第一种情形和第二种情形，在同时改按一般性税务处理时，双方的税务处理有一点不同：第二种情形中，划出方没有调整对子公司的股权计税基础。这不是作者的本意，而是40号公告中对第二种划转没有规定这种调整。因此，参悟下国家税务总局的观点，更多可能是，对第二种划转是不赞成划出方可以增加计税基础的。

我国实行的是法人所得税制，在不考虑整个集团层面总体税负情况下，对划出方母公司而言，一定要注意这种无偿划转模式下，其中暗藏着“消失计税基础”的税务风险。

如改按一般性税务处理，双方税务处理为：

甲公司：确认股权转让所得200万元，并在当年所得税年度申报时进行纳税调整，申报相应的所得。

乙公司：对A公司股权的计税基础调整为500万元。如果当初划转对象是实物资产、无形资产等，乙公司已按原计税基础计提折旧或摊销，可以按公允价格补提折旧或摊销，并对申报表进行调整。

### ▶ 第三种划转：子对母的无偿划转

40号公告第三种划转形式表述为：100%直接控制的母子公司之间，子公司向母公司按账面净值划转其持有的股权或资产，子公司没有获得任何股权或非股权支付。母公司按收回投资处理，或按接受投资处理，子公司按冲减实收资本处理。母公司应按被划转股权或资产的原计税基础，相应调减持有子公司股权的计税基础。

第三种划转模式是子公司对母公司的无偿划转。其中背后的交易，可视为母公司对子公司的一种减资行为，不过在这种减资中，子公司只能冲实收资本或资本公积，母公司不能确认减资的所得。如果子公司做了冲减实收资本处理，当然还需要在工商办理烦琐的减资程序。

该项划转也可以视为母公司接受投资处理。

甲公司直接持有乙公司100%股权，投资成本1000万元（假设计税基础相等）。乙公司持有A公司30%股权，投资成本300万元（假设计税基础相等），公允价格500万元，现乙公司把A公司30%股权无偿划转给甲公司。

按照40号公告中规定的第三种划转方式，如果母公司作减资处理，双方的会计处理为：

甲公司会计处理：

借：长期股权投资——A公司　　　　300

贷：长期股权投资——乙公司　　300

乙公司会计处理：

借：实收资本（资本公积）　　300

贷：长期股权投资——A公司　　300

同理，划出方不能确认所得，划入方也不能计入“投资收益”等损益类科目。

划入方母公司，增加了对划入资产的计税基础，同时应该相应调减对乙公司的计税基础，案例中，甲公司对乙公司原来的计税基础是1000万元，划转后应调减到700万元。

对划出方乙公司而言，更多希望是冲资本公积而不是冲实收资本，这样操作更加简便，相当于一笔会计分录就解决了减资业务。如果划出方没有足够的资本公积怎么办？实务中，经常采取的一种方法是，先让母公司增资子公司，增加子公司的资本公积。

还有一个问题，40号公告要求划转后，母公司应按被划转股权或资产的原计税基础，相应调减持有子公司股权的计税基础。这又会产生新问题。有些业务中，有可能会出现这么一种情况，由于母公司投资设立子公司历史较长，对子公司的投资成本和计税基础本身就比较低。子公司的划入资产原值大，高于母公司对子公司股权的计税基础。这时，按照40号公告的调减法，母公司对子公司的股权的计税基础变成负的了。这种情形下如何处理，40号公告没有给出明确的答案。

如果此项划转中，视为母公司接受投资处理。则甲公司会计处理：

借：长期股权投资——A公司　　300

贷：实收资本（资本公积）　　300

乙公司会计处理不变：

借：实收资本（资本公积）　　300

贷：长期股权投资——A公司　　300

如果交易双方在划转后12个月内，破坏了划转的条件，双方应该按一般性税务处理：子公司应按原划转完成时股权或资产的公允价值视同销售处理；母公司应按撤回或减少投资进行处理。

乙公司应确认所得200万元。甲公司按减资进行处理，相当于减资中，按公允价值取得500万元资产，其中按国家税务总局公告2011年第34号的规定，分别确认收回成本、对应可以享受免税的股息红利，有多余的再确认为股权投资所得，缴纳企业所得税。甲公司对划入的A公司的股权，调整其计税基础为公允价值500万元。

### ▶ 第四种划转：子公司划给子公司

40号公告规定的第四种划转模式：受同一或相同多家母公司100%直接控制的子公司之间，在母公司主导下，一家子公司向另一家子公司按账面净值划转其持有的股权或资产，划出方没有获得任何股权或非股权支付。划出方按冲减所有者权益处理，划入方按接受投资处理。

第四种划转的模式，是典型的两家全资子公司之间的划转，如何理解“划出方冲所有者权益处理，划入方作为投资处理”。这其中的划转业务，不仅涉及资产划入和划出的双方，还涉及他们的母公司。在这种划转业务中，可视为两步交易：第一步是划出方把划出的资产，用来支付给母公司进行减资；第二步是母公司把减资得到的资产，用来对划入子公司进行增资。当然，学习过了前面几种划转的模式，也可以把第四种划转看成是第二种划转和第三种划转的组合，即：先由划出的子公司把资产划转给母公司，再由母公司把资产无偿划给另一家子公司。两种理解，殊途同归，最终结果是资产在两个全资子公司之间的无偿转移。

甲公司有两个全资子公司A公司和B公司。A公司持有a公司30%股权，投资成本300万元（假设计税基础相同），公允价值500万元。现A公司把a公司30%股权，划转给B公司。

各方选择无偿划转方式，A公司会计处理：

借：实收资本（资本公积）　　300

　　贷：长期股权投资——a公司　　300

B公司会计处理：

借：长期股权投资——a公司　　300

　　贷：实收资本（资本公积）　　300

两家全资子公司之间划转资产时，母公司要不要进行会计处理？有两种观点：可做；可不做。笔者意见，最终母公司要调整对两家子公司的计税基础，为了方便和清晰起见，母公司进行会计处理也无妨。

母公司会计处理：

借：长期股权投资——B公司　　300

　　贷：长期股权投资——A公司　　300

再来看一下划转双方的税务处理。划出方A公司，不能确认划出股权的所得。同时由于账面上没有a公司股权，对a公司股权的计税基础也就调整为0。划入方B公司，不确认划入资产的所得，对划入的a公司30%股权，按300万元确认计税基础。

对划转双方的母公司来说，40号公告虽然没有说要进行税务处理。笔者意见，母公司按划转资产的原计税基础，对划入方和划出方的计税基础相应的进行调整。

如果划转后12个月内，划转的特殊性税务处理条件破坏，不再符合特殊性税务处理条件的，划出方和划入方都要调整为一般性税务处理。

划出方应按原划转完成时股权或资产的公允价值视同销售处理；母公司根据交易情形和会计处理对划出方按分回股息进行处理，或者按撤回或减少投资进行处理，对划入方按以股权或资产的公允价值进行投资处理；划入方按接受母公司投资处理，以公允价值确认划入股权或资产的计税基础。

改为一般性税务处理后，划出方应确认划出资产的所得200万元；划入方按公允价值500万元确认划入股权的计税基础；对划入方和划出方而言，相当于划出方按公允价值转让资产，一方确认转让所得，另一方按公允价值确认计税基础。

划转双方的母公司，也要进行相应的调整。母公司一般按减资进行处理，相当于减资中，按公允价值取得500万元资产，其中按国家税务总局公告2011年第34号的规定，分别确认收回成本、对应可以享受免税的股息红利，有多余的再确认为股权投资所得，缴纳企业所得税。同时，就划转资产部分，母公司对划入方的计税基础由300万元增加调整到500万元。

## 第63讲
## 带负债的资产划转，能否享受特殊性税务处理？

在上市公司的公告中，经常会看到上市公司向全资子公司划转资产，或者上市公司的两家全资子公司之间的资产划转。大部分公告中都显示，在资产划转的同时，与资产相关联的债务也一并划转给对方。随之给当事方及税务机关带来的疑惑是，带负债的资产划转，能否适用财税〔2014〕109号文件中规定的特殊性税务处理？

对这个问题，一直争论不休，同意派认为，109号文件没有否定资产划转不能带债务，况且实务中的资产划转业务，普遍是连同债务一起划给关联方的，如不能享受特殊性税务处理，109号文件的适用性会大大降低。反对派认为，资产的划转不能连带债务。如果债务连同资产一并划转，相当于划入方帮划出方承担了债务，这是一种典型的非股权支付模式，违背了划转具有无偿性的特点。如何看待这两种观点，我们在这里作一分析和探讨。在探讨过程中借助于某虚拟场景：

甲上市公司有A和B两个全资子公司，由于子公司之间部分生产业务重叠，为了理顺关系，甲决定把A公司拥有的一个生产车间，无偿划给B公司。

A公司的这个车间，账面净值1100万元，计税基础也是1100万元，评估价约2000万元。在划转之前，A公司用车间相关房产等向银行抵押贷款900万元。当时的会计处理为：

借：银行存款　　900

　　贷：长期应付款　　900

随后，A公司把车间连同负债，一并划转给B公司，相关债务转移已经取得债权人的同意。A公司的会计对该项业务进行如下会计处理：

借：资本公积　　1100

　　贷：车间资产　　1100

借：长期应付款　　900

　　贷：营业外收入　　900

财务经理审核时发现会计处理有问题，计入营业外收入想多交税？不是有109号文件吗？109号文写得很清楚：要想特殊性处理，绝不能影响损益。于是对照109号文件及2015年40号公告，大笔一改：

借：长期应付款　　900

　　资本公积　　200

　　贷：车间资产　　1100

划入方B公司拿到车间资产连同900的债务，会计也进行了相应账务处理：

借：车间资产　　1100

　　贷：资本公积　　1100

借：营业外支出　　900

　　贷：长期应付款　　900

税务经理一审核，不对呀，放营业外支出，想偷税？陷害本经理。不是有109号文件吗？109号文写得很清楚：要想特殊性处理，绝不能影响损益。于是对照109号文件及2015年40号公告，大笔一改：

借：车间资产　　1100

贷：资本公积 200

长期应付款 900

所有业务处理完毕，A公司和B公司向主管税务机关办理资产划转的企业所得税特殊性税务处理申报。

接下来我们分析，此类带债务的资产划转，是否符合109号文件及40号公告中规定的特殊性税务处理条件；此类业务如果享受特殊性税务处理，是否存在明显的避税空间。

## ▶ 是否符合划转的特殊性税务处理条件

我们逐条来进行判断：

（1）甲公司主导的此项划转业务，是为了解决子公司之间业务重叠，是对集团业务的重新布局和整合，符合经营常规，具有合理的商业目的。

（2）A公司和B公司同受上市公司甲的100%控制，甲、A、B三方都是居民企业，本次划转符合109号文件所规定的划转范围。

（3）本次划转，按资产的账面价值进行划转。划出方A企业和划入方B企业都没有在会计上确认损益。

（4）划入方B企业取得被划转股权或资产的计税基础，以被划转股权或资产的原计税基础1100万元确定。

（5）划转双方承诺，12个月内不改变划转资产的原实质性经营活动。

从上述分析可以看出，此次划转基本符合109号文件和40号公告规定的特殊性税务处理条件。现在真正需要解决的问题，是划出方连同资产划出的900万元债务、划入方承接的900万元债务，是否是一种非股权支付方式？如果属于非股权支付，那么按照40号公告列举的第4种情形（子公司之间的划转），划出方只要取得了支付对价，则不符合特殊性税务处理的条件，可以否定划转的特殊性税务处理。

从交易的表象来看，通过此次划转，划出方A把债务转移给了划入方B，A公司原有的900万元债务，由B公司来承担，相当于在本次交易中，A公司取得了B公司以承担债务方式的支付。这只是一种交易的表象，我们必须把这种表象，放在集团内划转的特定交易背景下，进行深入分析，以探究其真相。

A公司900万元的“所得”，是不是真正的“所得”？900万元的“所得”，真的由B公司支付的？借助于会计处理，我们来回答这两个问题。

首先，分析A公司的会计处理。参照上文中所述，如果划转之前，A公司没有把车间资产进行融资，从而在划转中没有相应的债务划转这种情形，以及融资后带债务的划转，这两种情形下会计处理的差异是什么。两者之间相差的就是以下这笔会计处理：

借：长期应付款　　900

　　贷：资本公积　　900

这笔分录是什么意思？是一笔增资行为吗？谁向A公司增了资？答案只能是甲公司，因为划转前后，甲公司是A公司唯一的股东。

再来看一下B公司的会计处理。同样，要比较没有划转900万元债务和划转900万元债务的两种情形下，B公司会计处理的差异是什么。两者之间差的是这笔会计处理：

借：资本公积　　900

　　贷：其他应付款　　900

这笔分录是什么意思？是一项减资行为吗？谁减了B公司的资？答案只能是甲公司，因为划转前后甲公司是B公司唯一的股东。

分析到这儿，似乎有点清晰了，再把这其中的三角关系用图33来捋一捋：

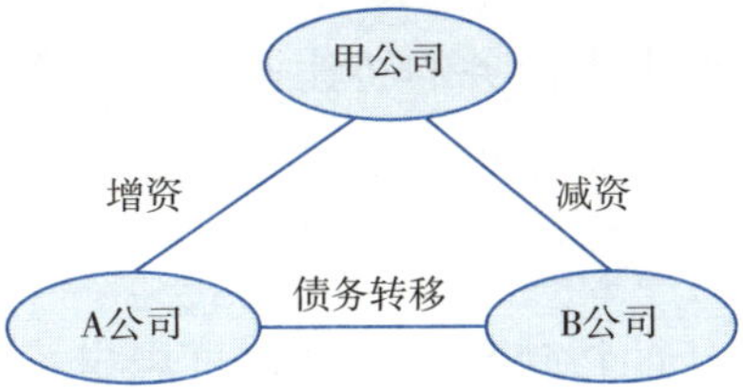


图33　带债务的资产划转示意图

答案清晰了，A公司划转债务、B公司承接债务的交易背后，其隐含的交易实质是，母公司甲对B公司的减资和母公司甲对A公司的增资等两项行为同步发生。在整个划转业务中，A公司900万元“所得”既不是划转所带来的所得，也不是划入方B公司支付的非股权对价。而其真正来源是母公司甲向其增资取得的权益性投入。

到这里为止，对A公司900万元的债务转移，其来源和实质，有了较为清晰的认识，但有人会问，你既然把整个划转业务分拆为三项业务（A和B之间不带债务的划转、甲对B的减资、甲对A的增资）来处理，A和B之间不带债务的划转，当然符合特殊性税务处理。那甲对B公司的减资和甲对A公司的增资这两项业务，是否符合特殊性税务处理的条件呢？答案已经在40号公告中写得很清楚，40号公告列举的第一种划转情形，就是母公司对子公司的增资行为，40号公告列举的第三种划转情形，就是母公司对子公司的减资行为，两种交易均符合划转的特殊性税务处理。

## ▶ 带债务的资产划转，如果享受特殊性税务处理，是否存在筹划的空间

对带债务的资产划转，如果享受特殊性税务处理，是否会存在避税或筹划的空间。这是需要考量的又一问题。

在本讲的案例中，划出方A公司没有对此项业务确认损益，所以在划出环节没有确认所得缴纳所得税。划入方对承接的车间资产，其计税基础按照这些资产的原有计税基础1100万元来确认。资产的计税基础在A和B之间平移结转，只要A和B的所得税税率一致，不会产生避税空间。

那有没有像资产转让中带债务的转让业务，有筹划的空间呢？带债务的资产转让或收购，虽然也是特殊性税务处理，但59号文件和109号文件的特殊性税务处理，是有一定区别的。

59号文件对资产转让的特殊性税务处理，规定了两个重要标准，其中一个条件是股权支付的比例必须达到85%，以保证转让方取得的对价，绝大部

分是股权支付，从而保证转让方对资产的权益，在转让后得以延续。因此，在资产转让这一重组中，带债务的资产转让，必须要对转让中的债务，加以一定条件的限制，如果不加以条件的限制，会有一定的筹划空间：转让方既拿了钱，又享受了特殊性税务处理。但同资产转让业务相比，资产划转业务远没有那么复杂。尤其是资产的划转，没有资产数量的要求，也没有股权支付比例的说法，所以也没有相应的筹划空间。

以上我们讨论了两个全资子公司之间带债务的划转，资产划出方划出的债务，可视为母公司的增资行为；资产划入方承接的债务，可视为母公司的减资行为。且母公司对全资子公司的增资和减资，都属于可适用特殊性税务处理的四种方式。

对于母公司和全资子公司之间的带债务划转，理解上就更加直观了，只要视为本次划转的反向划转，都能对应到四种特殊性税务处理的方式中去，有兴趣的朋友可以自己研究下。

# 第 64 讲
# 划转的其他税种处理

在资产或股权的划转中，可能会涉及货物、不动产等的转移，从而涉及增值税、土地增值税、契税等税种的处理。下面就几个常见税种作一简单讲解。

### ▶ 划转的增值税处理

增值税现行政策中，规定了企业通过合并、分立、出售、置换等形式转移资产的行为，符合一定条件的，可以不征收增值税。资产的无偿划转，在增值税的处理上，属于无偿赠送要视同销售，还是属于增值税重组中可以不征税的行为，在实务中屡有争议。

有一种观点，不征增值税说。持这种观点的人认为，资产的划转，可以比照国家税务总局公告2011年第13号及2016年营改增文件中表述的资产重组业务，给予不征收增值税的待遇，部分纳税人和部分税务机关持这种观点。他们认为13号公告和36号文件中讲到的合并、分立、出售、置换，只是一种笼统的提法，只是表明相关资产的权属已经发生改变。划转作为一种特有的重组工具，经常使用于国有企业和企业集团内部，划转作为一种内部调配资源的工具和手段，虽然普遍带有无偿的性质，但不能因此把此类重组模式，排除在政策之外。再加上我国全面实施营改增后，所有的纳税人纳入了增值税的征收范围，增值税已经达到全环节、全行业的覆盖，在某一特定的环节对特定的交易不征收增值税，不会影响增值税链条的完整性。以下摘自某上市公司的公告：

> 本次划转对公司税务方面的影响：
>
> 根据国家税务总局××市税务局批复，公司项下阀门、管件制造的相关资产及负债划转至全资子公司，该事项符合国家税务总局公告2011年第13号的有关规定，不属于增值税的征税范围。

有一种观点，视同销售说。部分税务机关持这种观点。他们认为无偿划转的模式，不适用13号文件及36号文件规定的增值税的资产重组政策。划转中对于资产的转移，应该征收增值税。

从国家税务总局2011年13号公告和2016年营改增的文件中，我们可以得出如下结论，对重组中的资产不征收增值税，是基于这种资产的转让，不是一种单纯的资产转让，而是一种类似于业务的整体转让。如果符合这种业务转让的特征，叫资产划转也好，叫资产转让也好，应该给予一种同等的税收待遇。也就是说，资产的划转，属不属于增值税征收范围，关键还是看转移资产的业务特征。

划转的增值税处理上，还有几个需要关注的地方。

一个是如果划转适用不征收增值税的政策，要处理好和企业所得税的关系。企业所得税处理上，有部分税务机关不认同带债务的划转，但划转要适用不征收增值税政策，资产、债权、债务和劳动力，必须一并进行转移。两个税种间有不同的要求，需要做好平衡和协调。

二是划转的增值税处理中，适用不征税的政策，有时不一定是最有利的。增值税本身就是链条税，上游的销项就是下游的进项，选择了征税也就选择了进项税额的传递，在不考虑税金时间价值情况下，一般来说，选择征税和不征税没有区别。但有些情形下选择征税，对划转双方更为有利。如笔者碰到过的一个案例，划转资产中土地使用权占比很大，且都是营改增前取得的。如果选择征收增值税，可以实行差额征税、全额开票方法，从双方增值税税负来看，征税倒是最有利选择。

三是在国资系统的划转中，经常会看到一类特殊资产——上市公司股票的划转。对股票划转，征不征收增值税，影响可就不一样了。股票属于增值税征税范围中的“金融商品”，按卖出价和买入价差额征税，如果上家征收了增值税，下家也不能抵扣进项税额。股票这种特殊资产的划转，比一般资产划转更加复杂，实务中争论也更多。

《财政部　税务总局关于明确无偿转让股票等增值税政策的公告》（2020年40号公告）规定，纳税人无偿转让股票时，转出方以该股票的买入价为卖出价，按照“金融商品转让”计算缴纳增值税；在转入方将上述股票再转让时，以原转出方的卖出价为买入价，按照“金融商品转让”计算缴纳增值税。

举个简单例子，甲公司所持股票买入价为1元，6月30日，无偿划转给乙公司，当日该股票公允价值为2元；9月30日，乙将该股票以3元抛出。

如果按原来视同销售的政策，6月30日无偿划转时，甲公司应缴纳增值税为：

（2–1）× 6%=0.06元

9月30日抛出股票时，由于乙公司是无偿取得，应缴纳增值税：

（3–0）× 6%=0.18元

按照40号公告规定的处理方法，6月30日无偿划转时，甲公司应缴纳增值税为：

甲应缴纳增值税 =（1–1）× 6%=0元

9月30日抛出股票时，乙公司应缴纳增值税：

（3–1）× 6%=0.12元

40号公告对无偿转让股票时，采取以买入价替代卖出价的技术处理，保证了无偿转让环节暂不征收增值税；在下家转让股票时，采取以原卖出价为买入价的技术处理，既保证了上一道的增值税不会流失，又解决了无偿转让股票中上家视同销售、下家又没有买入价致使税负陡升的困境。

### ▶ 划转的土地增值税处理

土地增值税的改制重组文件，目前有效的是财税〔2021〕21号文件。21号文件对改制、合并、分立等情形，规定了暂不征收土地增值税的政策。无偿划转这种模式下，能不能享受暂不征收土地增值税的政策，由于国家税务总局层面对此没有作出明确的规定，在实务中这又是一个非常有争论的话题。

要想不征土地增值税，我们得找依据和可以参考的法理。《土地增值税暂行条例实施细则》第二条讲到，转让国有土地使用权、地上的建筑物及其附着物并取得收入，是指以出售或者其他方式有偿转让房地产的行为。不包括以继承、赠与方式无偿转让房地产的行为。那么，企业之间的无偿划转是否属于赠与方式无偿转让的行为呢？财税字1995年48号对赠与的界定为：

> 细则所称的“赠与”是指如下情况：
>
> （一）房产所有人、土地使用权所有人将房屋产权、土地使

> 用权赠与直系亲属或承担直接赡养义务人的。
>
> （二）房产所有人、土地使用权所有人通过中国境内非营利的社会团体、国家机关将房屋产权、土地使用权赠与教育、民政和其他社会福利、公益事业的。
>
> 上述社会团体是指中国青少年发展基金会、希望工程基金会、宋庆龄基金会、减灾委员会、中国红十字会、中国残疾人联合会、全国老年基金会、老区促进会以及经民政部门批准成立的其他非营利的公益性组织。

因此，对划转中涉及房屋、土地使用权转移，是否可以不征收土地增值税，似乎在现行文件中很难找到答案。

据了解，部分地方规定，对划转这种模式，认为其本身不属于土地增值税的征税范围，可以不征收土地增值税。也有些地方税务机关的口径，可以参照财税〔2021〕21号文件中的规定，暂时不征收土地增值税，但对房地产行业作出了限制。下面是一上市公司披露的公告：

> 根据国家税务总局××市税务局2020年3月27日出具的《企业资产划转完税证明》，公司项下阀门、管件等流体控制设备及器材业务相关的全部资产及负债划转至子公司××科技，该划转事项符合国家税务总局2011年第13号公告、财税〔2018〕57号文、财税〔2015〕37号文的有关规定，不属于增值税的征税范围、暂不征收土地增值税，免征契税。且因公司本次资产划转按照成本价划转，划出方和划入方均未在会计上确认损益，亦不产生企业所得税。

企业所得税划转政策中，第一种模式是母公司对全资子公司的有偿划转，实际上是母公司用非货币性资产对全资子公司增资。这种有偿的划转是否能适用财税〔2021〕21号文件中的“单位、个人在改制重组时以房地产作价入股进行投资，对其将房地产转移、变更到被投资的企业，暂不征土地增值税”的政策呢？这又是一个极具争论话题。

### ▶ 划转的契税

关于同一投资主体内部所属企业之间的土地、房屋的划转免征契税的政策，自2003年就已开始执行。目前在执行的有效文件是财政部 国家税务总局公告2021年第17号，其中对划转的契税作了如下规定：

> 六、资产划转
>
> 对承受县级以上人民政府或国有资产管理部门按规定进行行政性调整、划转国有土地、房屋权属的单位，免征契税。
>
> 同一投资主体内部所属企业之间土地、房屋权属的划转，包括母公司与其全资子公司之间，同一公司所属全资子公司之间，同一自然人与其设立的个人独资企业、一人有限公司之间土地、房屋权属的划转，免征契税。
>
> 母公司以土地、房屋权属向其全资子公司增资，视同划转，免征契税。

划转的契税政策，适用范围和企业所得税有所不同。契税的政策更多考虑的是同一投资主体内部的划转，包括：母公司和全资子公司之间的相互划转、母公司向全资子公司的增资；同一公司所属全资子公司之间的相互划转；自然人向自己的个人独资企业、一人有限公司的划转，这几种情形都免征契税。

实务中最有争论的问题是，母公司用土地、房屋设立全资子公司，是否能够免征契税的问题。部分税务机关认为，改制重组的契税文件中只讲到了母公司向全资子公司增资时才能免征契税，因此不认可投资可以免征。

实际工作中，也遇到过类似情况补征契税的税务稽查案例，为避免不必要的麻烦，建议这种情况下，先用货币资金设立全资子公司，待子公司设立后再进行土地、房屋的划转。

# 第65讲 划转政策的运用

前面几讲已经分析过，划转的企业所得税政策，具有适用范围狭窄、一旦适用就方式灵活的特点。适用范围狭窄，指划转的政策只适用在100%持股关系下的母子公司之间和子子公司之间。

划转政策的运用，最首要前提是构筑100%的股权关系。如甲公司持有乙公司90%的股权，还有10%股权被集团内另一企业持有，甲公司想把一部分资产划转给乙公司。甲公司可以先收购乙公司另外的10%股权，将乙公司成为自己的全资子公司，然后再把资产划转给乙公司。把非全资子公司转换成全资子公司、通过新设立全资子公司等方式，构筑100%控股的关系，这是划转的必经之路。

## ▶ 上市公司剥离资产

广东华声电器股份有限公司2016年4月发布公告称，广东华声电器股份有限公司为优化组织和管理架构，拟将线缆业务相关资产、债务、业务资源及知识产权以划转方式、相关人员以变更劳动关系方式整体下沉至全资子公司广东华声电器实业有限公司。

> 本次划转中，划出方为上市公司广东华声电器股份有限公司。划入方为广东华声电器实业有限公司，系上市公司公司新设的全资子公司。划转前上市公司主要从事线缆产品研发、生产和销售，划转后上市公司将升级为以战略规划、投资管理、风险控制、资金管理、人力资源管理等为主要职能的控股管理平台。
>
> 划入方华声实业，是专为实施本次划转而新设的全资子公司，截至2016年3月31日，华声实业尚未开始生产经营，其总资产、净资产分别为59.75万元、59.75万元。以2016年3月31日未经审计财务数据模拟测算，本次划转完成后，华声实业总资产、总负债、净资产分别达到70408.43万元、17451.11万元、52957.32万元。

从上面案例可以看出，上市公司为了剥离原有资产和业务的需要，先设立一全资子公司，再把资产通过划转的方式，整体转移到子公司，从而达到了上市公司清壳目的。同时，上市公司通过定向增发股票的方式，取得了国盛证券100%股权，公司主业从原有制造业转型为证券行业，公司名称也变更为国盛金控。从2017年国盛金控发布的公告可以看出，2017年转让了所持广东华声电器实业有限公司100%股权。

### ▶ 基础设施领域不动产投资信托基金（REITs）的发行

假如你对REITs还不是很了解，请打开电脑或手机上的证券交易软件，输入508001、508027等代码，跳出来的就是上市交易的公募REITs。说得通俗点，REITs就是只基金，企业把持有的具有稳定现金流的不动产剥离出来，作为发行REITs的基础资产，单独上市发行。当然，上市的方式不是传统发行股票形式，而是以发行公募基金的形式。

为盘活存量资产、形成投资良性循环，构建以国内大循环为主体，国内国际双循环相互促进的新发展格局，2020年4月，中国证监会和国家发改委联合印发《关于推进基础设施领域不动产投资信托基金（REITs）试点相关工作的通知》(证监发〔2020〕40号),布置开展基础设施REITs试点工作。随后,证监会下发了《公开募集基础设施证券投资基金指引(试行)》。2021年,第一批9只基金公开上市发行。后续有更多的基础设施领域不动产投资信托基金陆续发行上市。

为了解决REITs搭建和发行中的企业所得税问题,财政部和国家税务总局于2022年1月下发了《关于基础设施领域不动产投资信托基金(REITs)试点税收政策的公告》(2022年第3号,以下简称3号公告):

> 一、设立基础设施REITs前,原始权益人向项目公司划转基础设施资产相应取得项目公司股权,适用特殊性税务处理,即项目公司取得基础设施资产的计税基础,以基础设施资产的原计税基础确定;原始权益人取得项目公司股权的计税基础,以基础设施资产的原计税基础确定。原始权益人和项目公司不确认所得,不征收企业所得税。
>
> 二、基础设施REITs设立阶段,原始权益人向基础设施REITs转让项目公司股权实现的资产转让评估增值,当期可暂不缴纳企业所得税,允许递延至基础设施REITs完成募资并支付股权转让价款后缴纳。其中,对原始权益人按照战略配售要求自持的基础设施REITs份额对应的资产转让评估增值,允许递延至实际转让时缴纳企业所得税。原始权益人通过二级市场认购(增持)该基础设施REITs份额,按照先进先出原则认定优先处置战略配售份额。
>
> 三、对基础设施REITs运营、分配等环节涉及的税收,按现行税收法律法规的规定执行。
>
> 四、本公告适用范围为证监会、发展改革委根据有关规定组织开展的基础设施REITs试点项目。

3号公告对REITs设立前的重组阶段、设立阶段、运营阶段等的税务问题进行了专门的规定。其中的重组过程，就是剥离资产的过程，也是企业发行REITs的第一步。这里简单介绍下重组阶段的划转税务处理。

在重组阶段，原始权益人把基础资产剥离给项目公司，由于是两个不同法人间的资产转移，一般意义上，企业所得税的处理应视为销售处理。3号公告规定，在此环节，可按照划转的特殊性税务处理，项目公司取得基础设施资产的计税基础，以基础设施资产的原计税基础确定；原始权益人取得项目公司股权的计税基础，以基础设施资产的原计税基础确定。同时原始权益人和项目公司均不确认所得。

3号公告对原始权益人向项目公司划转基础设施资产，采取了适用特殊性税务处理的政策。这里划转的特殊性税务处理，和财税〔2014〕109号文件规定的划转政策，有所同、有所不同。通过特殊性税务处理，保证企业在重组这一环节，暂时不用缴纳巨额的企业所得税。

从上面讲述可以看出：在企业的资本运作和融资过程中，运用划转这一工具，已成为剥离资产的一种有效方式和工具。

投资、分立和划转，是常用的资产剥离工具，三种工具各有特点，三种工具的税负也各不相同。企业在剥离资产时，可以根据资产的特点和下一步安排，并充分考虑不同工具的税负情况，选择最有利的资产剥离方式。

## 第66讲
## 债务重组的一般性税务处理和特殊性税务处理

债务重组是一种比较特殊的资产重组方式。59号文件对债务重组的定义：

债务重组，是指在债务人发生财务困难的情况下，债权人按照其与债务人达成的书面协议或者法院裁定书，就其债务人的债务作出让步的事项。

59号文件所说的债务重组，有三个前提条件：一是债务人有财务困难，还不出钱了，这个条件把债务重组和其他因质量问题等原因少付款等情况区别开来；二是债权人要有让步的事实，双方达成一致，少付点钱是一种让步，用物抵债也是一种债务重组；三是要有书面的协议或者法院裁定。

59号文件对债务重组的定义，是和当时会计上定义一致的，但后来会计对债务重组的定义进行了修改，二者的含义有了一定的差别。

债务重组的方式主要有，用非货币性资产抵偿债务、债权转为股权、修改债务偿还方式等。59号文件对债务重组，制定了一般性税务处理和特殊性税务处理两种不同处理方式。下面，我们来讨论下不同方式的税务处理。

## ▶ 非货币性资产偿还债务

先来看一下用非货币性资产偿还债务的一般性税务处理。59号文件写道，以非货币性资产清偿债务，应当分解为转让相关非货币性资产、按非货币性资产公允价值清偿债务两项业务，确认相关资产的所得或损失。债务人应当按照支付的债务清偿额低于债务计税基础的差额，确认债务重组所得；债权人应当按照收到的债务清偿额低于债权计税基础的差额，确认债务重组损失。

甲欠乙30万元，甲用公允价值20万元、成本价值15万元的货物抵了30万元的债。这个过程中，甲会产生两个所得，一个是资产的转让所得，也就是成本15万元的货物卖了20万元，转让所得为5万元；同时还会产生另一个所得，既债务的豁免所得：30–20=10万元，即为债务重组所得。对债权人乙来说，产生了债务重组损失10万元。

一般性税务处理，就是当期确认债务重组所得。债务重组所得也属于企业所得税的征税范围。《企业所得税法实施条例》中讲到，债务重组收入属于税法中的“其他收入”。《国家税务总局关于企业取得财产转让等所得企业所得税处理问题的公告》(国家税务总局公告2010年第19号)文件对债务重组收入规定了纳税时间，企业取得财产(包括各类资产、股权、债权等)转让收入、债务重组收入、接受捐赠收入、无法偿付的应付款收入等，不论是以货币形式、还是非货币形式体现，除另有规定外，均应一次性计入确认收入的年度计算缴纳企业所得税。

上面例子中，由于债权人的豁免导致债务人不需要支付的债务，即为重组所得，甲企业应一次性并计企业所得纳税。对债权人乙来说，由于债务重组引起的重组损失10万元，可以在当年一次性计入资产损失，在企业所得税前扣除。

再来看一下用非货币性资产偿还债务的特殊性税务处理。59号文件规定，企业债务重组确认的应纳税所得额占该企业当年应纳税所得额50%以上，可以在5个纳税年度的期间内，均匀计入各年度的应纳税所得额。59号文件对用非货币性资产偿还债务，给了分5年确认所得的方法。我们可以从以下几方面来理解这项政策：

分五年确认所得的政策，严格来说只是一种定期的所得递延方式，不能称为真正意义的特殊性税务处理。我们前面讲到的股权和资产的收购、企业合并分立中，其特殊性税务处理，采取的都是通过计税基础的替代来实现的，是一种不定期的递延。而非货币性资产偿还债务，采用的是分期确认所得方式，因此，这种定期的递延，不一定需要用股权的关系来维持。

59号文件关于债务重组的特殊性税务处理条款是文件的第六条，第六条写道：“企业重组符合本通知第五条规定条件的，交易各方对其交易中的股权支付部分，可以按以下规定进行特殊性税务处理。”59号文件出台后，由于59号文件的表述，有许多人理解为，债务重组中，定期的递延纳税，也必须有股权支付作为前提条件。所以，当时，一些税务部门的掌握口径，用非货币性资产偿还债务的特殊性税务处理，适用范围只能是债务人用子公司的股权来作为偿还工具时，才可以分期纳税。

这个问题，一直到2015年，国家税务总局在2015年48号公告的附表中，才予以了明确。在48号公告附件“企业重组企业所得税特殊性税务处理报告表”填表说明写道：“特殊性税务处理条件，债务重组中重组所得超50%的，只需填写条件（一），债转股的，只需填写条件（一）和（五）”。条件（一）即为具有合理的商业目的，且不以减少、免除或者推迟缴纳税款为主要目的。条件（五）即为企业重组中取得股权支付的原主要股东，在重组后连续12个月内，不得转让所取得的股权。至此，债务重组中分期确认所得，只要符合有合理的商业目的就可适用，不需要有利益连续性和营业连续性的考量。

能分5年确认所得的，只能是债务重组所得，不包括非货币资产偿债中的资产转让所得。如上面案例分析中，甲企业总共确认了两项所得：资产转让所得和债务重组所得，能分期确认的只能是重组所得。这也在国家税务总局2015年48号公告的附表中予以了明确（见表14）。

表14 企业重组所得税特殊性税务处理报告表（债务重组）（部分）

<table>
<tr><td colspan="2" rowspan="4">债务人重组业务涉及的债务计税基础（1）</td><td rowspan="4"></td><td>其中：①应付账款计税基础</td><td></td></tr>
<tr><td>②其他应付款计税基础</td><td></td></tr>
<tr><td>③借款计税基础</td><td></td></tr>
<tr><td>④其他债务计税基础</td><td></td></tr>
<tr><td rowspan="6">除债转股方式外的债务重组</td><td rowspan="4">债务人用于偿付债务的资产公允价值（2）</td><td rowspan="4"></td><td>其中：①现金</td><td></td></tr>
<tr><td>②银行存款</td><td></td></tr>
<tr><td>③非货币资产</td><td></td></tr>
<tr><td>④其他</td><td></td></tr>
<tr><td>债务人债务重组所得（3）=（1）-（2）</td><td colspan="3"></td></tr>
<tr><td>债务人本年度应纳税所得额</td><td></td><td>债务重组所得占本年度应纳税所得额的比重%</td><td></td></tr>
</table>

表14中，通过计算公式的设置，讲清楚了债务重组所得，不包括资产转

让所得。

还有一个比较有意思的话题。计算债务重组所得占本年度应纳税所得额时，分子“债务重组所得”的口径明确了，但分母“本年度应纳税所得额”的口径又是什么？这里可能会有三种理解：

（1）指不包含债务重组所得的应纳税所得额；

（2）指包含债务重组所得的应纳税所得额；

（3）指仅包含分期确认所得额的应纳税所得额。

在上面案例中，债务重组所得为10万元，假设企业当年的正常经营所得为20万元。如果分母为不包含债务重组所得的应纳税所得额，比例为50%；如果分母包含债务重组所得的应纳税所得额，分母为30万元，比例达不到50%。如果分母包含分5年确认的本年债务重组所得的应纳税所得额，分母为22万元，比例也达不到50%。

这其实是非常有趣的话题，熟悉企业所得税应纳税所得额的定义和计算逻辑的朋友，你心中倾向于哪一种解释？

还有，如果企业当年存在着两项或者两项以上的债务重组，是按次计算，还是合并在一起计算，这也是很现实的问题。

### ▶ 现金偿还债务

说完了非货币资产偿还债务的税务处理，再来说一下用现金偿还债务的一般性税务处理和特殊性税务处理。在债务重组中，债务人和债权人达成一致，债务人少支付一部分债务、余下债务不再需要偿还，这也是一种典型的债务重组方式。这种方式中，如果采取一般性税务处理，债务人应当按照支付的债务清偿额低于债务计税基础的差额，一次性确认债务重组所得并入当年的所得，计算缴纳所得税；债权人按照资产损失作为当年的税前扣除。如果可以适用特殊性税务处理且采取特殊性税务处理的，则债务人可以分5年确认所得，债权人仍按照资产损失作为当年的税前扣除。

看到这里，你有没有在思考一个问题，债务人分5年确认所得和债权人一次确认损失，这其中的不对称处理，会不会有避税空间在里面？我们来分析一下：

用非货币性资产偿还债务，资产转让的所得，债务人已按规定一次性确认所得并没有分5年确认，债权人按资产的公允价值确定计税基础，这个转让中符合“上游确认了所得，下游按资产公允价值作为计税基础”，这其中没有避税的问题。

用货币资产或用非货币性资产偿还债务，上游分5年分期确认债务重组所得，下游一次性作为资产损失在税前扣除，这种不对称，会有避税空间吗？我想只要重组的债务是真实存在的，这只是一种时间上的不对称，没有太多的可利用空间。当然，关联方之间，会有一定的操作空间，如债权人存在巨大盈利的情况下，通过虚构债务重组达到当年少缴税目的。但利用关联企业之间交易进行避税，手法也不止债务重组，任何一笔其他交易，都可以进行关联方利润的转移。

## ▶ 债权转股权的税务处理

债权转股权，俗称“债转股”，是一种比较特殊的重组方式。债主摇身一变，成为了股东。债转股，转的肯定是债务人自身的股权或股份，而不是债务人的子公司的股权。债务人如果用子公司股权偿还债务，就适用前面讲到的非货币性资产偿还债务。

在企业所得税的处理上，债转股视为两个交易：债务清偿和股权投资两项业务。甲企业欠乙企业60万元，双方达成债转股协议，甲企业增发股份50万元用于偿还债务。相当于：第一步，甲企业拿出了50万元还给乙，从此双方的债务就一笔勾销；第二步，乙企业用50万元对甲企业增资，取得了甲企业的股权。

我们来看一下债权转股权的一般性税务处理。还是59号文件的规定：债务人应当按照支付的债务清偿额低于债务计税基础的差额，确认债务重组所得；债权人应当按照收到的债务清偿额低于债权计税基础的差额，确认债务重组损失。

案例中，债务人甲企业取得了债务重组所得10万元，当期确认所得缴纳企业所得税。债权人乙企业，当期确认债务重组损失10万元，并作为资产损失在税前扣除，同时，确认对甲企业的股权投资，其计税基础为50万元。

再来看一下债权转股权的特殊性税务处理。企业发生债权转股权业务，如采取特殊性税务处理，对债务清偿和股权投资两项业务暂不确认有关债务清偿所得或损失，股权投资的计税基础以原债权的计税基础确定。

债务人甲企业，由于采取特殊性税务处理，重组所得10万元暂不确认。债权人乙企业，重组损失10万元暂不确认，同时取得甲企业的股权计税基础以原债权计税基础60万元确认。

来分析下这种特殊的特殊性税务处理。债权人乙企业，原持有债权的计税基础60万元，重组当期没有确认损失，但取得新股权的计税基础用原债权计税基础60万元来替代。如果以后转让了这部分股权，假如卖了80万元，则此环节确认所得为20万元。比一般性税务处理少确认10万元（一般性税务处理，股权的计税基础为50万元），相当于通过计税基础的替代，把前面少确认的损失，转移到下一环节确认了。

对债务方甲企业来说，重组当时暂不需确认重组所得10万元，但这没有确认的所得10万元递延到什么时候去了？甲企业重组前，持有的是一项债务，重组后转变为别人对它的权益，对甲来说，债务和“别人对我的股权”两者之间，不能采取计税基础替代的方式。59号文件，没有规定对债务方应该何时把这项重组所得确认回来，这应该说是59号文件的一个遗漏之处。一般意义上理解，在债权人转让股权时，债务人应该确认相应的所得。

债权转股权的特殊性税务处理条件，和别的重组方式有所不同。只要符合两个条件：合理的商业目的，债权人取得股权后12个月内不得转让。

# 反侵权盗版声明